金陵全書

乙編·史料類

金陵軍需報銷總局報銷册

（清）金陵軍需報銷總局 編

南京出版傳媒集團
南京出版社

圖書在版編目（CIP）數據

金陵軍需報銷總局報銷册 / 金陵軍需報銷總局編. -- 南京：南京出版社，2024.8
（金陵全書）
ISBN 978-7-5533-4762-2

Ⅰ. ①金… Ⅱ. ①金… Ⅲ. ①軍費 - 財務管理 - 史料 - 中國 - 清代 Ⅳ. ①E294.9

中國國家版本館CIP數據核字（2024）第088080號

書　　名　【金陵全書】（乙編・史料類）
　　　　　金陵軍需報銷總局報銷册
作　　者　（清）金陵軍需報銷總局
出版發行　南京出版傳媒集團
　　　　　南京出版社
社址：南京市太平門街53號　　郵編：210016
網址：http://www.njcbs.cn　　電子信箱：njcbs1988@163.com
聯繫電話：025-83283893、83283864（營銷）　025-83112257（編務）
出 版 人　項曉寧
出 品 人　盧海鳴
責任編輯　程　瑶
裝幀設計　楊曉崗
責任印製　楊福彬

製　　版　南京新華豐製版有限公司
印　　刷　南京凱德印刷有限公司
開　　本　889毫米×1194毫米　1/16
印　　張　39.25
版　　次　2024年8月第1版
印　　次　2024年8月第1次印刷
書　　號　ISBN 978-7-5533-4762-2
定　　價　800.00元

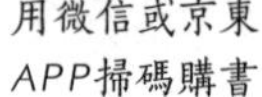

用微信或京東APP掃碼購書　　用淘寶APP掃碼購書

總序

南京，古稱金陵，中國著名的四大古都之一，是國務院首批公佈的國家歷史文化名城。

南京有着五十萬年的人類活動史，約三千一百年的建城史，約四百五十年的建都史，享有『六朝古都』『十朝都會』的美譽。南京歷史的興衰起伏在某種程度上可以説是中國歷史的一個縮影。在中華民族光輝燦爛的歷史長河中，古聖先賢在南京創造了舉世矚目、富有特色的六朝文化、南唐文化、明文化和民國文化，爲中華民族文化的傳承和發展做出了不朽貢獻。然而，由於時代的遞遷、戰爭的破壞以及自然的損毁等原因，歷史上南京的輝煌成就以物質文化形態留存下來的相對較少，見諸文獻典籍的則相對較多。南京文獻内涵廣博，卷帙浩繁，版本複雜。截至一九四九年中華人民共和國成立，南京文獻留存下來的有近萬種，在全國歷史文化名城中名列前茅。以六朝《世説新語》《文心雕龍》《昭明文選》，唐朝《建康實録》，宋朝《景定建康志》《六朝事跡編類》，元朝《至正金陵新志》，明朝《洪武京城圖志》《金陵古今圖考》《客座贅語》，清朝《康熙江寧府志》《白下瑣言》，民國《首都計劃》《首都志》《金陵古蹟圖考》等爲代表的南京地方文獻，不僅是南京文化的集中體現，也是中華民族優秀傳統文化的重要組成部分。這些南京文獻，積澱貯存了歷代南京人民的經驗和智慧，翔實地反映了南京地區的社會變遷，是研究南京乃至全國政治、經濟、軍事、文化、外交和民風民俗的重要資料。

歷史上的南京文化輝煌燦爛，各類圖書典籍琳琅滿目。迄今爲止，南京文獻曾經有過三次不同程度的整理。

第一次是距今六百多年前的明朝永樂年間，明朝中央政府在南京組織整理出版了《永樂大典》。《永樂大典》正文二萬二千八百七十七卷，凡例和目録六十卷，分裝成一萬一千零九十五册，總字數約三億七千萬字。書中保存了中國上自先秦、下迄明初的各種典籍資料達七八千種，是中國古代最大的類書。

第二次是民國年間，南京通志館編印了一套《南京文獻》。《南京文獻》每月一期，從一九四七年元月至一九四九年二月共刊行了二十六期，收入南京地方文獻六十七種，包括元明清到民國各個時期的著作，其中收録的部分民國文獻今天已經成爲絶版。

第三次是二〇〇六年以來，南京出版社選取部分南京珍貴文獻，整理出版了一套《南京稀見文獻叢刊》點校本，到二〇二〇年，已經出版了六十九册一百零五種，時代上起六朝，下迄民國，在學術普及方面做出了一定的貢獻。

中華人民共和國成立以來，尤其是改革開放以來，南京的政治、經濟、文化建設飛速發展，但南京文獻的全面系統整理出版工作一直没有得到應有的重視，這與南京這座國家歷史文化名城的地位頗不相稱。據調查，目前有關南京的各類文獻主要保存在南京圖書館、南京市檔案館，以及全國各地的高等院校、科研院所、圖書館、檔案館、博物館，少數流散於民間和國外。一方面，廣大讀者要查閲這些收藏在全國各地的南京文獻殊爲不便；另一方面，許多珍貴的南京文獻隨着歲月的流逝而瀕臨損毁和失傳。南京文獻的存史、資治、教化、育人功能没有得到應有的發揮。

盛世修史（志）。在中華民族和平崛起和大力弘揚民族傳統文化、全力發展民族文化事業的大背景下，在建設『文化南京』的發展思路下，中共南京市委、南京市人民政府於二〇〇九年十二月做出決定，將南京有史以來的地方文獻進行全面系統的匯集、整理和影印出版，輯爲《金陵全書》（以下簡稱《全書》），以更好地搶救和保護鄉邦文獻，傳承民族文化，推動學術研究，促進南京文化建設；同時，也更爲有効地增加南京文獻存世途徑，提昇南京文獻地位，凸顯南京文獻價值。

爲編纂出能够代表當代最高學術水平和科技成就，又經得起時間檢驗的《全書》，我們將編纂工作分成三個階段進行。第一個階段爲調研階段，主要對南京現存文獻的種類、數量、保存現狀以及收藏地點等進行深入細緻的調研，召集專家學者多次進行學術論證和可操作性論證，撰寫出可行性調查報告，爲科學決策提供依據，此項工作主要由中共南京市委宣傳部和南京出版社組織完成。第二個階段爲啓動階段，以二〇〇九年十二月二十四日召開的『《金陵全書》編纂啓動工作會』爲標志，市委主要領導親自到會動員講話，市委宣傳部對《全書》的編纂出版工作作了明確部署。在廣泛徵求專家學者意見的基礎上，確定了《全書》的總體框架設計，確定了將《全書》列爲市委宣傳部每年要實施的重大文化工程，確定了主要參編責任單位和責任人，並分解了任務。第三個階段爲編纂出版階段，主要在全國範圍内進行資料的徵集、遴選和圖書的版式設計、複製、排版及印製工作。

爲了確保《全書》編纂出版工作的順利進行，中共南京市委、南京市人民政府成立了專門的編纂出版組織機構。其中編輯工作領導小組，由中共南京市委、市政府領導以及相關成員單位主要負責人組成；《全書》的編纂出版工作由市委宣傳部總牽頭；學術指導委員會，由蔣贊初、茅家琦、梁白泉等一批全國著名的專家學者組成，負責《全書》的學術審核和把關。

《全書》分爲方志、史料、檔案和文獻四大類。自二〇一〇年起，計劃每年出版四十册左右。鑒於《全書》的整理出版工作難度較大，周期較長，在具體操作中，我們採取了分工協作的方式。市委宣傳部和南京出版社負責《全書》的總體策劃，其中方志部分，主要由南京市地方志編纂委員會辦公室和南京出版傳媒集團·南京出版社共同承擔；史料和文獻部分，主要由南京圖書館承擔；檔案部分，主要由南京市檔案局（館）承擔。《全書》的編輯出版，得到了江蘇省文化廳、江蘇省新聞出版局、江蘇省檔案局（館）、南京大學、南京圖書館、南京市文廣新局、南京市社科聯（社科院）、南京市文聯、金陵圖書館以及各區委宣傳部和地方志辦公室等單位及社會各界的熱情鼓勵和大力支持，尤其是得到了中國國家圖書館和全國各地（包括港臺地區）高等院校、科研院所、圖書館、檔案館、博物館等藏書單位的鼎力相助，在此表示深深的謝意！

我們相信，在中共南京市委、南京市人民政府的長期不懈支持下，在各部門、各單位的積極配合和衆多專家學者的共同努力下，這項功在當代、利在千秋的傳世工程一定能够圓滿完成。

《金陵全書》編輯出版委員會

凡例

一、《金陵全書》（以下簡稱《全書》）收録的南京文獻，分爲方志、史料、檔案和文獻四大類。

二、《全書》按上述四大類分爲甲、乙、丙、丁四編，以不同的封面顔色加以區分；每編酌分細類，原則上以成書時代爲序分爲若幹册，依次編列序號。

三、《全書》收録南京文獻的地域範圍，包括了清代江寧府所轄上元、江寧、句容、溧水、高淳、江浦、六合。

四、《全書》收録的南京文獻，其成書年代的下限爲一九四九年。

五、《全書》收録方志、史料和文獻，盡量選用善本爲底本。《全書》收録的檔案以學術價值和實用價值較高爲原則，一般選用延續時間較長、相對比較完整的檔案全宗。

六、《全書》收録的南京文獻底本如有殘缺、漫漶不清等情況，必要時予以配補、抽换或修描，以保證全書完整清晰；稿本、鈔本、批校本的修改、批注文字等均保留原貌。

七、《全書》收録的南京文獻，每種均撰寫提要，置於該文獻前，以便讀者了解其作者生平、主要内容、學術文化價值、編纂過程、版本源流、底本採用等情况。

八、《全書》所收文獻篇幅較大時，分爲序號相連的若幹册；篇幅較小的文獻，則將數種合編爲一册。

九、《全書》統一版式設計，大部分文獻原大影印；對於少數原版面過大或過小的文獻，適當進行縮小或放大處理，並加以説明。

十、《全書》各册除保留文獻原有頁碼外，均新編頁碼，每册頁碼自爲起訖。

提要

《金陵軍需報銷總局報銷册》四册，清金陵軍需報銷總局編。

同治四年（一八六五）五月，曾國藩奉命督師『剿捻』，旋調湘淮水陸各軍并吉林等馬隊官兵，又陸續添募馬步兵勇。他先駐臨淮關，後到徐州、濟寧，繼移營周家口，各路分設行營糧臺儲備軍米并轉運軍械各局所，以供支應。李鴻章先在金陵料理後路糧餉等事，至同治五年九月，奉命接替曾國藩指揮『剿捻』。大軍進剿，金陵省城始設北徵糧臺，飭江寧藩司總理水陸各營薪糧、軍火、器械等項支應，後改爲金陵軍需局。由于『各軍餉糧、軍火專指蘇滬税釐……統計每月餉需及制造采辦各項雜支款額將近五十萬』，李鴻章主持的江南機器制造總局、金陵機器制造局負責生産武器，供給湘淮軍『剿捻』前綫，因而南京成爲戰争重要後方基地，金陵糧臺爲『剿捻』軍需總糧臺。至于報銷事宜，江寧、蘇州兩藩司奉飭于金陵省城設立報銷總局，湘淮軍薪費、口糧、馬幹等項支銷由金陵軍需報銷總局按年分起造册題銷。

同治九年三月，曾國藩、李鴻章會奏《報銷勦捻軍需第一案折》，報銷同治四年閏五月初一日起至五年底止湘淮軍軍費開支，『署江寧藩司候補道孫衣言、蘇州藩司張兆棟、江西候補知府王延長、道員用安徽候補知府石楷等』具體負責辦理。其開支軍費來源除湘淮軍前案報銷實存銀外，新收直隸、山東等省協餉，安徽、江蘇藩庫關税，釐捐、茶税、鹽厘、絲茶、牙帖、紳富等捐。

《金陵軍需報銷總局報銷册》爲『勦捻』軍需第二案之第三册、第十册、第十二册、第十三册，該案請銷同治六年正月初一日起至同治七年十二月底止湘淮軍軍費開支。

自鎮壓太平天國農民起義始，晚清軍需報銷制度逐漸廢弛。同治三年，倭仁上《奏免軍需造册報銷疏》，『所有同治三年六月以前各處辦理軍需未經報銷各案，擬懇天恩，准將收支款目總數，分年分起，開具簡明清單，奏明存案，免其造册報銷』，帝後采納此法，頒諭施行。自此，開軍需報銷開單之例。爲杜冒濫，上諭同時嚴飭，自同治三年七月起，軍需奏銷仍循舊制，『其例所不及、有應酌量變通者，亦須先行奏諮備案，事竣之日，一并造册』。但時變勢變，同治三年後軍需奏銷多有不造細册者。同治七年十一月，曾國藩上

《湘軍第五案報銷折》，内叙未造細册之由：『蓋勇丁來去無定，原籍本無伍符可稽，而又有汰革者、告假者，隨時更换……若令按月造送名册，彼不能將曠缺一一呈明，必造假名册以應之。』曾國藩、李鴻章會奏之『剿捻軍需第一案』再次申明：『此次造報湘淮勇營仍循前案，未開花名清册。』

『剿捻』軍需第二案報銷亦遵前案，但造銀兩數，不具勇丁花名册。其開支則基本遵照楚軍章程，各册報銷内容有别。第三册報銷營哨官弁勇丁薪糧等項銀兩。内含淮軍原募續添馬步各隊統領營哨官弁勇夫薪費口糧馬幹等項，并陸續裁撤勇營補發欠餉，又，同治八年四月撤回歸伍之蘇松鎮標官兵，是年七月遣撤裁剩鼎字各營餉項，提前一并請銷。該册勇營包括銘字馬步二十二營，樹字步隊六營，盛傳馬步十一營四哨，桂字、泉字武毅等步隊七營，鳳字武毅馬步九營四哨，懷字、仁字馬隊六營，奇字續改武毅馬步八營。每軍具體開列應支、實放、實欠及報銷等項銀兩。第十册報銷蘇軍淮揚撫標太湖水師統領營哨官弁勇丁應支薪費口糧，實放并欠發報銷各銀數。第十二册報銷京外文職各官及書識長夫等項薪糧銀兩。第十三册報銷武職官弁暨親兵長夫等項薪糧銀兩。

《金陵軍需報銷總局報銷册》不僅是反映南京作爲戰爭重要後方基地的史

料，也是清政府鎮壓捻軍軍費的重要資料。《續文獻通考》著者劉錦藻和日本學者松井義夫估計『剿捻』軍費爲兩億兩之上。據王闓運《湘綺樓日記》載，鎮壓捻軍『用銀一萬七百九十餘萬兩，錢九百萬貫，鈔七百萬兩』，周育民認爲此統計數字更爲可靠。據彭澤益《清代咸同年間軍需奏銷統計》一文所列『剿捻』軍費各項開支，其有案可稽者爲咸豐十年（一八六〇）十一月至咸豐十一年二月河南協解僧格林沁行營糧臺軍餉，咸豐十年五月至同治三年六月江西協濟鮑超霆字營及譚勝達等馬隊餉，咸豐十一年四月至同治元年四月安徽潁州糧臺奏銷軍餉，同治四年閏五月至同治五年底湘淮軍『剿捻』軍需第一案，同治四年閏五月至同治七年六月江蘇省釐金撥解『剿捻』軍需，同治九年四月至同治十一年十二月淮軍西征軍需第一、二案。其中，湘淮軍『剿捻』軍需尾案奏銷至同治九年三月止，『剿捻』軍需第一案報銷同治四年閏五月至同治五年底，同治六年正月至同治九年三月有續奏各案未見。由此可見，此報銷册當補同治六年、七年部分有案可稽之『剿捻』軍費開支之缺。

《金陵全書》收録的《金陵軍需報銷總局報銷册》以中國國家圖書館藏清抄本爲底本影印出版。

王海明

金陵軍需報銷總局呈爲造報營哨官弁勇丁薪糧銀兩事竊
照蘇軍淮揚撫標太湖各水師除統領小隊勇丁不另配船隻
外所有長龍戰船每隻配駕勇丁貳拾捌名至貳拾名舢板戰
船每隻配駕勇丁貳拾貳名至拾貳名舢板戰船每隻配駕勇
丁拾伍名至玖名鎗船每隻配勇陸名柒名內有督陣長龍先
鋒舢板每隻另加勇丁貳名至陸名不等淮揚太湖全軍統領
月支薪糧銀壹百兩公費銀貳百兩營官月支薪糧銀伍拾兩
公費銀壹百伍拾兩其有撫標水師兼統營分酌加公費凡幫
辦書醫匠役並置辦旗幟號補皆取給公費之內所有哨官無
論官階大小一律月支薪糧銀拾貳兩艙長日支銀壹錢陸分
舵工日支銀壹錢伍分頭工砲手鎗勇日支銀壹錢肆分槳勇
日支銀壹錢貳分至官弁勇丁所支食米係照采辦原價坐扣

各營應領額餉並不另支本色口分業將同治肆年閏伍月起截至伍年拾貳月底止統領營哨官弁勇糧並實放欠發報効各銀數彙列勦捻軍需第壹案分晰造册報銷經

直隸總督部堂曾
湖廣總督部堂李於同治玖年貳月貳拾壹日會

奏奉

旨著照所請該部知道單併發欽此欽遵在案伏查同治陸年正月起前項水師各軍統領營哨官弁勇丁薪費口糧均飭仍照前案章程核實支給其各營哨官保升官階至副叅遊以上居多奉飭自陸年正月起將淮揚太湖水師哨官每員一律月加銀捌兩較與外江水師按照升階遞加薪糧章程仍從節省此外撫標水師各營哨官循舊支給所有柒年底以前陸續裁撤及捌年正月初壹日歸補長江水師標汛各船補發舊欠內除伍

年底以前之餉另列專冊附銷外至補發陸年分欠餉統歸此
案陸柒兩年實放現餉內截清彙總造報又捌年貳月內裁撤
淮揚水師新左營餉項即歸此案提前一併請銷茲據承辦支
應糧員將同治陸年正月初壹日接支起截至柒年拾貳月底
止蘇軍淮揚撫標太湖水師統領營哨官弁勇丁應支薪費口
糧實放並欠發報効各銀數開報前來相應分晰造具細數列
為勸捻軍需第貳案第拾冊呈請伏候
大部查核
題銷須至冊者
計開
一統領淮揚水師全軍並隨營親兵小隊勇丁陸拾貳名內
統領官壹員

長江水師提督世襲一等輕車都尉劉勇巴圖魯黄翼升
親兵小隊陸拾貳名

以上淮揚水師全軍統領官壹員月支薪糧銀壹百兩辦公費銀貳百兩共月支銀叁百兩不扣建自同治陸年正月初壹日接支起截至柒年拾貳月底止連閏計貳拾伍個月應共支薪糧公費湘平銀柒千伍百兩又隨營親兵小隊勇丁陸拾貳名每名日支銀壹錢伍分共日支銀玖兩叁錢自同治陸年正月初壹日接支起截至柒年拾貳月底止扣除小建拾叁日計柒百叁拾柒日應共支勇糧湘平銀陸千捌百伍拾肆兩壹錢以上薪費口糧共

實放湘平銀壹萬肆千叁百伍拾肆兩壹錢

一淮揚水師前營管帶官壹員哨官貳拾捌員勇丁肆百玖拾

肆名戰船貳拾玖隻內

管帶官壹員

記名簡放提督敢勇巴圖魯吳家榜

哨官貳拾捌員

總兵壹員張有勝

副將陸員徐洪仁　錢華榮　梁崇利　張志勝　賴迎勝

鄭采華

叅將貳員余萬興　曹漢清

遊擊拾叁員羅楚南　朱政和　廖洪財　丁泰順　蕭希鳳

曹有才　陳慶福　劉芳能　朱九林　吳樹德

韓輔忠　賴洪萬　謝開元

都司貳員戴花林　趙恒益

守備叁員袁名揚　劉壽堂　陳慶禮
千總壹員張如光
查前項哨官內賴洪萬於陸年肆月貳拾陸日病故謝開元
於陸年陸月拾陸日給假離營改委千總符士揆外委劉鳳
彰即日接哨
長龍船貳隻　內有督陣長龍壹隻加槳勇貳名
艙長貳名
舵工貳名
頭工貳名
砲手拾名
槳勇肆拾貳名
舢板船貳拾柒隻　內有先鋒舢板壹隻加槳勇肆名

舵工貳拾柒名

頭工貳拾柒名

砲手伍拾肆名

槳勇叁百貳拾捌名

以上淮揚水師前營管帶官壹員月支薪糧銀伍拾兩辦公費銀壹百伍拾兩凡幫辦營務管理帳目軍裝書醫工匠等薪糧並置辦旗幟號補各費在內哨官貳拾捌員每員月支薪糧銀拾貳兩又加支銀捌兩共月支銀柒百陸拾兩均不扣建自同治陸年正月初壹日接支起截至柒年拾貳月底止連閏計貳拾伍個月應共支薪糧公費湘平銀壹萬玖千兩

艙長貳名每名日支銀壹錢陸分舵工共貳拾玖名每名日支銀壹錢伍分頭工砲手共玖拾叁名每名日支銀壹錢肆

分槳勇共叁百柒拾名每名日支銀壹錢貳分共日支銀陸拾貳兩玖分均自同治陸年正月初壹日接支起截至柒年拾貳月底止扣除小建拾叁日計柒百叁拾柒日應共支勇糧湘平銀肆萬伍千柒百陸拾兩叁錢叁分以上薪費口糧

共

應支湘平銀陸萬肆千柒百陸拾兩叁錢叁分内

實放湘平銀陸萬貳百壹拾柒兩伍錢壹分

仍實欠發陸柒兩年分餉銀肆千伍百肆拾貳兩捌錢貳分

一淮揚水師後營管帶官壹員哨官貳拾壹員勇丁肆百伍名

戰船貳拾貳隻内

管帶官壹員

記名簡放提督堅勇巴圖魯魯洪達

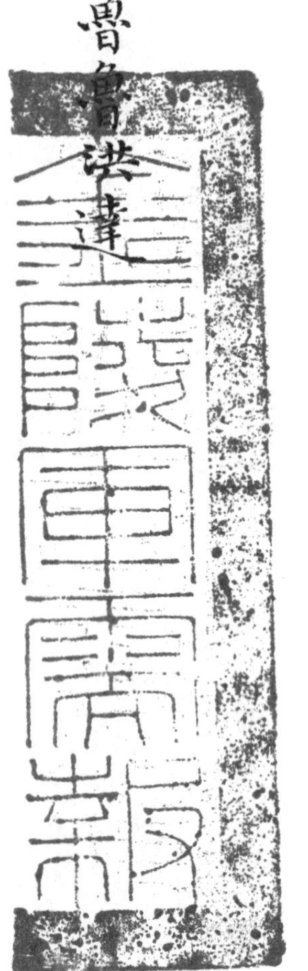

哨官貳拾壹員

總兵伍員王春和 滕代祥 戴華貴 蕭勝發 黄國珍

副將柒員朱光明 洪安富 陳嘉泰 唐逢瀛 蔣賜山

趙建勳 韓德堅

叅將叁員郭洪勝 李修然 李誠萃

遊擊貳員張代昭 周為美

守備貳員李益春 楊榮貴

把總壹員余世芳

外委壹員張炳煥

查前項哨官内滕代祥於陸年叁月拾捌日病故周為美於陸年叁月貳拾日給假離營改委都司易占吉千總顔傳仁即日接哨

長龍船肆隻
艙長肆名
舵工肆名
頭工肆名
砲手貳拾名
槳勇捌拾名
舢板船拾柒隻內有先鋒舢板壹隻加槳勇陸名
舵工拾柒名
頭工拾柒名
砲手叁拾肆名
槳勇貳百壹拾名
舢板船壹隻

舵工壹名
頭工壹名
砲手貳名
槳勇壹拾壹名
以上淮揚水師後營管帶官壹員月支薪糧銀伍拾兩辦公費銀壹百伍拾兩凡幫辦營務管理帳目軍裝書醫工匠等薪糧並置辦旗幟號補各費在内哨官貳拾壹員每員月支薪糧銀拾貳兩又加支銀捌兩共月支銀陸百貳拾兩均不扣建自同治陸年正月初壹日接支起截至柒年拾貳月底全營裁撤歸標止連閏計貳拾伍個月應共支薪糧公費湘平銀壹萬伍千伍百兩艙長肆名每名日支銀壹錢陸分舵工共貳拾貳名每名日支銀壹錢伍分頭工砲手共柒拾捌名

每名日支銀壹錢肆分槳勇共叁百壹名每名日支銀壹錢
貳分共日支銀伍拾兩玖錢捌分均自同治陸年正月初壹
日接支起截至柒年拾貳月底全營裁撤歸標止扣除小建
拾叁日計柒百叁拾柒日應共支勇糧湘平銀叁萬柒千伍
百柒拾貳兩貳錢陸分以上薪費口糧共
應支湘平銀伍萬叁千柒拾貳兩貳錢陸分內
實放湘平銀伍萬捌百伍拾壹兩柒錢玖分
仍實欠發陸柒兩年分餉銀貳千貳百貳拾兩肆錢柒分
一淮揚水師左營管帶官壹員哨官貳拾陸員勇丁肆百玖拾
肆名戰船貳拾陸隻內
管帶官壹員
記名簡放總兵勉勇巴圖魯繆福賓

哨官貳拾陸員

副將玖員龍義和　鄧世利　李全彪　周達佐　孫高發

程國慶　周東萬　劉盛友　彭得和

參將柒員李得勝　董禹廷　李大發　蕭宗義　左承福

楊達　歐陽季柱

遊擊捌員蔡麟厚　賀長山　覃興朝　曹元成　楊聲鳳

唐忠發　李天貴　徐得魁

都司壹員皮連陞

守備壹員萬福安

查前項哨官内彭得和於陸年柒月初捌日病故歐陽季柱於陸年拾貳月拾叁日因傷亡故改委守備潤成外委陽應坤即日接哨

長龍船陸隻

艙長陸名

舵工陸名

頭工陸名

砲手貳拾肆名

槳勇壹百貳拾陸名

舢板船貳拾隻內有先鋒舢板壹隻加槳勇陸名

舵工貳拾名

頭工貳拾名

砲手肆拾名

槳勇貳百肆拾陸名

以上淮揚水師左營管帶官壹員月支薪糧銀伍拾兩辦公費

銀壹百伍拾兩凡幫辦營務管理帳目軍裝書醫工匠等薪糧並置辦旗幟號補各費在內哨官貳拾陸員每員月支薪糧銀拾貳兩又加支銀捌兩共月支銀柒百貳拾兩均不扣建自同治陸年正月初壹日接支起截至柒年拾貳月底全營裁撤歸標止連閏計貳拾伍個月應共支薪糧公費湘平銀壹萬捌千兩艙長陸名每名日支銀壹錢陸分舵工共貳拾陸名每名日支銀壹錢伍分頭工砲手共玖拾名每名日支銀壹錢肆分槳勇共叁百柒拾貳名每名日支銀壹錢貳分共日支銀陸拾貳兩壹錢均自同治陸年正月初壹日接支起截至柒年拾貳月底全營裁撤歸標止扣除小建拾叁日計柒百叁拾柒日應共支勇糧湘平銀肆萬伍千柒百陸拾柒兩柒錢以上薪費口糧共

應支湘平銀陸萬叁千柒百陸拾柒兩柒錢內

實放湘平銀陸萬貳千壹百玖拾柒兩叁錢陸分壹釐

仍實欠發陸柒兩年分餉銀壹千伍百柒拾兩叁錢叁分玖釐

一淮揚水師右營管帶官壹員哨官叁拾貳員勇丁伍百伍拾

名戰船叁拾貳隻內

管帶官壹員

遇缺題奏提督福建金門鎮總兵誠勇巴圖魯陳東友

哨官叁拾貳員

總兵柒員謝世彩　葉興發　蔣秀元　周九臨　陳紫麟

陳有陞　易定友

副將柒員張耀燕　朱開亮　成德源　谷祥發　鄧金楚

李洪順　易英和

叅將叁員羅松齡　單得勝　段藍田
遊擊陸員向楚南　蔣德和　王清華　陳友勝　段志順
　陳華山
都司陸員陳定友　鄧明清　劉得勝　王春賜　左雲山
　藍文和
守備壹員陶啟春
千總貳員胡爾雲　胡香池
長龍船叁隻
　艙長叁名
　舵工叁名
　頭工叁名
　砲手壹拾肆名

槳勇伍拾柒名

舢板船貳拾玖隻内有先鋒舢板壹隻加槳勇陸名

舵工貳拾玖名

頭工貳拾玖名

砲手伍拾捌名

槳勇叁百伍拾肆名

以上淮揚水師右營管帶官壹員月支薪糧銀伍拾兩辦公費銀壹百伍拾兩凡幫辦營務管理帳目軍裝書醫工匠等薪糧並置辦旗幟號補各費在内哨官叁拾貳員每員月支薪糧銀拾貳兩又加支銀捌兩共月支銀捌百肆拾兩均不扣建自同治陸年正月初壹日接支起截至柒年拾貳月底全營裁撤歸標止連閏計貳拾伍個月應共支薪糧公費湘平

銀貳萬壹千兩艙長叁名每名日支銀壹錢陸分舵工共叁拾貳名每名日支銀壹錢伍分頭工砲手共壹百肆名每名日支銀壹錢肆分槳勇共肆百壹拾壹名每名日支銀壹錢貳分共日支銀陸拾玖兩壹錢陸分均自同治陸年正月初壹日接支起截至柒年拾貳月底全營裁撤歸標止扣除小建拾叁日計柒百叁拾柒日應共支勇糧湘平銀伍萬玖百柒拾兩玖錢貳分以上薪費口糧共

應支湘平銀柒萬壹千玖百柒拾兩玖錢貳分內

實放湘平銀陸萬捌千玖百捌拾叁兩叁錢伍分

仍實欠發陸柒兩年分餉銀貳千玖百捌拾柒兩伍錢柒分

一淮揚水師中營管帶官壹員哨官肆拾員勇丁柒百壹拾捌名戰船肆拾隻內

管帶官壹員

遇缺儘先　題奏提督江南淮揚鎮總兵强勇巴圖魯歐陽利見

哨官肆拾員

總兵伍員王正枝　羅時富　王興志　鍾成錦　李際盈

副將拾叁員譚金煌　蔣全勝　韓春高　陽成沛　唐怡全

何元啟　黎清南　陳熙惠　陳百勝　黄作立

廖家桐　吳有榮　張怡柏

參將叁員姚太和　李明亮　傅子鼎

遊擊柒員干松林　唐秉鈞　桂吉昌　黄松庭　吳紫雲

張遵享　張世香

都司柒員盧洪順　彭錦祥　蔣善開　吳全貴　周成義

張祖謀　吳高太

守備肆員唐世壽　吳德榮　李本崑　羅朝坤該員柒年拾貳月内病故改委守備蔣年如接哨

把總壹員龍在田

長龍船陸隻

艙長陸名

舵工陸名

頭工陸名

砲手叁拾陸名

槳勇壹百壹拾肆名

舢板船叁拾肆隻内有先鋒舢板壹隻加槳勇陸名

舵工叁拾肆名

頭工叁拾肆名

砲手陸拾捌名

槳勇肆百壹拾肆名

以上淮揚水師中營管帶官壹員月支薪糧銀伍拾兩辦公費銀壹百伍拾兩凡幫辦營務管理帳目軍裝書醫工匠等薪糧並置辦旗幟號補各費在內哨官肆拾員每員月支薪糧銀拾貳兩又加支銀捌兩共月支銀壹千兩均不扣建計自同治陸年正月初壹日接支起截至柒年拾貳月底止連閏計貳拾伍個月應共支薪糧公費湘平銀貳萬伍千兩艙長陸名每名日支銀壹錢陸分舵工共肆拾名每名日支銀壹錢伍分頭工砲手共壹百肆拾肆名每名日支銀壹錢肆分槳勇共伍百貳拾捌名每名日支銀壹錢貳分共日支銀玖拾兩肆錢捌分均自同治陸年正月初壹日接支起截至柒年拾貳月底止扣除小建拾叁日計柒百叁拾柒日應共支

勇糧湘平銀陸萬陸千陸百捌拾叁兩柒錢陸分以上薪費
口糧共
應支湘平銀玖萬壹千陸百捌拾叁兩柒錢陸分内
實放湘平銀捌萬肆千玖百肆拾壹兩肆錢壹分
仍實欠發陸柒兩年分餉銀陸千柒百肆拾貳兩叁錢伍分
一淮揚水師新前營兼統標水師新左新後兩營管帶官壹
員哨官叁拾壹員勇丁伍百貳拾肆名戰船叁拾壹隻内
管帶官壹員
記名簡放提督揚勇巴圖魯成俞卿
哨官叁拾壹員
總兵壹員蘇文彩
副將拾壹員謝權衡　張彪　劉福亨　譚爲有　許開貴

劉廷藻　張德賢　王啟祥　蔣振元　趙隆勝
金清和
叅將貳員羅顯餘　劉仁亨
遊擊肆員唐有德　楊福田　于鎧甲　王玉成
都司柒員陳凌雲　楊昺南　劉于陛　侯紹榜　趙連陛
劉壽山　鄧洪筵
守備肆員成惠國　彭兆琳　岳寶林　楊萬桂
千總壹員梁維標
外委壹員成仕髙

查前項哨官內劉廷藻於陸年叁月初拾日奉調代理撫標水師新左營楊萬桂於柒年陸月貳拾玖日給假離營改委守備楊兆璋千總王萬壽即日接哨

長龍船貳隻內有督陣長龍壹隻加槳勇貳名

艙長貳名

舵工貳名

頭工貳名

砲手拾名

槳勇肆拾貳名

舢板船貳拾玖隻內有先鋒舢板壹隻加槳勇貳名

舵工貳拾玖名

頭工貳拾玖名

砲手伍拾捌名

槳勇叁百伍拾名

以上淮揚水師新前營管帶官壹員月支薪糧銀伍拾兩辦公

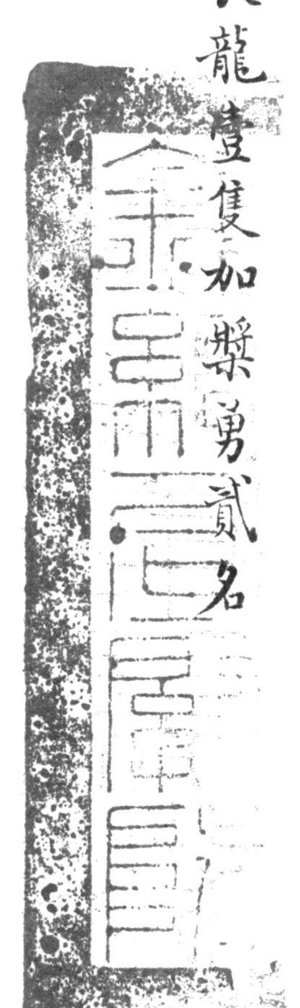

費銀壹百伍拾兩又加增兼統辦公費銀壹百兩凡幫辦營務管理帳目軍裝書醫工匠等薪糧並置辦旗幟號補各費在內哨官叁拾壹員每員月支薪糧銀拾貳兩又加支銀捌兩共月支銀玖百貳拾兩均不扣建自同治陸年正月初壹日接支起至柒年肆月底交卸兼統事減去月支加增公費銀壹百兩實共月支銀捌百貳拾兩自柒年閏肆月初壹日起截至是年拾貳月底止連閏計貳拾伍個月應共支薪糧公費湘平銀貳萬貳千壹百兩艙長貳名每名日支銀壹錢陸分舵工共叁拾壹名每名日支銀壹錢伍分頭工砲手共玖拾玖名每名日支銀壹錢肆分槳勇共叁百玖拾貳名每名日支銀壹錢貳分共日支銀陸拾伍兩捌錢柒分自同治陸年正月初壹日接支起截至柒年拾貳月底止扣除小建

拾叁日計柒百叁拾柒日應共支勇糧湘平銀肆萬捌千伍
百肆拾陸兩壹錢玖分以上薪費口糧共
應支湘平銀柒萬陸百肆拾陸兩壹錢玖分内
實放湘平銀陸萬伍千叁百肆拾捌兩
仍實欠發陸柒兩年分餉銀伍千貳百玖拾捌兩壹錢玖分
一淮揚水師新後營管帶官壹員哨官貳拾伍員勇丁肆百肆
拾陸名戰船貳拾陸隻内
管帶官壹員
記名簡放提督壯勇巴圖魯張光泰
哨官貳拾伍員
副將拾肆員劉价貴　陳益順　黄振鰲　蕭心廣　蔣道益
王佐朝　譚克順　蕭國仕　康壽怡　譚官雲

蕭國鳳　楊成瑞　石明發　朱紫貴

游擊肆員王如友　袁長友　潘宗岐　蔣長禄

都司伍員譚有發　蕭有貴　王華世　譚煌業　田金壽

守備壹員張文斌

千總壹員羅德貴

查前項哨官内劉价貴於陸年拾月拾肆日病故石明發於陸年拾貳月初壹日給假離營朱紫貴於柒年叁月初壹日給假離營王華世於柒年捌月拾陸日病故改委都司張定鋐千總曹新家吉榮昌外委鄢長林即日接哨

長龍船貳隻内有督陣長龍壹隻加槳勇貳名

艙長貳名

舵工貳名

頭工貳名
砲手拾名
槳勇肆拾貳名
舢板船貳拾肆隻內有先鋒舢板壹隻加槳勇肆名
舵工貳拾肆名
頭工貳拾肆名
砲手肆拾捌名
槳勇貳百玖拾貳名
以上淮揚水師新後營管帶官壹員月支薪糧銀伍拾兩辦公費銀壹百伍拾兩凡幫辦營務管理帳目軍裝書醫工匠等薪糧並置辦旗幟號補各費在內哨官貳拾伍員每員月支薪糧銀拾貳兩又加支銀捌兩共月支銀柒百兩均不扣建

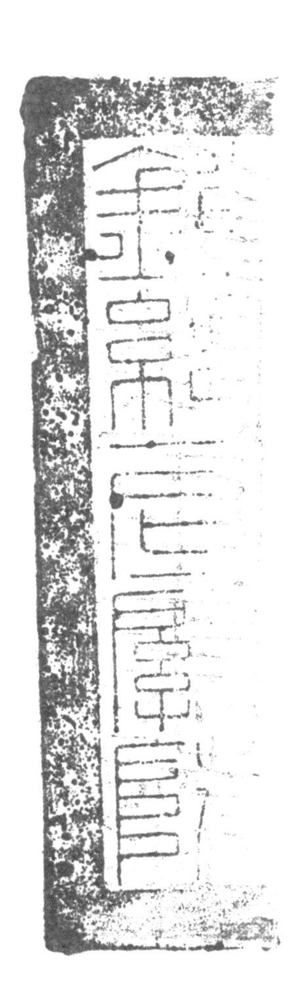

自同治陸年正月初壹日接支起截至柒年拾貳月底止連閏計貳拾伍箇月應共支薪糧公費湘平銀壹萬柒千伍百兩艙長貳名每名日支銀壹錢陸分舦工共貳拾陸名每名日支銀壹錢伍分頭工砲手共捌拾肆名每名日支銀壹錢肆分槳勇共叁百叁拾肆名每名日支銀壹錢貳分共日支銀伍拾陸兩陸分均自同治陸年正月初壹日接支起截至柒年拾貳月底止扣除小建拾叁日計柒百叁拾柒日應共支勇糧湘平銀肆萬壹千叁百壹拾陸兩貳錢貳分以上薪費口糧共

應支湘平銀伍萬捌千捌百壹拾陸兩貳錢貳分内

實放湘平銀伍萬伍千壹百柒拾貳兩壹錢捌分

仍實欠發陸柒兩年分餉銀叁千陸百肆拾肆兩肆分

一淮揚水師新左營兼統撫標水師右營管帶官壹員哨官貳拾陸員勇丁肆百肆拾陸名戰船貳拾陸隻內

管帶官壹員

遇缺 題奏提督王鍾華

哨官貳拾陸員

總兵拾員符國華 王德斌 李光榮 尹宗維 陽德裕

李新福 蔣金和 羅錦帆 袁茂才 王得勝

副將貳員王正明 任世和

叅將貳員羅德順 饒占魁

遊擊叁員胡貴華 馮學文 鄔壽庭

都司壹員王宗高

守備壹員張清山

千總壹員周春台
把總貳員高酉山　涂長齡
外委貳員周云廷　何金標
六品軍功壹員王東雲
江蘇補用知縣壹員黃廷玉
查前項哨官内符國華於陸年貳月調帶撫標水師右營王東雲陸年叁月初壹日離營鄔壽庭柒年正月貳拾叁日病故改委守備朱貴發把總鄧良耀外委鍾鴻彪即日接哨内鄧良耀又於柒年拾貳月貳拾肆日病故改委把總劉滿開接哨王德斌王正明任世和銑古魁馮學文王宗高張清山柒員均於捌年正月初壹日離營改委副將孫高發周遠佐遊擊唐忠發楊聲鳳李天貴覃興朝都司皮連陞即日接哨

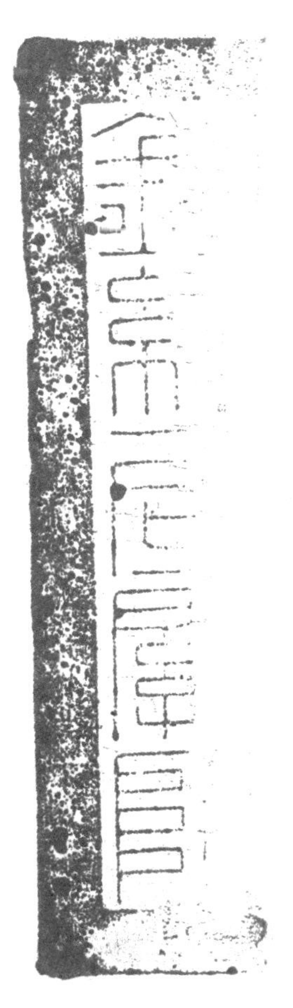

長龍船貳隻

艙長貳名

舵工貳名

頭工貳名

砲手拾名

槳勇肆拾名

舢板船貳拾肆隻内有先鋒舢板壹隻加槳勇陸名

舵工貳拾肆名

頭工貳拾肆名

砲手肆拾捌名

槳勇貳百玖拾肆名

以上淮揚水師新左營管帶官壹員月支薪糧銀伍拾兩辦公

費銀壹百伍拾兩又加增兼統辦公費銀伍拾兩凡幫辦營務管理帳目軍裝書醫工匠等薪糧並置辦旗幟號補各費在內哨官貳拾陸員每員月支薪糧銀拾貳兩又加支銀捌兩共月支銀柒百柒拾兩均不扣建自同治陸年正月初壹日接支起至柒年貳月底交卸兼統事减月支加增公費銀伍拾兩實共月支銀柒百貳拾兩自柒年叁月初壹日起支至柒年拾貳月底止連閏計貳拾伍箇月應共支薪糧公費湘平銀壹萬捌千柒百兩艙長貳名每名日支銀壹錢陸分舵工共貳拾陸名每名日支銀壹錢伍分頭工砲手共捌拾肆名每名日支銀壹錢肆分槳勇共叁百叁拾肆名每名日支銀壹錢貳分共日支銀伍拾陸兩陸分均自同治陸年正月初壹日接支起至柒年拾貳月底止扣除小建拾叁日計

柒百叁拾柒日應共支勇糧湘平銀肆萬壹千叁百壹拾陸
兩貳錢貳分兩共
應支湘平銀陸萬壹拾陸兩貳錢貳分
前項戰船哨勇內裁減舢板船陸隻計哨官千總周春台把總
鄧良耀高酉山涂長齡外委周云廷何金標陸員舵工陸名
頭工陸名砲手拾肆名槳勇壹百拾貳名實存管帶官壹員
哨官貳拾員均仍照前數支給共月支銀陸百兩不扣建自
捌年正月初壹日起支截至是年貳月拾陸全營裁撤前壹
日止計壹個半月應共支薪糧公費湘平銀玖百兩艙長貳
名舵工貳拾名頭工貳拾名砲手肆拾肆名槳勇貳百貳拾
貳名均仍照前數支給共日支銀叁拾捌兩玖錢貳分均自
捌年正月初壹日起支截至是年貳月拾陸全營裁撤前壹

日止計大建壹箇半月應共支勇糧湘平銀壹千柒百伍拾壹兩肆錢貳共

應支湘平銀貳千陸百伍拾壹兩肆錢

以上淮揚水師新左營薪費口糧總共

實放湘平銀陸萬貳千陸百陸拾柒兩陸錢貳分

一淮揚水師新右營管帶官壹員哨官叁拾員勇丁伍百柒拾肆名戰船叁拾壹隻內

管帶官壹員

記名簡放提督彪勇巴圖魯張元龍

哨官叁拾員

總兵貳員李光裕　佘有德

副將拾貳員茅子莊　胡家順　郭松盛　尹龍發　張忠雲

韓定湘　夏定泰　郭有餘　陳星炳　盧經學

曹廣順　應啓和

叅將柒員朱楚緒　蕭德新　盛裕貴　陳雨松　張耀南

蕭光勝　盛松慶

遊擊陸員劉應柖　楊兆桂　郭必勝　盛萬青　鍾龍貴

胡雲貴

守備貳員李義成　張紹泉

千總壹員周山雲

查前項哨官內蕭光勝於陸年貳月初叁日病故盛松慶於柒年拾壹月貳拾捌日病故應啓和於柒年拾貳月初伍日病故改委外委陳名揚李本亮陳有勝即日接哨

長龍船陸隻內有督陣長龍壹隻加紥勇貳名

艙長陸名

舵工陸名

頭工陸名

砲手叁拾名

槳勇壹百貳拾貳名

舢板船貳拾伍隻內有先鋒舢板壹隻加槳勇肆名

舵工貳拾伍名

頭工貳拾伍名

砲手伍拾名

槳勇叁百肆名

以上淮揚水師新右營管帶官壹員月支薪糧銀伍拾兩辦公

費銀壹百伍拾兩凡幫辦營務管理帳目軍裝書醫工匠等

薪糧並置辦旗幟號補各費在內哨官叁拾員每員月支薪糧銀拾貳兩又加支銀捌兩共月支銀捌百兩均不扣建自同治陸年正月初壹日接支起截至柒年拾貳月底全營裁撤歸標止連閏計貳拾伍箇月應共支薪糧公費湘平銀貳萬兩艙長陸名每名日支銀壹錢陸分舵工共叁拾壹名每名日支銀壹錢伍分頭工砲手共壹百壹拾壹名每名日支銀壹錢肆分槳勇共肆百貳拾陸名每名日支銀壹錢貳分共日支銀柒拾貳兩貳錢柒分均自同治陸年正月初壹日接支起截至柒年拾貳月底全營裁撤歸標止扣除小建拾叁日計柒百叁拾柒日應共支勇糧湘平銀伍萬叁千貳百陸拾貳兩玖錢玖分以上薪費口糧共

應支湘平銀柒萬叁千貳百陸拾貳兩玖錢玖分內

實放湘平銀陸萬玖千伍百伍拾叁兩壹錢肆分
仍實欠發陸柒兩年分餉銀叁千柒百玖兩捌錢伍分
一淮揚水師親兵左營管帶官壹員哨官貳拾貳員勇丁叁百
伍拾叁名戰船貳拾貳隻內
管帶官壹員
記名簡放提督長勇巴圖魯鄧長里
哨官貳拾貳員
總兵壹員譚鴻聲
副將叁員杜萬和　羅友貴　鄒龍陞
參將伍員劉榮華　曠星發　劉源順　陳志雲　譚遠漣
遊擊拾壹員范春和　鄧楚和　吳騰蛟　李永言　吳清亮
周有聲　易宏亮　成春揚　吳光祿　易福蛟

詹德勝

都司壹員段高翔

外委壹員張元發

查前項哨官內譚鴻聲於柒年正月初壹日奉文卸事改委

守備曹輝級即日接哨

長龍船壹隻

艙長壹名

舵工壹名

頭工壹名

砲手伍名

槳勇貳拾名

舢板船肆隻內有先鋒舢板壹隻加槳勇陸名

舵工肆名
頭工肆名
砲手捌名
槳勇伍拾肆名
舢板船壹拾柒隻
舵工壹拾柒名
頭工壹拾柒名
砲手叁拾肆名
槳勇壹百捌拾柒名
以上淮揚水師親兵左營管帶官壹員月支薪糧銀伍拾兩辦
公費銀壹百伍拾兩凡幫辦營務管理帳目軍裝書醫工匠
等薪糧並置辦旗幟號補各費在内哨官貳拾貳員每員月

支薪糧銀拾貳兩又加支銀捌兩共月支銀陸百肆拾兩均不扣建自同治陸年正月初壹日接支起截至柒年拾貳月底止連閏計貳拾伍箇月應共支薪糧公費湘平銀壹萬陸千兩艙長壹名日支銀壹錢陸分舵工共貳拾貳名每名日支銀壹錢伍分頭工砲手共陸拾玖名每名日支銀壹錢肆分槳勇共貳百陸拾壹名每名日支銀壹錢貳分共日支銀肆拾肆兩肆錢肆分均自同治陸年正月初壹日接支起截至柒年拾貳月底止扣除小建拾叁日計柒百叁拾柒日應共支勇糧湘平銀叁萬貳千柒百伍拾貳兩貳錢捌分以上

薪費口糧共

應支湘平銀肆萬捌千柒百伍拾貳兩貳錢捌分內

實放湘平銀肆萬柒千陸百伍拾叁兩壹錢叁分

仍實欠發陸柒兩年分餉銀壹千玖拾玖兩壹錢伍分

一淮揚水師親兵右營管帶官壹員哨官叁拾貳員勇丁伍百
陸拾陸名戰船叁拾貳隻内

管帶官壹員

儘先題奏提督强勇巴圖魯周國興

哨官叁拾貳員

總兵肆員柳金源　張光德　吳大吉　左富文

副將捌員鍾明亮　劉華勝　陽德前　黎耀廷　譚定亮
何明廣　鄧元魁　黃永源

參將陸員陳文和　潘先龍　周啓茂　楊定發　李昌俊
張宗興

遊擊拾員劉文登　胡應萬　馮長榮　董貴有　王金開

柳平邦　張春台　王光貴　易正泰　周德勝

都司壹員唐定遠

守備壹員易修美

外委壹員張聚慶

知縣壹員馮濟川

查前項哨官内唐定遠於陸年拾月貳拾玖日病故馮濟川於柒年正月貳拾玖日奉文卸事周德勝於柒年貳月拾伍日奉文卸事左富文於柒年叁月貳拾捌日病故張光德於柒年玖月初壹日奉調離營改委參將周有功守備李寶章熊家麒千總楊應龍劉國楨即日接哨

長龍船肆隻

艙長肆名

舵工肆名
頭工肆名
砲手貳拾名
槳勇捌拾名
舢板船貳拾肆隻内有先鋒舢板貳隻共加槳勇拾名
舵工貳拾肆名
頭工貳拾肆名
砲手肆拾捌名
槳勇貳百玖拾捌名
舢板船肆隻
舵工肆名
頭工肆名

砲手捌名

槳勇肆拾肆名

以上淮揚水師親兵右營管帶官壹員月支薪糧銀伍拾兩辦公費銀壹百伍拾兩凡幫辦營務管理帳目軍裝書醫工匠等薪糧並置辦旗幟號補各費在内哨官叁拾貳員每員月支薪糧銀拾貳兩又加支銀捌兩共月支銀捌百肆拾兩均不扣建自同治陸年正月初壹日接支起截至柒年拾貳月底止連閏計貳拾伍箇月應共支薪粮公費湘平銀貳萬壹千兩艙長肆名每名日支銀壹錢陸分舵工共叁拾貳名每名日支銀壹錢伍分頭工砲手共壹百捌名每名日支銀壹錢肆分槳勇共肆百貳拾貳名每名日支銀壹錢貳分共日支銀柒拾壹兩貳錢均自同治陸年正月初壹日接支起截

至柒年拾貳月底止扣除小建拾叁日計柒百叁拾柒日應
共支勇糧湘平銀伍萬貳千肆百柒拾肆兩肆錢以上薪費
口糧共
應支湘平銀柒萬叁千肆百柒拾肆兩肆錢內
實放湘平銀陸萬捌千柒百柒拾玖兩陸錢叁分
仍實欠發陸柒兩年分餉銀肆千陸百玖拾肆兩柒錢柒分
以上淮揚水師拾壹營薪費口糧總共
應支湘平銀柒拾肆萬柒千貳百貳拾捌兩柒錢柒分內
實放湘平銀柒拾壹萬柒百壹拾玖兩貳錢貳分壹釐
仍實欠發陸柒兩年分欠餉銀叁萬陸千伍百玖兩伍錢肆分
玖厘
查前項各營水勇內有傷亡等項事故均係隨時募補並無空

曠日期所有欠發銀兩續有補給另歸次案專册造報理合

登明

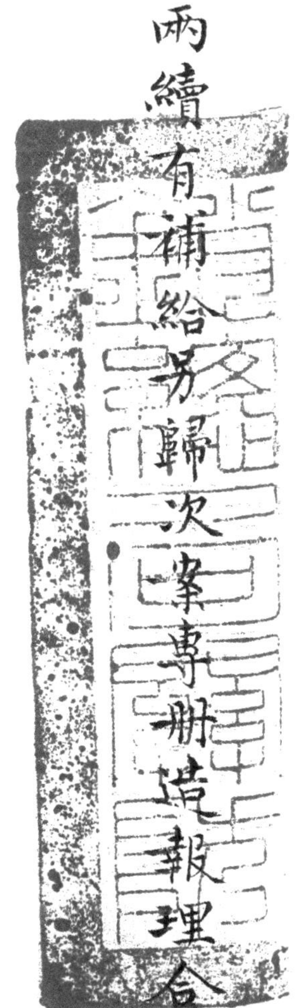

一淮湘統領護衛師船哨官叁員勇丁伍拾肆名戰船叁隻內

哨官叁員

副將貳員劉登玉　李章順

遊擊壹員潘春台

舢板船叁隻內有先鋒舢板壹隻加槳勇陸名

舵工叁名

頭工叁名

砲手陸名

槳勇肆拾貳名

以上護衛師船哨官叁員每員月支薪糧銀拾貳兩共銀叁拾陸兩不扣建自同治陸年正月初壹日接支起截至柒年拾貳月底止連閏計貳拾伍箇月應共支薪糧湘平銀玖百兩

舵工叁名每名日支銀壹錢伍分頭工砲手共玖名每名日支銀壹錢肆分槳勇肆拾貳名每名日支銀壹錢貳分共日支銀陸兩柒錢伍分均自同治陸年正月初壹日接支起截至柒年拾貳月底止連閏扣除小建拾叁日計柒百叁拾柒日應共支勇糧湘平銀肆千玖百柒拾肆兩柒錢伍分以上

薪糧共

實放湘平銀伍千捌百柒拾肆兩柒錢伍分

一撫標水師新營管帶官壹員哨官叁拾員勇丁肆百玖拾捌名戰船叁拾隻內

管帶官壹員

記名簡放總兵蔡渭川

哨官叁拾員

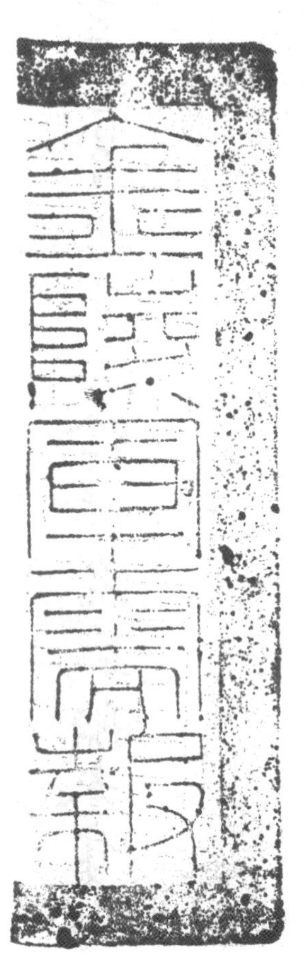

副將伍員歐陽積福　王振邦　張榮桃　熊光明　蔡燮廷

參將捌員張雲魁　劉飛龍　徐有桂　鍾益樊　王有明

楊漢文　周國賢　江鳳元

都司拾壹員劉福田　符炳堂　張獻交　陳時若　葉達松

黃慶平　吳拔先　戴儒喜　賀萬財　劉崇剛

吳高升

守備陸員張全勝　譚定邦　滕久琳　蕭德祐　蔡啟明

張作舟

查前項營哨內管帶官蔡渭川於陸年陸月拾捌日病故改委本營哨官歐陽積福即日接帶吳高升於陸年叁月初壹日給假離營劉崇剛於陸年肆月貳拾叁日病故江鳳元於陸年拾貳月拾肆日奉文離營改委千總陳洪富把總王萬

邦外委嚴履寬五品軍功張漸逵即日接哨

長龍船壹隻

艙長壹名

舵工壹名

頭工壹名

砲手伍名

槳勇貳拾名

舢板船貳拾玖隻内有先鋒舢板壹隻加槳勇陸名

舵工貳拾玖名

頭工貳拾玖名

砲手伍拾捌名

槳勇叁百伍拾肆名

以上撫標水師新營管帶官壹員月支薪糧銀伍拾兩辦公費銀壹百伍拾兩凡幫辦營務管理帳目軍裝書醫工匠等薪糧並置辦旗幟號補各費在內又哨官叁拾員每員月支薪糧銀拾貳兩共月支銀伍百陸拾兩均不扣建自同治陸年正月初壹日接支起截至柒年肆月底全營裁撤止計拾陸箇月應共支薪糧公費湘平銀捌千玖百陸拾兩艙長壹名日支銀壹錢陸分舵工共叁拾名每名日支銀壹錢伍分頭工砲手共玖拾叁名每名日支銀壹錢肆分槳勇共叁百柒拾肆名每名日支銀壹錢貳分共日支銀陸拾貳兩伍錢陸分均自同治陸年正月初壹日接支起截至柒年肆月底全營裁撤止扣除小建捌日計肆百柒拾貳日應共支勇糧湘平銀貳萬玖千伍百貳拾捌兩叁錢貳分以上薪費口糧共

實放湘平銀叁萬捌千肆百捌拾捌兩叁錢貳分

一撫標水師新副營同治柒年貳月改為湖廣督標水師新副營管帶官壹員哨官叁拾員勇丁肆百捌拾叁名戰船叁拾隻內

管帶官壹員

記名簡放總兵李洪壽

哨官叁拾員

總兵貳員李榮陞　劉漢廷

副將陸員姚玉華　陳世雄　彭星垣　黃春源　劉發祥

陽茂林

叅將柒員王立清　葉在明　王金亮　熊宗有　胡春林

易恒富　左世栢

遊擊壹員王忠信

都司柒員李裕齡　唐方榮　彭興和　許南香　何占魁

戴有富　盛保安

守備肆員周利勝　李大彬　汪正清　李亮成

外委壹員李祥春

五六品軍功貳員唐栢雲　梁吉盛

查前項哨官內劉漢廷於陸年伍月初壹日給假離營葉在明於柒年閏肆月初肆日給假離營陽茂林於柒年閏肆月貳拾陸日因病離營何占魁戴有富均於柒年閏肆月貳拾陸日奉文離營盛保安於柒年柒月拾伍日奉文離營改委守備吳福壽李玉堂蘇長慶李耀文外委程光亮六品軍功彭光茂即日接哨

長龍船壹隻

艙長壹名

舵工壹名

頭工壹名

砲手陸名

槳勇壹拾玖名

舢板船壹拾肆隻內有先鋒舢板壹隻加槳勇陸名

舵工壹拾肆名

頭工壹拾肆名

砲手貳拾捌名

槳勇壹百柒拾肆名

𦨭板船壹拾伍隻

舵工壹拾伍名
頭工壹拾伍名
砲手叁拾名
凳勇壹百陸拾伍名
以上撫標水師新副營改為湖廣督標水師新副營管帶官壹員月支薪糧銀伍拾兩辦公費銀壹百伍拾兩凡幫辦營務管理帳目軍裝書醫工匠等薪糧並置辦旗幟號補各費在内又哨官叁拾員每員月支薪糧銀拾貳兩共月支銀伍百陸拾兩均不扣建自同治陸年正月初壹日接支起截至柒年拾貳月底止連閏計貳拾伍箇月應共支薪糧公費湘平銀壹萬肆千兩艙長壹名日支銀壹錢陸分舵工共叁拾名每名日支銀壹錢伍分頭工砲手共玖拾肆名每名日支銀

壹錢肆分槳勇共叁百伍拾捌名每名日支銀壹錢貳分共日支銀陸拾兩柒錢捌分均自同治陸年正月初壹日接支起截至柒年拾貳月底止扣除小建拾叁日計柒百叁拾柒日應共支勇糧湘平銀肆萬肆千柒百玖拾肆兩捌錢陸分

以上薪費口糧共

實放湘平銀伍萬捌千柒百玖拾肆兩捌錢陸分

一撫標水師新左營管帶官壹員哨官貳拾員勇丁叁百伍拾肆名戰船貳拾壹隻内

管帶官壹員

記名簡放總兵易其祥

哨官貳拾員

都司肆員陳立賢　徐洪陞　張清義　朱連陞

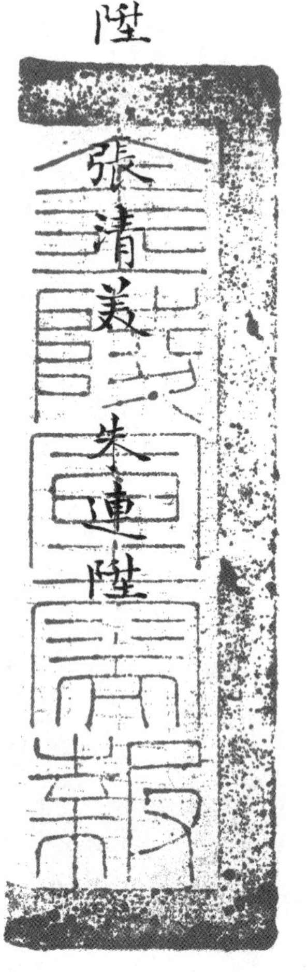

守備陸員劉鴻駿　易惟茂　李立建　王雨堂　朱春田
　成名得
千總捌員任澤泰　張岐山　康寶林　張得發　周宏勝
　莫定元　李逢泰　胡有才
把總貳員周雲祥　何其瀚
查前項營哨內管帶官易其祥於陸年叁月初拾日丁憂回籍改委淮揚水師新前營哨官兩湖補用副將劉藻廷代理柒年貳月初壹日易其祥奉飭回營仍令接帶哨官王雨堂朱春田均於陸年叁月貳拾伍日奉文離營李逢泰於陸年陸月拾捌日因病離營胡有才於陸年柒月叁拾日給假離營成名得於柒年叁月貳拾玖日病故改委千總陳啟章外委魏名先劉國才張太和宋盛謙即日接哨

長龍船壹隻
艙長壹名
舵工壹名
頭工壹名
砲手伍名
槳勇貳拾名
舢板船貳拾隻
舵工貳拾名
頭工貳拾名
砲手肆拾名
槳勇貳百肆拾陸名
以上撫標水師新左營管帶官壹員月支薪糧銀伍拾兩辦公

費銀壹百伍拾兩凡幫辦營務管理帳目軍裝書醫工匠等薪糧並置辦旗幟號補各費在內又哨官貳拾員每員月支薪糧銀拾貳兩共月支銀肆百肆拾兩均不扣建自同治陸年正月初壹日接支起截至柒年閏肆月底全營裁撤止連閏計拾柒箇月應共支薪糧公費湘平銀柒千肆百捌拾兩艙長壹名日支銀壹錢陸分舵工共貳拾壹名每名日支銀壹錢伍分頭工砲手共陸拾陸名每名日支銀壹錢肆分槳勇共貳百陸拾陸名每名日支銀壹錢貳分共日支銀肆拾肆兩肆錢柒分均自同治陸年正月初壹日接支起截至柒年閏肆月底全營裁撤止扣除小建玖日計伍百壹日應共支勇糧湘平銀貳萬貳千貳百柒拾玖兩肆錢柒分以上薪費口糧共

應支湘平銀貳萬玖千柒百伍拾玖兩肆錢柒分內

實放湘平銀貳萬玖千肆兩肆錢貳分

報效陸年分欠餉銀柒百伍拾伍兩伍分

一撫標水師新後營管帶官壹員哨官拾玖員勇丁叁百壹拾

捌名戰船貳拾貳隻內

管帶官壹員

補用參將費金綬

哨官拾玖員

都司陸員李榮勝　馬雲龍　朱蘭亭　賀東海　高保泰

許濟坤

守備拾員張增禮　郎桂林　王金懷　孫永清　陶良城

石滙奎　彭必成　張耀　文得明　張錦魁

千總壹員沈蘭亭
外委貳員倪萬春　成斌元
查前項哨官內張錦魁於陸年肆月初壹日奉文離營許濟
坤於陸年玖月貳拾叁日請假卸事文得明於陸年玖月貳
拾玖日病故改委守備譚元福外委曹金組陳永奎即日接
哨

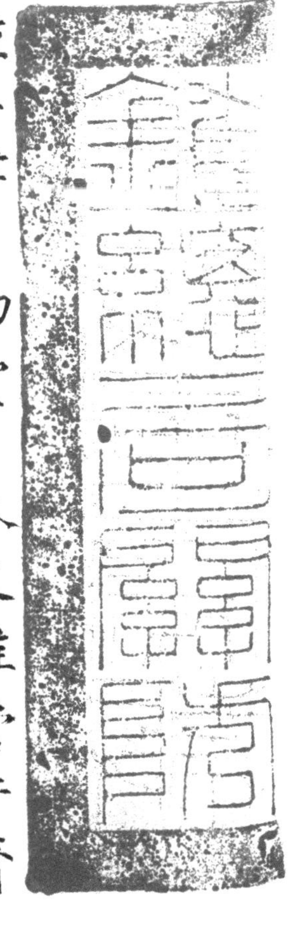

舢板船壹拾伍隻內有先鋒舢板壹隻加槳勇肆名
舵工壹拾伍名
頭工壹拾伍名
砲手叁拾名
槳勇壹百捌拾肆名
小舢板船伍隻

舵工伍名
頭工伍名
砲手壹拾名
槳勇肆拾名
鎗船貳隻
鎗勇肆名
槳勇壹拾名
以上撫標水師新後營管帶官壹員月支薪糧銀伍拾兩辦公
費銀壹百伍拾兩凡幫辦營務管理帳目軍裝書醫工匠等
薪糧並置辦旗幟號補各費在内又哨官拾玖員每員月支
薪糧銀拾貳兩共月支銀肆百貳拾捌兩均不扣建自同治
陸年正月初壹日接支起截至柒年肆月底全營裁撤止計

拾陸箇月應共支薪糧公費湘平銀陸千捌百肆拾捌兩舵工共貳拾名每名日支銀壹錢伍分頭工砲手槍勇共陸拾肆名每名日支銀壹錢肆分槳勇共貳百叁拾肆名每名日支銀壹錢貳分共日支銀肆拾兩肆分均自同治陸年正月初壹日接支起至是年拾月初壹裁減戰船前壹日止扣除小建陸日計貳百陸拾肆日應共支勇糧湘平銀壹萬伍百柒拾兩伍錢陸分兩共

應支湘平銀壹萬柒千肆百壹拾捌兩伍錢陸分

前項戰船內開除鎗船貳隻當將鎗勇槳勇拾肆名一律改為槳勇支數勻撥小舢板改換舢板船伍隻連前實存舢板船貳拾隻舵工貳拾名頭工砲手共陸拾名槳勇貳百叁拾捌名均仍照前數支給共日支銀叁拾玖兩玖錢陸分自陸年

拾月初壹日起支截至柒年肆月底全營裁撤止扣除小建

貳日計貳百捌日勇糧共

應支湘平銀捌千叁百壹拾壹兩陸錢捌分

以上撫標水師新後營薪費口糧總共

實放湘平銀貳萬伍千柒百叁拾兩貳錢肆分

一撫標水師右營管帶官壹員哨官貳拾員勇丁叁百伍拾肆

名戰船貳拾壹隻内

管帶官壹員

補用叅將王得魁

哨官貳拾員

叅將貳員王成章　陳建廷

遊擊壹員劉得勝

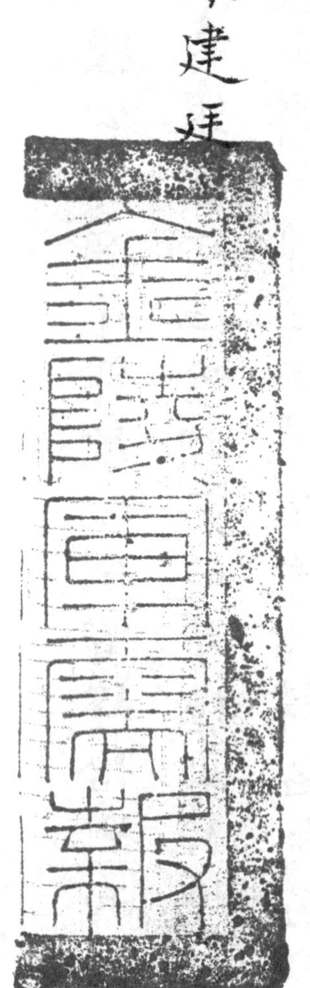

都司貳員李貴友　易仁善

守備拾員王有容　蕭有貴　周國清　吳長卿　胡清元

朱盛容　程德昌　羅澤夫　陳友德　胡安才

外委肆員凌正才　周雲彪　石瑞祥　陶逢春

六品軍功壹員熊友發

查前項營哨內管帶官王得魁於陸年貳月拾柒日降為本營哨官，改委淮揚水師新左營哨官總兵符國華即日接帶。哨官熊友發於陸年貳月拾柒日奉文離營；胡安才於陸年伍月初捌日給假離營；陳建廷於陸年陸月初壹日因病離營；陶逢春於陸年玖月初壹日因病離營。改委參將王得魁、外委劉深海、符國山、謝國文即日接哨。

長龍船壹隻

艙長壹名

舵工壹名

頭工壹名

砲手伍名

槳勇貳拾貳名

舢板船貳拾隻內有先鋒舢板壹隻加槳勇肆名

舵工貳拾名

頭工貳拾名

砲手肆拾名

槳勇貳百肆拾肆名

以上撫標水師右營管帶官壹員月支薪糧銀伍拾兩辦公費

銀壹百伍拾兩凡幫辦營務管理帳目軍裝書醫工匠等薪

糧並置辦旗幟號補各費在內又哨官貳拾員每員月支薪糧銀拾貳兩共月支銀肆百肆拾兩均不扣建自同治陸年正月初壹日接支起截至柒年貳月底全營裁撤止計拾肆箇月應共支薪糧公費湘平銀陸千壹百陸拾兩艙長壹名日支銀壹錢陸分舵工共貳拾壹名每名日支銀壹錢伍分頭工砲手共陸拾陸名每名日支銀壹錢肆分槳勇共貳百陸拾陸名每名日支銀壹錢貳分共日支銀肆拾肆兩肆錢柒分均自同治陸年正月初壹日接支起截至柒年貳月底全營裁撤止扣除小建柒日計肆百壹拾叁日應共支勇糧湘平銀壹萬捌千叁百陸拾陸兩壹錢壹分以上薪費口糧

共

實放湘平銀貳萬肆千伍百貳拾陸兩壹錢壹分

一撫標水師親兵後營管帶官壹員哨官貳拾員勇丁貳百陸
拾壹名戰船貳拾隻內
管帶官壹員
補用叅將鄭國謨
哨官貳拾員
叅將肆員李榮壽　鄭光福　周明清　陳大元
遊擊貳員鄭洪春　易大有
都司拾貳員張德全　陳錫武　鄭廣地　鄭大楷　夏得餘
費萬勝　徐忠發　袁紹從　王界祥　楊柄元
郭安邦　葉金榮
守備貳員姚長勝　詹新田
查前項哨官內周明清於陸年貳月貳拾柒日給假離營易

大有於陸年叁月初壹日給假離營楊柄元於陸年肆月初
壹日奉文離營郭安邦於陸年玖月貳拾肆日給假離營
新田於陸年拾壹月初叁日病故陳大元於陸年拾壹月初
拾日因病離營改委參將陳玉峰守備鄭國義詹新連把總
王得桂王秉章武生宣錦標即日接哨

長龍船貳隻內有督陣長龍壹隻加槳勇叁名

艙長貳名

舵工貳名

頭工貳名

砲手捌名

槳勇叁拾壹名

舢板船壹拾捌隻

舩工壹拾捌名

頭工壹拾捌名

砲手叁拾陸名

槳勇壹百肆拾肆名

以上撫標水師親兵後營管帶官壹員月支薪糧銀伍拾兩辦公費銀壹百伍拾兩凡幫辦營務管理帳目軍裝書醫工匠等薪糧並置辦旗幟號補各費在内又哨官貳拾員每員月支薪糧銀拾貳兩共月支銀肆百肆拾兩均不扣建自同治陸年正月初壹日接支起截至柒年叁月底全營裁撤止計拾伍箇月應共支薪糧公費湘平銀陸千陸百兩艙長貳名每名日支銀壹錢陸分舩工共貳拾名每名日支銀壹錢伍分頭工砲手共陸拾肆名每名日支銀壹錢肆分槳勇共壹

百柒拾伍名每名日支銀壹錢貳分共日支銀叁拾叁兩貳錢捌分均自同治陸年正月初壹日接支起截至柒年叁月底全營裁撤止扣除小建柒日計肆百肆拾叁日應共支勇糧湘平銀壹萬肆千柒百肆拾叁兩肆分以上薪費口糧共實放湘平銀貳萬壹千叁百肆拾叁兩肆分

一撫標水師鼎字營同治柒年捌月改爲湖廣督標水師親兵中營管帶官壹員總哨官壹員哨官伍拾員勇丁捌百貳拾陸名戰船伍拾隻內

管帶官壹員

記名遇缺　題奏提督協勇巴圖魯徐道奎

總哨官壹員

副將吳尚霖

哨官伍拾員

總兵叁員吳長璐 梅大有 梁朝爽

副將玖員徐耀廷 楊春貴 吳春和 朱得勝 劉奎榮

殷錫茂 王得勝 劉有忠 賈登雲

叅將拾肆員萬觀貞 李鶴山 李宏蟾 喬大榮 李鳳翔

曹雲芬 劉啟發 劉天長 武韶剛 李大倉

王永勝 董永勝 賈茂如 吳天榮

遊擊陸員陳家玉 姚德雲 陳儀生 周元春 徐步發

陳在尚

都司陸員張元勝 倪文學 孫長有 朱復才 羅廣勝

趙勝奎

守備肆員樂達發 何承貴 李廣銀 李雲壽

千總叁員蔣興華　陳丙福　錢廷柱
把總貳員王永貴　梅春貴
巡檢壹員徐光前
六品軍功貳員萬啟桂　繆正魁
查前項哨官內總哨官吳尚霖於陸年陸月貳拾柒日奉文
與本營哨官叅將李大倉即日對調哨官吳長璐於陸年貳
月初壹日奉文離營劉有忠於陸年貳月初伍日病故梅春
貴於陸年叁月初壹日奉文卸事萬啟桂於陸年玖月貳拾
捌日給假離營董永勝羅廣勝均於陸年拾貳月貳拾伍日
給假離營梁朝爽於陸年拾貳月貳拾玖日奉調離營梅大
有李廣銀李雲壽均於柒年正月初拾日給假離營賈茂如
趙勝奎均於柒年正月拾肆日奉文離營王永勝於柒年貳

月拾捌日病故陳在尚於柒年貳月貳拾日給假離營繆正
魁於柒年叁月拾叁日奉文離營吴天榮於柒年叁月貳拾
柒日因病離營費登雲於柒年玖月初伍日病故改委都司
彭德王來清守備江正華許萬勝姚紅勝袁文彪張士元彭
正清已革守備曾以忠千總王永泰把總陳守忠陳得龍梅
從吉六品軍功汪國鴻李啟國陳金貴左以立均即日接哨

長龍船貳隻
艙長貳名
舵工貳名
頭工貳名
砲手捌名
槳勇貳拾陸名

舢板船肆拾捌隻
舵工伍拾捌名
頭工伍拾捌名
砲手壹百壹拾陸名
槳勇伍百伍拾肆名

以上撫標水師鼎字營改為湖廣督標水師親兵中營管帶官壹員月支薪糧銀伍拾兩辦公費銀壹百伍拾兩凡幫辦營務管理帳目軍裝書醫工匠等薪糧並置辦旗幟號補各費在内又總哨壹員月支薪糧銀貳拾兩公費銀貳拾兩哨官伍拾員每員月支薪糧銀拾貳兩共月支銀捌百肆拾兩均不扣建自同治陸年正月初壹日接支起截至柒年拾貳月底止連閏計貳拾伍箇月應共支薪糧公費湘平銀貳萬壹

千兩艙長貳名每名日支銀壹錢陸分舵工共陸拾名每名日支銀壹錢伍分頭工碇手共壹百捌拾肆名每名日支銀壹錢肆分槳勇共伍百捌拾名每名日支銀壹錢貳分共日支銀壹百肆兩陸錢捌分均自同治陸年正月初壹日接支起截至柒年拾貳月底止扣除小建拾叁日計柒百叁拾柒日應共支勇糧湘平銀柒萬柒千壹百肆拾玖兩壹錢陸分

貳共

應支湘平銀玖萬捌千壹百肆拾玖兩壹錢陸分

又該營於陸年陸月初壹日添舢板船壹拾貳隻計哨官補用千總孫賢才白義標李長知補用把總汪葉正李廷章孫天有梅德昌補用外委劉萬順六品軍功楊春發魯永順蘇義茂胡永成共拾貳員每員月支薪糧銀拾貳兩共用支銀壹

百肆拾肆兩不扣建舵工拾貳名頭工拾貳名碇手貳拾肆
名槳勇陸拾名均仍照前數支給共日支銀壹拾肆兩肆分
自同治陸年陸月初壹日起支至是年拾貳月底全行裁撤
止哨官薪糧計柒箇月水勇口糧扣除小建叁日計貳百柒
日共
應支湘平銀叁千玖百壹拾肆兩貳錢捌分
以上撫標水師鼎字營改爲湖廣督標水師親兵中營薪貲口
糧總共
實放湘平銀壹拾萬貳千陸拾叁兩肆錢肆分
一撫標水師銘字營管帶官壹員哨官壹拾貳員勇丁壹百捌
拾名戰船壹拾貳隻內
管帶官壹員

補用叅將張　駿
哨官拾貳員
遊擊壹員宋立泰　方羣發　王必勝
都司叁員趙元成　謝代富　張文萃　李得陞
守備肆員靳登揚　黄獻坤
千總貳員黄先甲
把總壹員王德盛
五品軍功壹員任長年
查前項哨官内王德盛於陸年柒月初壹日卸事改委把總
王德勝接哨於柒年貳月初貳日淹斃改委千總張宏接哨
長龍船貳隻
舥長貳名

舵工貳名
頭工貳名
砲手捌名
槳勇貳拾陸名
舢板船壹拾隻
舵工壹拾名
頭工壹拾名
砲手貳拾名
槳勇壹百名
以上撫標水師銘字營管帶官壹員月支薪糧銀叁拾兩辦公
費銀伍拾兩凡幇辦營務管理帳目軍裝書醫工匠等薪糧
並置辦旗幟號補各費在内又哨官拾貳員每員月支薪糧

銀拾貳兩共月支銀貳百貳拾肆兩均不扣建自同治陸年正月初壹日接支起截至柒年拾貳月底止連閏計貳拾伍箇月應共支薪糧公費湘平銀伍千陸百兩艙長貳名每名日支銀壹錢陸分舵工共拾貳名每名日支銀壹錢伍分頭工砲手共肆拾名每名日支銀壹錢肆分槳勇共壹百貳拾陸名每名日支銀壹錢貳分共日支銀貳拾貳兩捌錢肆分均自同治陸年正月初壹日接支起截至柒年拾貳月底止扣除小建拾叁日計柒百叁拾柒日應共支勇糧湘平銀壹萬陸千捌百叁拾叁兩捌分以上薪費口糧共

應支湘平銀貳萬貳千肆百叁拾叁兩捌分內

實放湘平銀貳萬壹千玖百捌拾捌兩玖錢貳分

報効陸柒兩年分欠餉銀肆百肆拾肆兩壹錢陸分

一撫標水師春字營同治陸年陸月改為湖廣督標春字營管
帶官壹員哨官壹拾員勇丁壹佰貳拾名戰艦壹拾隻又新
添勇丁貳拾名內

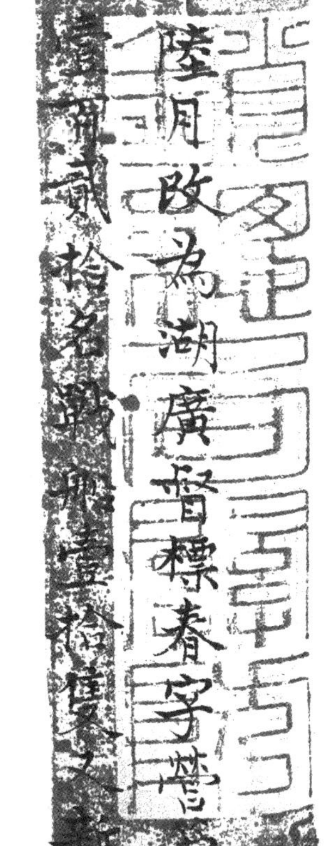

管帶官壹員

補用副將段清和

哨官拾員

遊擊壹員熒澤峻

都司伍員蕭春和　王德庸　段雨森　孫正華　錢桂芳

千總肆員袁福勝　李官祥　李德貴　李長福

查前項哨官內孫正華於陸年陸月貳拾貳日因病離營熒
澤峻於陸年拾月初柒日給假離營錢桂芳於陸年拾壹月
初柒日給假離營李長福於柒年正月貳拾陸日奉文卸事

改委叅將高登遠遊擊彭小春守備李惠元千總張家爽即
日接哨
舢板船壹拾隻　内新添舵工拾名頭工拾名又砲手貳拾名係槳勇改换自陸年正月初壹日起支
舵工壹拾名
頭工壹拾名
砲手貳拾名
槳勇壹百名
以上撫標水師春字營改爲湖廣督標春字營管帶官壹員月
支薪糧銀叁拾兩辦公費銀伍拾兩凡幫辦營務管理帳目
軍裝書醫工匠等薪糧並置辦旗幟號補各費在内又哨官
拾員每員月支薪糧銀拾貳兩共月支銀貳百兩均不扣建
自同治陸年正月初壹日接支起截至柒年拾貳月底止連

閏計貳拾伍箇月應共支薪糧公費湘平銀伍千兩舵工拾
名每名日支銀壹錢伍分頭工砲手共叁拾名每名日支銀
壹錢肆分槳勇壹百名每名日支銀壹錢貳分共日支銀壹
拾柒兩柒錢均自同治陸年正月初壹日接支起截至柒年
拾貳月底止扣除小建拾叁日計柒百叁拾柒日應共支勇
糧湘平銀壹萬叁千肆拾肆兩玖錢以上薪費口糧共
應支湘平銀壹萬捌千肆拾肆兩玖錢内
實放湘平銀壹萬伍千伍百柒拾兩陸錢
仍實欠發陸柒兩年分餉銀貳千肆百柒拾肆兩叁錢
一撫標水師護衛營管帶官壹員哨官壹拾陸員勇丁貳百玖
拾貳名戰船壹拾陸隻内
管帶官壹員

記名簡放總兵江南福山營遊擊健勇巴圖魯鄭龍彪

哨官拾陸員

叅將貳員徐耀祖　蔡永祚

遊擊伍員陳聯陞　盧殿安　曹洪泰　嚴世源　周正洪

都司肆員文先富　張萬年　周寶倉　劉長泰

守備貳員程震邦　林福基

千總叁員朱　俊　李鍾禄　杜　襄

長龍船肆隻

艙長肆名

舵工肆名

頭工肆名

砲手壹拾陸名

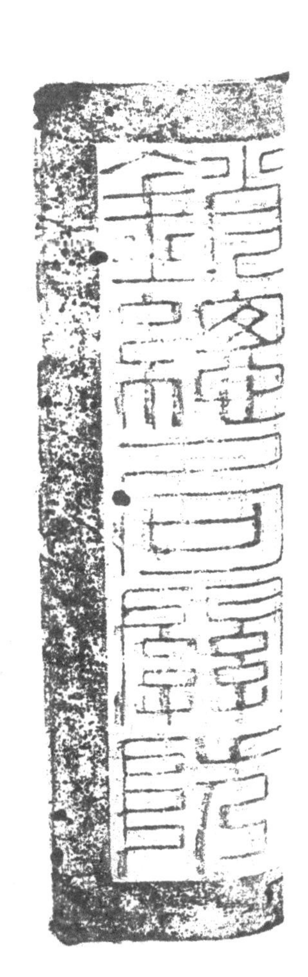

槳勇陸拾捌名
舢板船壹拾貳隻
舵工壹拾貳名
頭工壹拾貳名
砲手貳拾捌名
槳勇壹百肆拾肆名
以上撫標水師護衛營管帶官壹員月支薪糧銀伍拾兩辦公費銀壹百伍拾兩凡幫辦營務管理帳目軍裝書醫工匠等薪糧並置辦旗幟號補各費在內又哨官拾陸員每員月支薪糧銀拾貳兩共月支銀叁百玖拾貳兩均不加建自同治陸年正月初壹日接支起截至柒年閏肆月底全營裁撤止計拾柒箇月應共支薪糧公費湘平銀陸千陸百陸拾肆兩

艙長肆名每名日支銀壹錢陸分舵工共拾陸名每名日支銀壹錢伍分頭工砲手共陸拾名每名日支銀壹錢肆分槳勇共貳百壹拾貳名每名日支銀壹錢貳分共日支銀叁拾陸兩捌錢捌分均自同治陸年正月初壹日接支起截至柒年閏肆月底全營裁撤止扣除小建玖日計伍百壹日應共支勇糧湘平銀壹萬捌千肆百柒拾陸兩捌錢捌分以上薪費口糧共

實放湘平銀貳萬伍千壹百肆拾兩捌錢捌分

一撫標水師親兵營同治陸年陸月改為湖廣督標水師親兵營管帶官壹員哨官壹拾玖員勇丁叁百壹拾伍名戰船貳拾隻內

管帶官壹員

記名簡放總兵振勇巴圖魯鄧萬林
哨官拾玖員
遊擊貳員尚啟瑞　楊順福
都司捌員胡　錦　廖鴻運　周連元　馬昭萬　劉有財
鄧鵬海　周勝凱　符德述
守備玖員洪芝蘭　蘇鴻翔　李光華　吳獻廷　劉大勝
張立忠　郭仁高　黃世春　王得功
查前項哨官内洪芝蘭於陸年肆月初壹日卸事張立忠於
柒年拾壹月初捌日因病離營李光華於柒年拾壹月叁拾
日病故改委把總馮紹泉外委易桂馨鄒芝泰即日接哨
舢板船貳拾隻内有先鋒舢板壹隻加槳勇陸名
舵工拾捌名

頭工拾捌名

砲手叁拾玖名

獎勇貳百肆拾名

以上撫標水師親兵營改為湖廣督標水師親兵營管帶官壹員月支薪粮銀伍拾兩辦公費銀壹百伍拾兩凡幫辦營務管理帳目軍裝書醫工匠等薪糧並置辦旗幟號補各費在内又哨官拾玖員每員月支薪粮銀拾貳兩共月支銀肆百貳拾捌兩均不扣建自同治陸年正月初壹日接支起截至柒年拾貳月底止連閏計貳拾伍箇月應共支薪粮公費湘平銀壹萬柒百兩舨工拾捌名每名日支銀壹錢伍分頭工砲手共伍拾柒名每名日支銀壹錢肆分獎勇貳百肆拾名每名日支銀壹錢貳分共日支銀叁拾玖兩肆錢捌分均自

同治陸年正月初壹日接支起截至柒年拾貳月底止扣除
小建拾叄日計柒百叄拾柒日應共支勇糧湘平銀貳萬玖
千玖拾陸兩柒錢陸分以上薪費口糧共
實放湘平銀叄萬玖千柒百玖拾陸兩柒錢陸分
以上撫標水師拾貳營薪費口糧總共
應支湘平銀肆拾壹萬壹千玖百玖拾伍兩捌錢伍分內
實放湘平銀肆拾萬捌千叄百貳拾貳兩叄錢肆分
報効陸柒兩年分欠餉銀壹千壹百玖拾玖兩貳錢壹分
仍實欠發陸柒兩年分餉銀貳千肆百柒拾肆兩叄錢
查前項各營水勇內有傷亡等項事故均係隨時募補並無空
曠日期所有報効欠餉業經彙案分別
奏請廣額至欠發銀兩續有補給另歸次案專冊造報理合登明

一統領太湖水師全軍兼管帶親兵營官壹員哨官拾員勇丁貳百壹拾肆名又親兵小隊壹百名戰船伍隻又續添戰船伍隻内
統領官壹員
江南提督世襲雲騎尉固勇巴圖魯李朝斌
哨官拾員
副將壹員唐萬順
遊擊貳員吳正朝　李國鈞
都司叁員連榮貴　殷壽洪　李友元
千總壹員楊清華
外委叁員楊國清　任榮華　陽仁傑
查前項哨官内任榮華於陸年拾壹月初肆日給假離營陽

仁傑於柒年伍月叁拾日奉文卸事改委守備彭元洽外委

洪兆祥即日接哨

長龍船陸隻 内有督陣長龍壹隻加槳勇陸名

艙長陸名

舵工陸名

頭工陸名

砲手貳拾肆名

槳勇壹百捌名

舢板船肆隻

舵工肆名

頭工肆名

砲手捌名

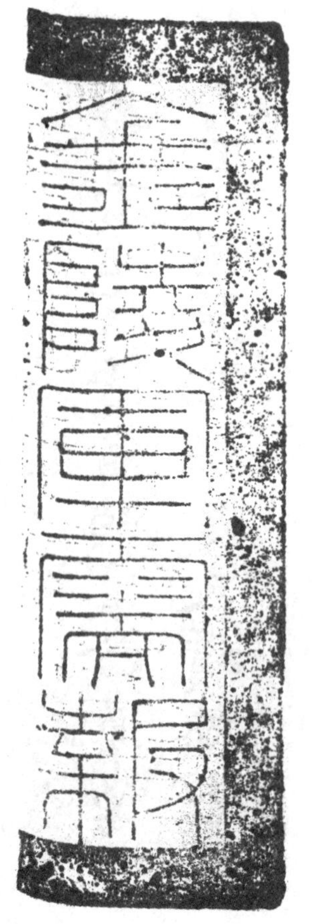

槳勇肆拾捌名
親兵小隊壹百名
查該營原設戰船拾隻於伍年柒月開除伍隻其原配哨勇擬歸旱隊梭巡仍照原章支領口糧並無增減已於前案冊内聲明在案茲於柒年陸月仍添船伍隻並將原擬旱隊哨勇調回分配管駕理合登明
以上太湖水師全軍統領官壹員月支薪糧銀壹百兩辦公費銀貳百兩又兼管帶親兵營辦公費銀壹百兩凡幫辦營務管理帳目軍裝書醫工匠等薪糧並置辦旗幟號補各費在内哨官拾員每員月支薪糧銀拾貳兩又加支銀捌兩共月支銀陸百兩均不扣建自同治陸年正月初壹日接支起至柒年拾月初壹日加增戰船哨勇前壹日止連閏計貳拾貳箇

月應共支薪糧公費湘平銀壹萬叁千貳百兩艙長陸名每
名日支銀壹錢陸分舵工共拾名每名日支銀壹錢伍分頭
工砲手共肆拾貳名每名日支銀壹錢肆分槳勇共壹百伍
拾陸名每名日支銀壹錢貳分又親兵小隊壹百名每名日
支銀壹錢伍分共日支銀肆拾貳兩陸分均自同治陸年正
月初壹日接支起至柒年拾月初壹加增戰船哨勇前壹日
止扣除小建拾貳日計陸百肆拾捌日應共支勇糧湘平銀
貳萬柒千貳百伍拾肆兩捌錢捌分貳共
應支湘平銀肆萬肆百伍拾肆兩捌錢捌分
前項戰船哨勇內加增督陣長龍船壹隻計哨官補用把總殷
科徵壹員艙長壹名舵工壹名頭工壹名砲手肆名槳勇貳
拾叁名連前計統領兼管帶官壹員哨官拾壹員均仍照前

數支給共月支銀陸百貳拾兩不扣建自柒年拾月初壹日
起支截至是年拾貳月底止計叁個月應共支薪糧公費湘
平銀壹千捌百陸拾兩艙長柒名舵工拾壹名頭工砲手共
肆拾柒名槳勇壹百柒拾玖名又親兵小隊壹百名均仍照
前數支給共日支銀肆拾伍兩捌錢叁分自柒年拾月初壹
日起支截至是年拾貳月底止扣除小建壹日計捌拾玖日
應共支勇糧湘平銀肆千柒拾捌兩捌錢柒分貳共
應支湘平銀伍千玖百叁拾捌兩捌錢柒分
以上太湖水師親兵營並親兵小隊總共
應支湘平銀肆萬陸千叁百玖拾叁兩柒錢伍分內
實放湘平銀肆萬叁千陸百貳拾陸兩玖錢
仍實欠發陸柒兩年分餉銀貳千柒百陸拾陸兩捌錢伍分

一太湖水師中營管帶官壹員哨官貳拾叁員勇丁叁百玖拾

捌名戰船貳拾肆隻内

管帶官壹員

記名簡放總兵李昌和

哨官貳拾叁員

遊擊貳員江大勝　張洪春

都司玖員王太和　馮昌品　黄全勝　向光甲　唐萬福

張春華　唐紹大　趙得勝　劉宏貴

守備陸員陽致和　張名勝　殷德順　黄緒光　馮大才

任學連

千總肆員鄒家祥　馮大貴　柳正泰　彭位賢

把總壹員陳春華

外委壹員蕭有典

查前項哨官内趙得勝於陸年捌月貳拾日奉文離營彭位賢於柒年閏肆月初拾日病故改委把總熊三勝外委秦福勝即日接哨

長龍船壹隻

艙長壹名

舵工壹名

頭工壹名

砲手肆名

槳勇貳拾叁名

舢板船貳拾叁隻

舵工貳拾叁名

頭工貳拾叁名
砲手肆拾陸名
槳勇貳百柒拾陸名

以上太湖水師中營管帶官壹員月支薪粮銀伍拾兩辦公費銀壹百伍拾兩凡幫辦營務管理帳目軍裝書醫工匠等薪糧並置辦旗幟號補各費在內哨官貳拾叁員每員月支薪糧銀拾貳兩又加支銀捌兩共月支銀陸百陸拾兩均不扣建自同治陸年正月初壹日接支起至柒年拾月初壹加增戰船哨勇前壹日止連閏計貳拾貳箇月應共支薪糧公費湘平銀壹萬肆千伍百貳拾兩艙長壹名日支銀壹錢陸分舵工共貳拾肆名每名日支銀壹錢伍分頭工砲手共柒拾肆名每名日支銀壹錢肆分槳勇共貳百玖拾玖名每名日

支銀壹錢貳分共日支銀伍拾兩均自同治陸年正月初壹
日接支起至柒年拾月初壹加增戰船哨勇前壹日止扣除
小建拾貳日計陸百肆拾捌日應共支勇糧湘平銀叁萬貳
千肆百兩貳共
應支湘平銀肆萬陸千玖百貳拾兩
前項戰船哨勇內加增舢板船叁隻又哨官補用遊擊陳榮周
補用守備曾廣廷補用千總賴朝典叁員舵工叁名頭工叁
名砲手陸名槳勇叁拾陸名連前計管帶官壹員哨官貳拾
陸員均仍照前數支給共月支銀柒百貳拾兩不扣建自柒
年拾月初壹日起支截至是年拾貳月底止計叁箇月應共
支薪粮公費湘平銀貳千壹百陸拾兩艙長壹名舵工貳拾
柒名頭工砲手共捌拾叁名槳勇叁百叁拾伍名均仍照前

數支給共日支銀伍拾陸兩叁分自柒年拾月初壹日起支
截至是年拾貳月底止扣除小建壹日計捌拾玖日應共支
勇粮湘平銀肆千玖百捌拾陸兩陸錢柒分貳共
應支湘平銀柒千壹百肆拾陸兩陸錢柒分
以上太湖水師中營薪費口糧總共
應支湘平銀伍萬肆千陸拾陸兩陸錢柒分內
實放湘平銀肆萬玖千壹百柒拾玖兩肆分
仍實欠發陸柒兩年分餉銀肆千捌百捌拾柒兩陸錢叁分
一太湖水師左營管帶官壹員哨官貳拾壹員勇丁叁百陸拾
陸名戰船貳拾貳隻內
管帶官壹員
記名簡放提督豪勇巴圖魯熊殿元

哨官貳拾壹員

副將壹員毛明山

叅將貳員盛忠興　唐　安

遊擊柒員龍懷正　顏樂生　李明貴　李志儒　王有連

　周廣才　楊春茂

都司捌員陽有陞　鄭繩武　盛光新　龍大欽　劉青雲

　黃俊才　凌春玉　李長春

守備叁員熊傳瑾　李得勝　袁懷正

　查前項哨官内李明貴於陸年拾月貳拾柒日病故楊春茂於柒年貳月拾捌日病故改委千總李文台楊興裕即日接

　哨

長龍船壹隻

艙長壹名

舵工壹名

頭工壹名

砲手肆名

槳勇貳拾叁名

舢板船貳拾壹隻

舵工貳拾壹名

頭工貳拾壹名

砲手肆拾貳名

槳勇貳百伍拾貳名

以上太湖水師左營管帶官壹員月支薪粮銀伍拾兩辦公費銀壹百伍拾兩凡幫辦營務管理帳目軍裝書醫工匠等薪

糧並置辦旗幟號補各費在内哨官貳拾壹員每員月支薪糧銀拾貳兩又加支銀捌兩共月支銀陸百貳拾兩均不扣建自同治陸年正月初壹日接支起至柒年拾月初壹加增戰船哨勇前壹日止連閏計貳拾貳箇月應共支薪粮公費湘平銀壹萬叁千陸百肆拾兩舵長壹名日支銀壹錢陸分舵工共貳拾貳名每名日支銀壹錢伍分頭工砲手共陸拾捌名每名日支銀壹錢肆分槳勇共貳百柒拾伍名每名日支銀壹錢貳分共日支銀肆拾伍兩玖錢捌分均自同治陸年正月初壹日接支起至柒年拾月初壹加增戰船哨勇前壹日止扣除小建拾貳日計陸百肆拾捌日應共支勇糧湘平銀貳萬玖千柒百玖拾伍兩肆分貳共

應支湘平銀肆萬叁千肆百叁拾伍兩肆分

前項戰船哨勇内加增舢板船叁隻又哨官選用副將張太和補用遊擊羅啓訓補用都司言奇珍叁員舵工叁名頭工叁名砲手陸名槳勇叁拾陸名連前計管帶官壹員哨官貳拾肆員均仍照前數支給共月支銀陸百捌拾兩不扣建自柒年拾月初壹日起支截至是年拾貳月底止計叁個月應共支薪粮公費湘平銀貳千肆拾兩艙長壹名舵工貳拾伍名頭工砲手共柒拾柒名槳勇叁百壹拾壹名均仍照前數支給共日支銀伍拾貳兩壹分自柒年拾月初壹日起支截至是年拾貳月底止扣除小建壹日計捌拾玖日應共支勇粮湘平銀肆千陸百貳拾捌兩捌錢玖分貳共

應支湘平銀陸千陸百陸拾捌兩捌錢玖分

以上太湖水師左營薪費口粮總共

應支湘平銀伍萬壹百叁兩玖錢叁分内
實放湘平銀肆萬伍千貳百捌拾伍兩陸錢肆分
仍實欠癸陸柒兩年分餉銀肆千捌百壹拾捌兩貳錢玖分
一太湖水師右營管帶官壹員哨官貳拾壹員勇丁叁百陸拾
陸名戰船貳拾貳隻内
管帶官壹員
記名簡放提督劉發勝
哨官貳拾壹員
副將壹員張郁林
遊擊貳員馮樹勳　王開寅
都司拾叁員梁治順　劉良山　曾萬榮　張在邦　黄添佑
王曉山　陳玉斌　王永清　金昌衡　劉義發

胡明德　劉金燿　胡天元

守備肆員左品端　吴德志　周蔚堂　張宏勝

千總壹員陶有德

查前項哨官内陳玉斌於陸年肆月初玖日因病離營馮樹勳於陸年肆月貳拾玖月病故胡天元於柒年拾壹月貳拾柒日病故改委副將趙安香把總邵得友外委許得勝即日

接哨

長龍船壹隻

艙長壹名

舵工壹名

頭工壹名

砲手肆名

槳勇貳拾叁名
舢板船貳拾壹隻
舵工貳拾壹名
頭工貳拾壹名
砲手肆拾貳名
槳勇貳百伍拾貳名
以上太湖水師右營管帶官壹員月支薪粮銀伍拾兩辦公費銀壹百伍拾兩凡幫辦營務管理帳目軍裝書醫工匠等薪粮並置辦旗幟號褂各費在内哨官貳拾壹員每員月支薪粮銀拾貳兩又加支銀捌兩共月支銀陸百貳拾兩均不扣建自同治陸年正月初壹日接支起截至柒年拾貳月底止連閏計貳拾伍箇月應共支薪粮公費湘平銀壹萬伍千伍

百兩艙長壹名日支銀壹錢陸分舵工共貳拾貳名每名日
支銀壹錢伍分頭工砲手共陸拾捌名每名日支銀壹錢肆
分槳勇共貳百柒拾伍名每名日支銀壹錢貳分共日支銀
肆拾伍兩玖錢捌分自同治陸年正月初壹日接支起截至
柒年拾貳月底止扣除小建拾叁日計柒百叁拾柒日應共
支勇粮湘平銀叁萬叁千捌百捌拾柒兩貳錢陸分以上薪
費口粮共
應支湘平銀肆萬玖千叁百捌拾柒兩貳錢陸分內
實放湘平銀肆萬肆千貳百陸拾叁兩玖錢陸分
仍實欠發陸柒兩年分餉銀伍千壹百貳拾叁兩叁錢
一太湖水師前營管帶官壹員哨官貳拾壹員勇丁叁百陸拾
陸名戰船貳拾貳隻內

管帶官壹員
江浙太湖水師副將雷玉春
哨官貳拾壹員
副將壹員張太和
叅將貳員綦高會　韓元孔
遊擊伍員喻得勝　王得勝　羅啓訓　劉仁藻　陳榮周
都司肆員楊得勝　言奇珍　劉英華　楊昌學
守備陸員左秀照　曾廣廷　周德明　李其祥　高傑
余傳長
千總貳員賴朝典　趙楚勝
把總壹員劉永標
查前項哨官内楊昌學於柒年叁月初壹日病故，改委外委

[seal]

邱有才即日接哨

長龍船壹隻

艙長壹名

舵工壹名

頭工壹名

砲手肆名

槳勇貳拾叁名

舢板船貳拾壹隻

舵工貳拾壹名

頭工貳拾壹名

砲手肆拾貳名

槳勇貳百伍拾貳名

以上太湖水師前營管帶官壹員月支薪糧銀伍拾兩辦公費
銀壹百伍拾兩凡幫辦營務管理帳目軍裝書醫工匠等薪
糧並置辦旗幟號褂各費在内哨官貳拾壹員每員月支薪
糧銀拾貳兩又加支銀捌兩共月支銀陸百貳拾兩均不扣
建自同治陸年正月初壹日接支起截至柒年玖月底分撥
各營併隊止連閏計貳拾貳箇月應共支薪糧公費湘平銀
壹萬叁千陸百肆拾兩艙長壹名日支銀壹錢陸分舵工共
貳拾貳名每名日支銀壹錢伍分頭工砲手共陸拾捌名每
名日支銀壹錢肆分槳勇共貳百柒拾伍名每名日支銀壹
錢貳分共日支銀肆拾伍兩玖錢捌分均自同治陸年正月
初壹日接支起截至柒年玖月底分撥各營併隊止扣除小
建拾貳日計陸百肆拾捌日應共支勇糧湘平銀貳萬玖千

柒百玖拾伍兩肆分兩共

應支湘平銀肆萬叁千肆百叁拾伍兩肆分

前項戰船官弁哨勇內除分撥各營併隊另列並營官住支外實剩候赴長江歸標舢板船伍隻計哨官叅將韓元孔都司劉英華守備周德明高傑余傳長伍員每員月支薪粮銀拾貳兩又加支銀捌兩共月支銀壹百兩不扣建自同治柒年拾月初壹日起支截至是年拾貳月底全行裁撤歸標日止計叁箇月應共支薪粮湘平銀叁百兩舵工伍名每名日支銀壹錢伍分頭工砲手共拾伍名每名日支銀壹錢肆分槳勇陸拾名每名日支銀壹錢貳分共日支銀拾兩伍分均自同治柒年拾月初壹日起支截至是年拾貳月底全行裁撤歸標日止扣除小建壹日計捌拾玖日應共支勇粮湘平銀

捌百玖拾肆兩肆錢伍分兩共
應支湘平銀壹千壹百玖拾肆兩肆錢伍分
以上太湖水師前營薪費口粮總共
應支湘平銀肆萬肆千陸百貳拾玖兩肆錢玖分内
實放湘平銀肆萬貳千貳百叁拾壹兩壹錢
仍實欠發陸柒兩年分餉銀貳千叁百玖拾捌兩叁錢玖分
一太湖水師後營管帶官壹員哨官貳拾壹員勇丁叁百陸拾
陸名戰船貳拾貳隻内
管帶官壹員
記名簡放提督振勇巴圖魯田名魁
哨官貳拾壹員
遊擊陸員劉勝貴　王漢章　秦世洪　朱得勝　蕭訓堂

唐大勝

都司陸員袁世德　陳思順　劉得勝　王盛際　鄧芝美

王遠耀

守備捌員丁得勝　陳開祺　胡光翰　彭定國　陳德金

王興仁　曾湘浦　龍玉霖

把總壹員楊華林

查前項哨官内朱得勝於陸年叁月拾柒日給假離營秦世洪於陸年叁月拾玖日病故蕭訓堂於柒年正月拾壹日病故楊華林於柒年拾月初壹日奉文離營改委都司姜定祥守備張福才千總柯茂才田羽儀即日接哨

長龍船壹隻

艙長壹名

舵工壹名
頭工壹名
砲手肆名
槳勇貳拾叁名
舢板船貳拾壹隻
舵工貳拾壹名
頭工貳拾壹名
砲手肆拾貳名
槳勇貳百伍拾貳名
以上太湖水師後營管帶官壹員月支薪糧銀伍拾兩辦公費
銀壹百伍拾兩凡幫辦營務管理帳目軍裝書醫工匠等薪
糧並置辦旗幟號補各費在内哨官貳拾壹員每員月支薪

糧銀拾貳兩又加支銀捌兩共月支銀陸百貳拾兩均不扣
建自同治陸年正月初壹日接支起至柒年拾月初壹加增
戰船哨勇前壹日止連閏計貳拾貳箇月應共支薪糧公費
湘平銀壹萬叁千陸百肆拾兩艙長壹名日支銀壹錢陸分
舵工共貳拾貳名每名日支銀壹錢伍分頭工砲手共陸拾
捌名每名日支銀壹錢肆分槳勇共貳百柒拾伍名每名日
支銀壹錢貳分共日支銀肆拾伍兩玖錢捌分均自同治陸
年正月初壹日接支起至柒年拾月初壹加增戰船哨勇前
壹日止扣除小建拾貳日計陸百肆拾捌日應共支勇糧湘
平銀貳萬玖千柒百玖拾伍兩肆分貳共
應支湘平銀肆萬叁千肆百叁拾伍兩肆分
前項戰船哨勇內加增舢板船肆隻計哨官江蘇補用遊擊喻

得勝補用遊擊劉仁藻補用守備李其祥補用外委劉永標
肆員舵工肆名頭工肆名砲手捌名槳勇肆拾捌名連前計
管帶官壹員哨官貳拾伍員均仍照前數支給共月支銀柒
百兩不扣建自柒年拾月初壹日起支截至是年拾貳月底
止計叁個月應共支薪糧公費湘平銀貳千壹百兩艙長壹
名舵工貳拾陸名頭工砲手共捌拾名槳勇叁百貳拾叁名
均仍照前數支給共日支銀伍拾肆兩貳分自柒年拾月初
壹日起支截至是年拾貳月底止扣除小建壹日計捌拾玖
日應共支勇粮湘平銀肆千捌百柒兩柒錢捌分貳共
應支湘平銀陸千玖百柒兩柒錢捌分
以上太湖水師後營薪費口粮總共
應支湘平銀伍萬叁百肆拾貳兩捌錢貳分内

實放湘平銀肆萬肆千捌百捌兩伍錢貳分
仍實欠發陸柒兩年分餉銀伍千伍百叁拾肆兩叁錢

一太湖水師正前營管帶官壹員哨官貳拾員勇丁叁百伍拾名戰船貳拾壹隻內

管帶官壹員
記名簡放提督李新燕
哨官貳拾員
總兵壹員成永祥
副將壹員易鴻茂
參將壹員王大元
遊擊貳員陶德斌　錢昌德
都司伍員蕭桂林　劉祥吉　成福元　傅洪發　劉東林

守備陸員羅大勝　李鎮彪　蕭復益　夏成益　聶紹春
任惟美
千總貳員劉益祥　吴家雲
把總貳員陳清和　許連陞
查前項哨官内吴家雲於陸年玖月初叁日奉文卸事成永祥於柒年肆月拾叁日奉調管帶新昌營蕭桂林於柒年伍月貳拾玖日給假離營改委守備唐名魁千總任榮華把總許國祥即日接哨
長龍船壹隻
艙長壹名
舵工壹名
頭工壹名

砲手肆名
槳勇貳拾叁名
舢板船貳拾隻
舵工貳拾名
頭工貳拾名
砲手肆拾名
槳勇貳百肆拾名
以上太湖水師正前營管帶官壹員月支薪粮銀伍拾兩辦公費銀壹百伍拾兩凡幫辦營務管理帳目軍裝書醫工匠等薪粮並置辦旗幟號補各費在内哨官貳拾員每員月支薪粮銀拾貳兩又加支銀捌兩共月支銀陸百兩均不扣建自同治陸年正月初壹日接支起至柒年拾月初壹加增戰船

哨勇前壹日止連閏計貳拾貳箇月應共支薪粮公費湘平銀壹萬叁千貳百兩艙長壹名日支銀壹錢陸分舵工共貳拾壹名每名日支銀壹錢伍分頭工砲手共陸拾伍名每名日支銀壹錢肆分槳勇共貳百陸拾叁名每名日支銀壹錢貳分共日支銀肆拾叁兩玖錢柒分均自同治陸年正月初壹日接支起至柒年拾月初壹加增戰船哨勇前壹日止扣除小建拾貳日計陸百肆拾捌日應共支勇粮湘平銀貳萬捌千肆百玖拾貳兩伍錢陸分貳共

應支湘平銀肆萬壹千陸百玖拾貳兩伍錢陸分

前項戰船哨勇內加增舢板船肆隻計哨官補用參將綦高會補用遊擊王得勝補用都司楊得勝補用守備左秀照肆員舵工肆名頭工肆名砲手捌名槳勇肆拾捌名連前計管帶

官壹員哨官貳拾肆員均仍照前數支給共月支銀陸百捌拾兩不扣建自柒年拾月初壹日起支截至是年拾貳月底止計叁箇月應共支薪粮公費湘平銀貳千肆拾兩舵長壹名舵工貳拾伍名頭工砲手共柒拾柒名槳勇叁百壹拾壹名均仍照前數支給共日支銀伍拾貳兩壹分自柒年拾月初壹日起支截至是年拾貳月底止扣除小建壹日計捌拾玖日應共支勇粮湘平銀肆千陸百貳拾捌兩捌錢玖分貳

共

應支湘平銀陸千陸百陸拾捌兩捌錢玖分

以上太湖水師正前營薪費口粮總共

應支湘平銀肆萬捌千叁百陸拾壹兩肆錢伍分內

實放湘平銀肆萬貳千捌百柒拾柒兩叁錢

仍實欠發陸柒兩年分餉銀伍千肆百捌拾肆兩壹錢伍分

一太湖水師新中營管帶官壹員哨官貳拾貳員勇丁叁百捌拾貳名戰船貳拾叁隻內

管帶官壹員

記名簡放提督陳維新

哨官貳拾貳員

叅將壹員張得林

遊擊叁員李清華　劉日贊　姚貴益

都司陸員蔡玉堂　楊大發　李仕俊　傅唐旭　易鼎元

張友霖

守備肆員劉萬勝　盧聲遠　劉光照　文祖烈

千總柒員楊升貴　羅祥勝　王貴林　陳長發　王佐伍

田高棠　王得勝

把總壹員殷科徵

查前項哨官内文祖烈於陸年陸月叁拾日給假離營改委

外委王德勝即日接哨

長龍船壹隻

艙長壹名

舵工壹名

頭工壹名

砲手肆名

槳勇貳拾叁名

舢板船貳拾貳隻

舵工貳拾貳名

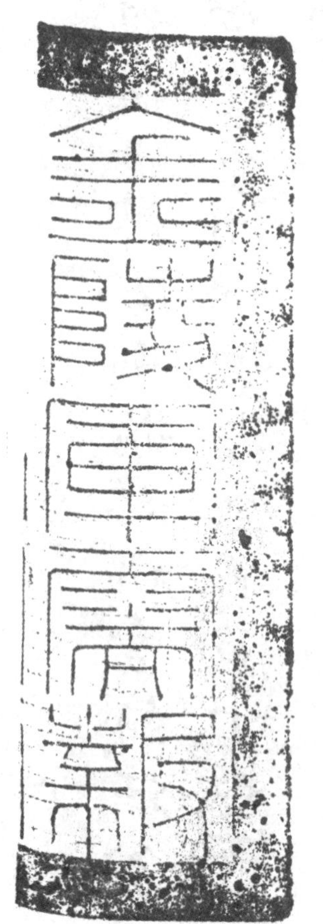

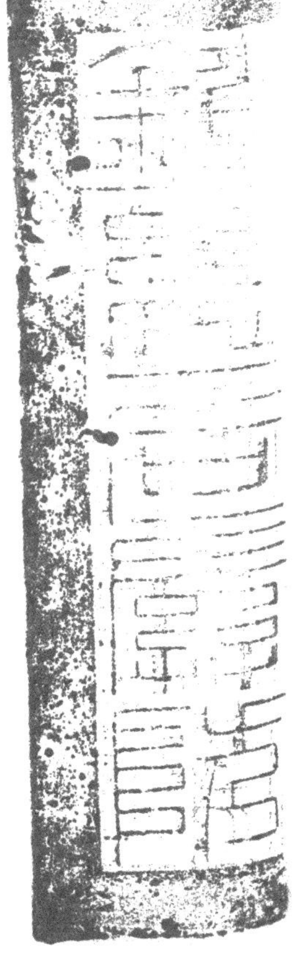

頭工貳拾貳名
砲手肆拾肆名
獎勇貳百陸拾肆名
以上太湖水師新中營管帶官壹員月支薪粮銀伍拾兩辦公費銀壹百伍拾兩凡幫辦營務管理帳目軍裝書醫工匠等薪粮並置辦旗幟號補各費在內哨官貳拾貳員每員月支薪粮銀拾貳兩又加支銀捌兩共月支銀陸百肆拾兩均不扣建自同治陸年正月初壹日接支起截至柒年伍月底全營裁撤止連閏計拾捌箇月應共支薪粮公費湘平銀壹萬壹千伍百貳拾兩艙長壹名日支銀壹錢陸分舵工共貳拾叁名每名日支銀壹錢伍分頭工砲手共柒拾壹名每名日支銀壹錢肆分獎勇共貳百捌拾柒名每名日支銀壹錢貳

分共日支銀肆拾柒兩玖錢玖分均自同治陸年正月初壹日接支起截至柒年伍月底全營裁撤止扣除小建玖日計伍百叁拾壹日應共支勇粮湘平銀貳萬伍千肆百捌拾貳兩陸錢玖分以上薪費口粮共

應支湘平銀叁萬柒千貳兩陸錢玖分內

實放湘平銀叁萬陸千壹百肆拾伍兩陸錢肆分

仍實欠發陸柒兩年分餉銀捌百伍拾柒兩伍分

一太湖水師新右營管帶官壹員哨官貳拾伍員勇丁肆百叁拾名戰船貳拾陸隻內

管帶官壹員

記名簡放總兵張陞楷

哨官貳拾伍員

總兵肆員龍志順　李惟善　陳福山　曾玉和
副將貳員陳得勝　趙安香
參將壹員李鍾彪
遊擊叁員文太和　張金鑑　段克益
都司陸員張新全　成迎祥　胡恒發　李明才　蔣國安
何開發
守備伍員王啓玉　萬先得　彭元洽　胡祥海　黃昌封
千總叁員郭永清　王萬宇　凃元裕
把總壹員胡三星
查前項營哨内管帶官張陞楷於柒年肆月貳拾捌日奉文卸事改委本營哨官總兵曾玉和即日接帶哨官張金鑑於陸年拾貳月初貳日給假離營改委遊擊朱得勝外委胡仁

高即日接哨

長龍船壹隻

艙長壹名

舵工壹名

頭工壹名

砲手肆名

槳勇貳拾叁名

舢板船貳拾伍隻

舵工貳拾伍名

頭工貳拾伍名

砲手伍拾名

槳勇叁百名

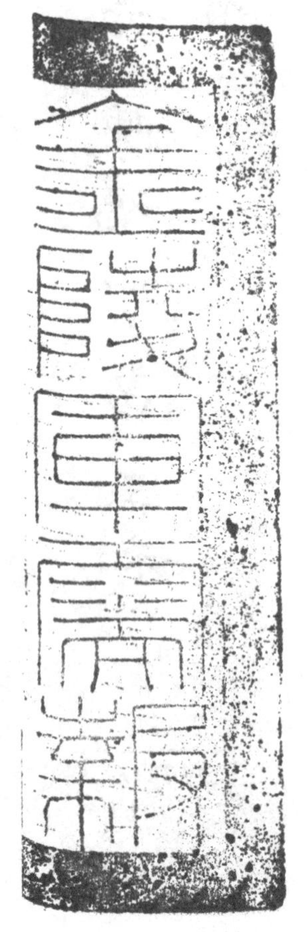

以上太湖水師新右營管帶官壹員月支薪粮銀伍拾兩辦公費銀壹百伍拾兩凡幇辦營務管理帳目軍裝書識工匠等薪粮並置辦旗幟號補各費在內哨官貳拾伍員每員月支薪粮銀拾貳兩又加支銀捌兩共月支銀柒百兩均不扣建自同治陸年正月初壹日接支起截至柒年伍月底全營裁撤止連閏計拾捌箇月應共支薪粮公費湘平銀壹萬貳千陸百兩艙長壹名日支銀壹錢陸分舵工共貳拾陸名每名日支銀壹錢伍分頭工砲手共捌拾名每名日支銀壹錢肆分槳勇共叁百貳拾叁名每名日支銀壹錢貳分共日支銀伍拾肆兩貳分均自同治陸年正月初壹日接支起截至柒年伍月底全營裁撤止扣除小建玖日計伍百叁拾壹日應共支勇粮湘平銀貳萬捌千陸百捌拾肆兩陸錢貳分以上

新費口粮共

應支湘平銀肆萬壹千貳百捌拾肆兩陸錢貳分内

實放湘平銀肆萬貳百陸拾叁兩叁錢貳分

仍實欠發陸柒兩年分餉銀壹千貳拾壹兩叁錢

一太湖水師新質營管帶官壹員哨官貳拾伍員勇丁肆百叁

拾名戰船貳拾陸隻内

管帶官壹員

記名簡放總兵楊開太

哨官貳拾伍員

提督壹員成益樹

總兵陸員夏友成　李廷幹　陳星德　曾載揚　馮國啓

徐炳文

參將壹員馬開意

都司叁員蔣光吉　龐得勝　姚洪興

守備拾壹員蘇正發　彭萬順　費林隆　陳武源　劉春復

楊日新　黃陞啓　張有才　張新益　陳海山

徐明德

千總貳員黃德齡　柳友賢

把總壹員殷永勝

查前項哨官內馮國啓於陸年玖月初壹日給假離營徐明德於陸年玖月初壹日奉文卸事徐炳文於柒年陸月拾肆日因病離營楊日新於柒年柒月初捌日病故改委　記名總兵陳得勝遊擊段克益守備張林把總王高陞即日接哨

長龍船壹隻

艙長壹名

舵工壹名

頭工壹名

砲手肆名

槳勇貳拾叁名

舢板船貳拾伍隻

舵工貳拾伍名

頭工貳拾伍名

砲手伍拾名

槳勇叁百名

以上太湖水師新質營管帶官壹員月支薪粮銀伍拾兩辦公費銀壹百伍拾兩凡幫辦營務管理賬目軍裝書醫工匠等

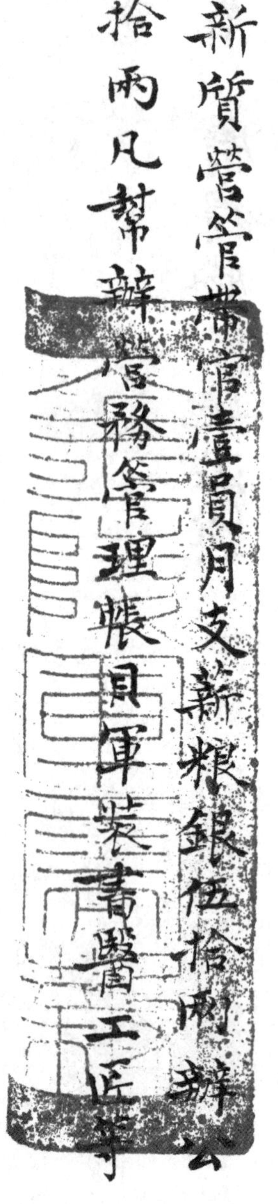

薪粮並置辦旗幟號補各費在内哨官貳拾伍員每員月支
薪粮銀拾貳兩又加支銀捌兩共月支銀柒百兩均不扣建
自同治陸年正月初壹日接支起截至柒年拾貳月底止連
閏計貳拾伍箇月應共支薪粮公費湘平銀壹萬柒千伍百
兩艙長壹名日支銀壹錢陸分舵工共貳拾陸名每名日支
銀壹錢伍分頭工砲手共捌拾名每名日支銀壹錢肆分槳
勇共叁百貳拾叁名每名日支銀壹錢貳分共日支銀伍拾
肆兩貳分均自同治陸年正月初壹日接支起截至柒年拾
貳月底止扣除小建拾叁日計柒百叁拾柒日應共支勇粮
湘平銀叁萬玖千捌百壹拾貳兩柒錢肆分以上薪費口粮
共
應支湘平銀伍萬柒千叁百壹拾貳兩柒錢肆分内

實放湘平銀伍萬壹千肆百叁兩柒分

仍實欠發陸柒兩年分餉銀伍千玖百玖兩陸錢柒分

一太湖水師新昌營管帶官壹員哨官貳拾員勇丁叁百伍拾名戰船貳拾壹隻内

管帶官壹員

記名簡放提督曾泗羡

哨官貳拾員

提督貳員彭致和　廖良勝

總兵伍員李正和　彭玉明　易得忠　顏湘波　童正泰

副將貳員余紹唐　段和清

遊擊貳員李承宇　譚貴福

都司叁員楊森林　彭繪文　譚月亮

守備叁員盧春福　陳南山　吴家松

千總壹員周定卿

外委貳員董椿萱　趙得彪

查前項營哨内管帶官曾泗美於柒年肆月拾叁日病故改

委正前營哨官　記名簡放總兵成永祥即日接帶哨官段

和清於柒年柒月貳拾伍日病故吴家松於柒年伍月貳拾

壹日給假離營趙得彪於柒年拾壹月叁拾日因病離營改

委叅將李鍾彪外委曾吉祥周禮堂即日接哨

長龍船壹隻

艙長壹名

舦工壹名

頭工壹名

砲手肆名

槳勇貳拾叁名

舢板船貳拾隻

舵工貳拾名

頭工貳拾名

砲手肆拾名

槳勇貳百肆拾名

以上太湖水師新昌營管帶官壹員月支薪粮銀伍拾兩辦公費銀壹百伍拾兩凡幫辦營務管理帳目軍裝書醫工匠等薪粮並置辦旗幟號補各費在內哨官貳拾員每員月支薪粮銀拾貳兩又加支銀捌兩共月支銀陸百兩均不扣建自同治陸年正月初壹日接支起至柒年拾月初壹日加增戰船

哨勇前壹日止連閏計貳拾貳個月應共支薪粮公費湘平銀壹萬叁千貳百兩艙長壹名日支銀壹錢陸分舵工共貳拾壹名每名日支銀壹錢伍分頭工砲手共陸拾伍名每名日支銀壹錢肆分槳勇共貳百陸拾叁名每名日支銀壹錢貳分共日支銀肆拾叁兩玖錢柒分均自同治陸年正月初壹日接支起至柒年拾月初壹加增戰船哨勇前壹日止扣除小建拾貳日計陸百肆拾捌日應共支勇粮湘平銀貳萬捌千肆百玖拾貳兩伍錢陸分貳共

應支湘平銀肆萬壹千陸百玖拾貳兩伍錢陸分

前項戰船哨勇內加增舢板船貳隻計哨官補用千總趙楚勝補用外委邱有才貳員舵工貳名頭工貳名砲手肆名槳勇貳拾肆名連前計管帶官壹員哨官貳拾貳員均仍照前數

支給共月支銀陸百肆拾兩不扣建自柒年拾月初壹日起
支截至是年拾貳月底止計叁箇月應共支薪粮公費湘平
銀壹千玖百貳拾兩艙長壹名舵工貳拾叁名頭工砲手共
柒拾壹名槳勇貳百捌拾柒名均仍照前數支給共日支銀
肆拾柒兩玖錢玖分自柒年拾月初壹日起支截至是年拾
貳月底止扣除小建壹日計捌拾玖日應共支勇粮湘平銀
肆千貳百柒拾壹兩壹錢壹分貳共
應支湘平銀陸千壹百玖拾壹兩壹錢壹分
以上太湖水師新昌營薪費口粮總共
應支湘平銀肆萬柒千捌百捌拾叁兩陸錢柒分內
實放湘平銀肆萬壹千柒百伍拾叁兩陸錢貳分
仍實欠發陸柒兩年分餉銀陸千壹百叁拾兩伍分

以上太湖水師拾壹營薪費口糧總共

應支湘平銀伍拾貳萬陸千柒百陸拾玖兩玖分内

實放湘平銀肆拾捌萬壹千捌百叁拾捌兩壹錢壹分

仍實欠發陸柒兩年分餉銀肆萬肆千玖百叁拾兩玖錢捌分

查前項各營水勇内有傷亡等項事故均係隨時募補並無空曠日期所有欠發銀兩續有補給另歸次案專册造報理合登明

統計壹册共應請銷薪費口糧銀壹百陸拾捌萬伍千玖百玖拾叁兩柒錢壹分内

實放湘平銀壹百陸拾萬捌百柒拾玖兩陸錢柒分壹釐折合庫平銀壹百伍拾肆萬肆千捌百叁兩叁錢壹分捌毫壹絲柒忽

報効陸柒兩年分欠餉銀壹千壹百玖拾玖兩貳錢壹分

仍實欠發陸柒兩年分餉銀捌萬叁千玖百拾肆兩捌錢貳分

玖釐

查前項請銷銀兩係核實支放開報並無浮冒應請

大部查核

題銷理合登明

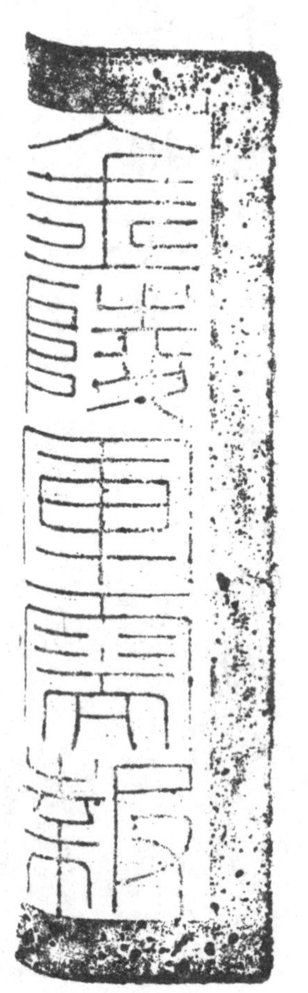

同治玖年　月　日呈

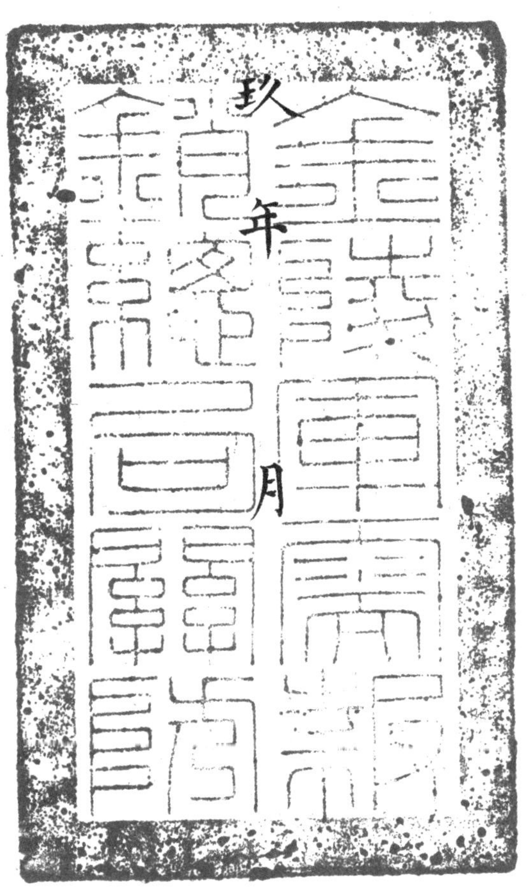

同治玖年　月　日呈

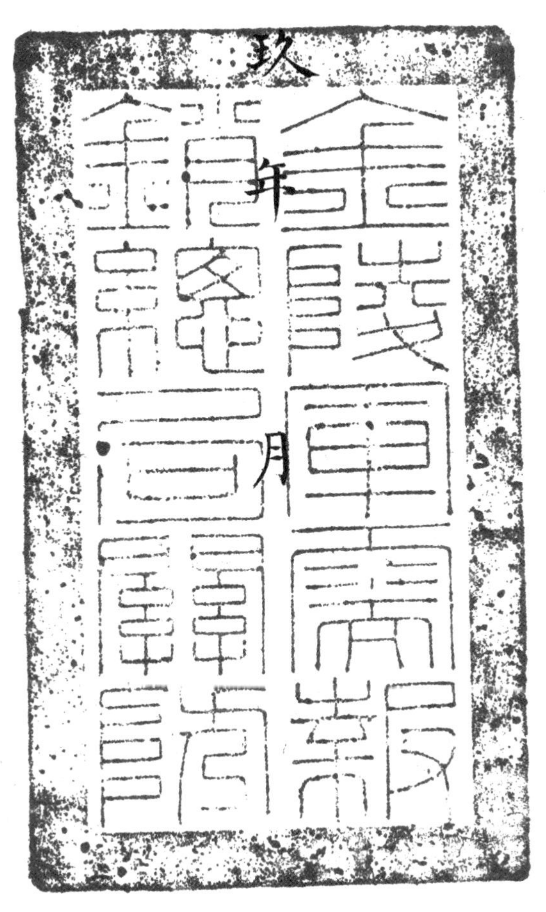

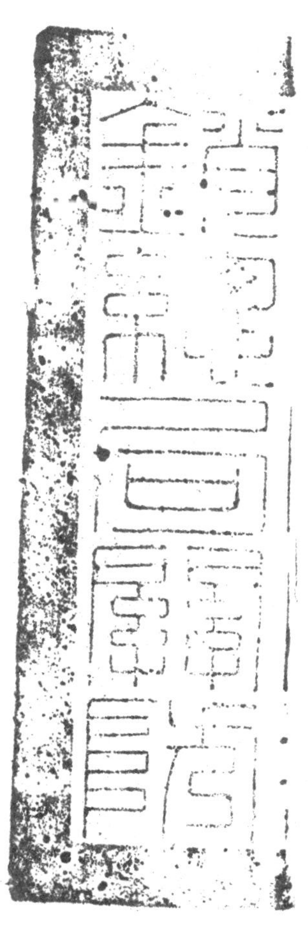

題銷理合登明

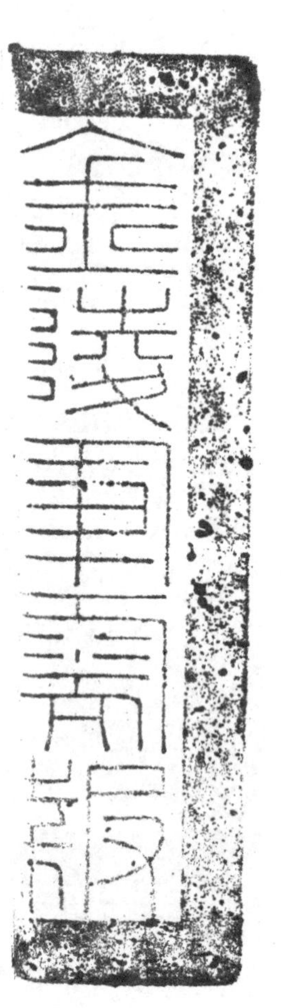

截至柒年拾貳月底止薪糧連閏計拾捌箇月長夫口糧扣
建捌日計伍百叁拾貳日共支
薪糧湘平銀貳百壹拾陸兩
長夫口糧湘平銀壹百陸兩肆錢
衛守備趙樹勛壹員月支薪糧銀拾陸兩不扣建自同治柒年
正月初壹日起支至是年玖月底止連閏計拾箇月共支
薪糧湘平銀壹百陸拾兩
守備余受福壹員月支薪糧銀拾陸兩不扣建自同治柒年正
月初壹日起支截至是年拾貳月底止連閏計拾叁箇月共
支
薪糧湘平銀貳百捌兩
把總石永貞壹員月支薪糧銀拾貳兩不扣建自同治陸年正

月初壹日起支截至柒年拾貳月底止連閏計貳拾伍箇月

共支

薪糧湘平銀叁百兩

統計壹册共請銷武職官弁並親兵長夫薪糧等項湘平銀伍

萬叁千貳百叁拾叁兩貳分叁釐叁毫折合庫平銀伍萬壹

千叁百陸拾捌兩叁錢伍分貳釐壹毫壹絲捌忽内

官弁薪糧庫平銀肆萬壹千壹百壹拾柒兩陸錢肆釐貳毫陸

絲伍忽

兵夫口糧庫平銀壹萬貳百伍拾兩柒錢肆分柒釐捌毫伍絲

叁忽

查前項請銷銀兩係覈實支給並無浮冒應請

大部查覈

扣建拾叁日計柒百叁拾柒日共支
薪糧湘平銀陸百兩
長夫口糧湘平銀壹百肆拾柒兩肆錢
遊擊吴竣基壹員月支薪糧銀叁拾兩不扣建自同治陸年正
月初壹日接支起至是年柒月底止計柒箇月共支
薪糧湘平銀貳百壹拾兩
遊擊羅榮福壹員月支薪糧銀貳拾兩不扣建長夫肆名每名
日支銀壹錢共日支銀肆錢自同治陸年正月初壹日起支
至是年玖月底止薪糧計玖箇月長夫口糧扣建陸日計貳
百陸拾肆日共支
薪糧湘平銀壹百捌拾兩
長夫口糧湘平銀壹百伍兩陸錢

遊擊戴昌遇壹員月支薪糧銀拾貳兩不扣建長夫貳名每名
日支銀壹錢共日支銀貳錢自同治陸年捌月初壹日起支
截至柒年拾貳月底止薪糧連閏計拾捌箇月長夫口糧扣
建捌日計伍百叁拾貳日共支
薪糧湘平銀貳百壹拾陸兩
長夫口糧湘平銀壹百陸兩肆錢
都司已保遊擊陸懷武壹員月支薪糧銀貳拾兩不扣建計自
同治陸年正月初壹日接支起至是年玖月底止計玖箇月
共支
薪糧湘平銀壹百捌拾兩
都司左德新壹員月支薪糧銀拾貳兩不扣建長夫貳名每名
日支銀壹錢共日支銀貳錢自同治陸年捌月初壹日起支

長夫口糧湘平銀貳百柒拾壹兩貳錢
副將許先傳壹員月支薪糧銀貳拾肆兩不扣建長夫肆名每
名日支銀壹錢共日支銀肆錢自同治陸年肆月拾陸日起
支截至捌年貳月底銷差止薪糧連閏計貳拾叁箇半月長
夫口糧扣建拾壹日計陸百玖拾肆日共支
薪糧湘平銀伍百陸拾肆兩
長夫口糧湘平銀貳百柒拾柒兩陸錢
參將耿恩義壹員月支薪糧銀貳拾肆兩不扣建長夫貳名每
名日支銀壹錢共日支銀貳錢自同治陸年正月初壹日起
支截至柒年拾壹月底止薪糧連閏計貳拾肆箇月長夫口
糧扣建拾貳日計柒百捌日共支
薪糧湘平銀伍百柒拾陸兩

長夫口糧湘平銀壹百肆拾壹兩陸錢

叅將朱輯瑞壹員月支薪糧銀貳拾兩不扣建自同治陸年正月初壹日起支截至柒年拾壹月底止連閏計貳拾肆箇月

共支

薪糧湘平銀肆百捌拾兩

叅將葉圻壹員月支薪糧銀叁拾陸兩不扣建自同治陸年捌月初壹日起支截至柒年拾貳月底止連閏計拾捌箇月共

支

薪糧湘平銀陸百肆拾捌兩

遊擊張進壹員月支薪糧銀貳拾肆兩不扣建長夫貳名每名日支銀壹錢共日支銀貳錢自同治陸年正月初壹日起支

截至柒年拾貳月底止薪糧連閏計貳拾伍箇月長夫口糧

月初壹日起支截至柒年拾貳月底止連閏計貳拾伍箇月
共支
薪糧湘平銀柒百伍拾兩
總兵羅得陞壹員月支薪糧銀拾伍兩不扣建長夫貳名每名
日支銀壹錢共日支銀貳錢自同治陸年正月初壹日起支
截至柒年捌月底止薪糧連閏計貳拾壹箇月長夫口糧扣
建拾壹日計陸百拾玖日共支
薪糧湘平銀叁百壹拾伍兩
長夫口糧湘平銀壹百貳拾叁兩捌錢
副將李洪文壹員月支薪糧銀叁拾陸兩不扣建自同治陸年
正月初壹日起支截至柒年拾貳月底止連閏計貳拾伍箇
月共支

薪糧湘平銀玖百兩

副將彭道明壹員月支薪糧銀貳拾兩不扣建長夫貳名每名

日支銀壹錢共日支銀貳錢自同治陸年正月初壹日起支

截至柒年捌月底止薪糧連閏計貳拾壹箇月長夫口糧扣

建拾壹日計陸百拾玖日共支

薪糧湘平銀肆百貳拾兩

長夫口糧湘平銀壹百貳拾叁兩捌錢

副將王本長壹員月支薪糧銀拾陸兩不扣建長夫肆名每名

日支銀壹錢共日支銀肆錢自同治陸年叁月初壹日起支

截至柒年拾貳月底止薪糧連閏計貳拾叁箇月長夫口糧

扣建拾貳日計陸百柒拾捌日共支

薪糧湘平銀叁百陸拾捌兩

遊擊丁凱壹員月支薪糧銀貳拾肆兩不扣建自同治陸年正
月初壹日起支截至柒年拾貳月底止連閏計貳拾伍箇月
共支
薪糧湘平銀陸百兩
遊擊趙先佑壹員月支薪糧銀貳拾肆兩不扣建自同治陸年
正月初壹日起支截至柒年拾貳月底止連閏計貳拾伍箇
月共支
薪糧湘平銀陸百兩
守備巳遞保遊擊錢玉興壹員月支薪糧銀貳拾兩不扣建自
同治陸年正月初壹日接支起截至柒年正月底止計拾叁
箇月共支
薪糧湘平銀貳百陸拾兩

千總已遞保遊擊史宏祖壹員月支薪糧銀拾兩不扣建長夫貳名每名日支銀壹錢共日支銀貳錢自同治陸年正月初壹日接支起至肆月底止薪糧計肆箇月長夫口糧扣建叁日計壹百拾柒日共支

薪糧湘平銀肆拾兩

長夫口糧湘平銀貳拾叁兩肆錢

衛守備王以鑾壹員月支薪糧銀拾陸兩不扣建自同治陸年拾月初壹日起支截至柒年拾月底止連閏計拾肆箇月共支

薪糧湘平銀貳百貳拾肆兩

一委辦圩務巡查管理軍火製造醫護運糧餉等差武職各員内

總兵丁文學壹員月支薪糧銀叁拾兩不扣建自同治陸年正

叅將曾紀籌壹員月支薪糧銀叁拾貳兩不扣建長夫陸名每
名日支銀壹錢共日支銀陸錢自同治柒年正月初壹日起
支至是年閏肆月初伍日止薪糧計肆箇月伍天長夫口糧
扣建貳日計壹百貳拾叁日共支
薪糧湘平銀壹百叁拾叁兩叁錢叁分叁釐叁毫
長夫口糧湘平銀柒拾叁兩捌錢
遊擊已保叅將陳金元壹員月支薪糧銀壹拾陸兩不扣建自
同治陸年正月初壹日接支起截至柒年拾貳月底止連閏
計貳拾伍箇月共支
薪糧湘平銀肆百兩
遊擊已保叅將董瑛壹員月支薪糧銀貳拾兩不扣建自同治
陸年正月初壹日接支起貳至柒年拾貳月底止連閏計貳

拾伍箇月共支

薪糧湘平銀伍百兩

守備巳遞保叅將梁彥河壹員月支薪糧銀貳拾兩不扣建長夫貳名每名日支銀壹錢共日支銀貳錢自同治陸年正月初壹日接支起截至柒年拾貳月底止薪糧連閏計貳拾伍箇月長夫口糧扣建拾叁日計柒百叁拾柒日共支

薪糧湘平銀伍百兩

長夫口糧湘平銀壹百肆拾柒兩肆錢

守備巳遞保叅將張殿元壹員月支薪糧銀拾陸兩不扣建自同治陸年正月初壹日接支起截至柒年拾貳月底止連閏計貳拾伍箇月共支

薪糧湘平銀肆百兩

副將何本忠壹員月支薪糧銀拾貳兩不扣建長夫肆名每名
日支銀壹錢共日支銀肆錢自同治肆年肆月初壹日起支
至是年拾貳月底止薪糧連閏計拾箇月長夫口糧扣建陸
日計貳百玖拾肆日共支
薪糧湘平銀壹百貳拾兩
長夫口糧湘平銀壹百壹拾柒兩陸錢
參將已保副將朱先民壹員月支薪糧銀壹拾捌兩不扣建自
同治陸年正月初壹日接支起截至柒年拾貳月底止連閏
計貳拾伍箇月共支
薪糧湘平銀肆百伍拾兩
參將陳維熊壹員月支薪糧銀拾陸兩不扣建自同治陸年叁
月初壹日起支截至柒年拾貳月底止連閏計貳拾叁箇月

共支
薪糧湘平銀叁百陸拾捌兩
叅將向慕榮壹員月支薪糧銀貳拾肆兩不扣建自同治陸年
伍月初壹日起支截至柒年拾貳月底止連閏計貳拾壹箇
月共支
薪糧湘平銀伍百肆兩
叅將孫正芳壹員月支薪糧銀拾陸兩不扣建長夫貳名每名
日支銀壹錢共日支銀貳錢自同治陸年拾月初壹日起支
截至柒年拾月底止薪糧連閏計拾肆箇月長夫口糧扣建
陸日計肆百拾肆日共支
薪糧湘平銀貳百貳拾肆兩
長夫口糧湘平銀捌拾貳兩捌錢

同治陸年正月初壹日接支起至陸月底止計陸箇月共支

薪糧湘平銀壹百陸拾捌兩

副將朱冠寅壹員月支薪糧銀拾伍兩不扣建自同治陸年正

月初壹日接支起至肆月底止計肆箇月共支

薪糧湘平銀陸拾兩

副將劉義高壹員月支薪糧銀拾伍兩不扣建自同治陸年正

月初壹日接支起至肆月底止計肆箇月共支

薪糧湘平銀陸拾兩

副將陳映登壹員月支薪糧銀叁拾兩不扣建長夫貳名每名

日支銀壹錢共日支銀貳錢自同治陸年正月初壹日接支

起至是年捌月拾伍日止薪糧計柒箇半月長夫口糧扣建

伍日計貳百貳拾日共支

薪糧湘平銀貳百貳拾伍兩

長夫口糧湘平銀肆拾肆兩

副將劉獻廷壹員月支薪糧銀貳拾兩不扣建長夫肆名每名日支銀壹錢共日支銀肆錢自同治陸年肆月初壹日起支截至柒年拾貳月底止薪糧連閏計貳拾貳箇月長夫口糧扣建拾壹日計陸百肆拾玖日共支

薪糧湘平銀肆百肆拾兩

長夫口糧湘平銀貳百伍拾玖兩陸錢

副將龔錦標壹員月支薪糧銀貳拾捌兩不扣建自同治陸年柒月初壹日起支截至柒年拾貳月底止連閏計拾玖箇月共支

薪糧湘平銀伍百叁拾貳兩

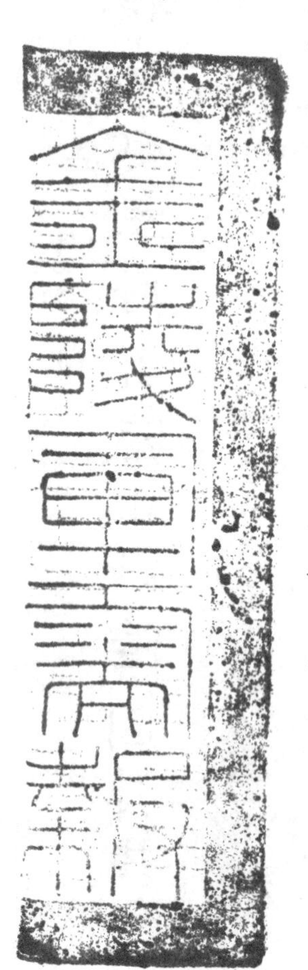

至是年捌月底止薪糧連閏
計壹百柒拾陸日共支
薪糧湘平銀壹百貳拾兩
長夫口糧湘平銀柒拾兩肆錢

計陸箇月長夫口糧扣建肆日

總兵李正珮壹員月支薪糧銀叁拾兩不扣建自同治柒年伍
月初壹日起支至是年拾壹月底止計柒箇月共支
薪糧湘平銀貳百壹拾兩
副將已保總兵吳寶光壹員月支薪糧銀壹拾捌兩不扣建自
同治陸年正月初壹日接支起截至柒年拾貳月底止連閏
貳拾伍箇月共支
薪糧湘平銀肆百伍拾兩
副將已保總兵陳春和壹員月支薪糧銀貳拾肆兩不扣建長

夫壹名日支銀壹錢自同治陸年正月初壹日接支起截至柒年叁月底止薪糧計拾伍箇月長夫口糧扣建柒日計肆百肆拾叁日共支

薪糧湘平銀叁百陸拾兩

長夫口糧湘平銀肆拾肆兩叁錢

叅將巳保總兵劉鳳翔壹員月支薪糧銀貳拾肆兩不扣建長夫肆名每名日支銀壹錢共日支銀肆錢自同治陸年正月初壹日接支起截至柒年拾貳月底止薪糧連閏計貳拾伍箇月長夫口糧扣建拾叁日計柒百叁拾柒日共支

薪糧湘平銀陸百兩

長夫口糧湘平銀貳百玖拾肆兩捌錢

叅將巳保總兵黄桂榮壹員月支薪糧銀貳拾捌兩不扣建自

支截至柒年叁月底止薪糧計伍箇月長夫口糧扣建壹日

計壹百肆拾玖日共支

薪糧湘平銀叁百兩

長夫口糧湘平銀壹百壹拾玖兩貳錢

提督王遠和壹員月支薪糧銀陸拾兩不扣建長夫捌名每名

日支銀壹錢共日支銀捌錢自同治柒年肆月初壹日起支

至是年拾月底止薪糧連閏計捌箇月長夫口糧扣建伍日

計貳百叁拾伍日共支

薪糧湘平銀肆百捌拾兩

長夫口糧湘平銀壹百捌拾捌兩

總兵張棟材壹員月支薪糧銀肆拾兩不扣建長夫陸名每名

日支銀壹錢共日支銀陸錢自同治陸年正月初壹日起支

截至捌年柒月初壹鼎軍裁撤前壹日止薪糧連閏計叁拾壹箇月長夫口糧扣建拾伍日計玖百拾伍日共支

薪糧湘平銀壹千貳百肆拾兩

長夫口糧湘平銀伍百肆拾玖兩

總兵向聰得壹員月支薪糧銀貳拾兩不扣建長夫貳名每名日支銀壹錢共日支銀貳錢自同治陸年正月初壹日接支起截至柒年拾貳月底止薪糧連閏計貳拾伍箇月長夫口糧扣建拾叁日計柒百叁拾柒日共支

薪糧湘平銀伍百兩

長夫口糧湘平銀壹百肆拾柒兩肆錢

總兵龔生陽壹員月支薪糧銀貳拾兩不扣建長夫肆名每名日支銀壹錢共日支銀肆錢自同治柒年肆月初壹日起支

長夫口糧湘平銀貳兩玖錢伍分
把總巳遞保守備章宗瀚壹員月支薪糧銀陸兩不扣建長夫半名日支銀伍分自同治陸年正月初壹日接支起至是年貳月底止薪糧計貳箇月長夫口糧扣建壹日計伍拾玖日
共支
薪糧湘平銀壹拾貳兩
長夫口糧湘平銀貳兩玖錢伍分
千總施占琦壹員月支薪糧銀陸兩不扣建長夫半名日支銀伍分自同治陸年正月初壹日接支起至是年貳月底止薪糧計貳箇月長夫口糧扣建壹日計伍拾玖日共支
薪糧湘平銀壹拾貳兩
長夫口糧湘平銀貳兩玖錢伍分

千總朱龍昌壹員月支薪糧銀玖兩不扣建自同治陸年正月
初壹日接支起至是年拾壹月底止計拾壹箇月共支
薪糧湘平銀玖拾玖兩

一淮勇陸軍各統領隨營先鋒差遣武職各員內
提督陳飛熊壹員月支薪糧銀陸拾兩不扣建長夫捌名每名
日支銀壹錢共日支銀捌錢自同治陸年正月初壹日起支
至是年拾月底止薪糧計拾箇月長夫口糧扣建陸日計貳
百玖拾肆日共支
薪糧湘平銀陸百兩
長夫口糧湘平銀貳百叁拾伍兩貳錢
提督蔡國祥壹員月支薪糧銀陸拾兩不扣建長夫捌名每名
日支銀壹錢共日支銀捌錢自同治陸年拾壹月初壹日起

長夫口糧湘平銀貳兩玖錢伍分
千總已保守備賀桂林壹員月支薪糧銀陸兩伍錢不扣建長
夫半名日支銀伍分自同治陸年正月初壹日接支起至是
年貳月底止薪糧計貳箇月長夫口糧扣建壹日計伍拾玖
日共支
薪糧湘平銀壹拾叁兩
長夫口糧湘平銀貳兩玖錢伍分
千總已保守備李清桂壹員月支薪糧銀陸兩伍錢不扣建長
夫半名日支銀伍分自同治陸年正月初壹日接支起至是
年貳月底止薪糧計貳箇月長夫口糧扣建壹日計伍拾玖
日共支
薪糧湘平銀壹拾叁兩

長夫口糧湘平銀貳兩玖錢伍分

千總已保守備成鴻綱壹員月支薪糧銀陸兩不扣建長夫壹名日支銀壹錢自同治陸年正月初壹日接支起至是年貳月底止薪糧計貳箇月長夫口糧扣建壹日計伍拾玖日共支

薪糧湘平銀壹拾貳兩

長夫口糧湘平銀伍兩玖錢

把總已遞保守備賀勝臣壹員月支薪糧銀捌兩不扣建長夫半名日支銀伍分自同治陸年正月初壹日接支起至是年貳月底止薪糧計貳箇月長夫口糧扣建壹日計伍拾玖日共支

薪糧湘平銀壹拾陸兩

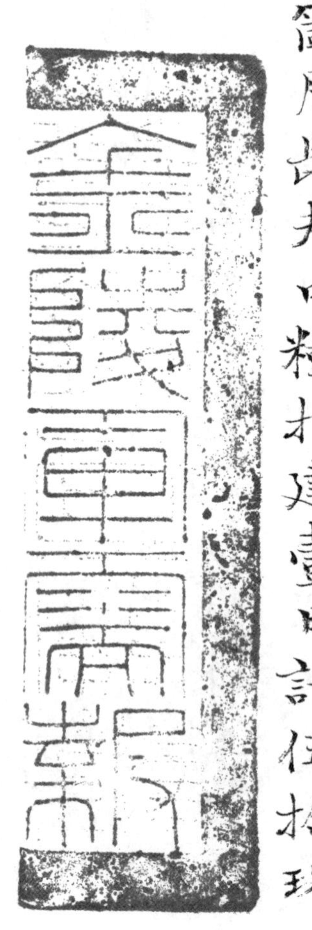

扣建拾叁日計柒百叁拾柒日共支
薪糧湘平銀肆百伍拾兩
長夫口糧湘平銀壹百肆拾柒兩肆錢
守備張成旺壹員月支薪糧銀柒兩叁錢肆分不扣建長夫壹
名日支銀壹錢自同治陸年正月初壹日接支起至是年貳
月底止薪糧計貳箇月長夫口糧扣建壹日計伍拾玖日共
支
薪糧湘平銀壹拾肆兩陸錢捌分
長夫口糧湘平銀伍兩玖錢
守備滿萬元壹員月支薪糧銀陸兩叁錢肆分不扣建長夫壹
名日支銀壹錢自同治陸年正月初壹日接支起至是年貳
月底止薪糧計貳箇月長夫口糧扣建壹日計伍拾玖日共

支
薪糧湘平銀壹拾貳兩陸錢捌分
長夫口糧湘平銀伍兩玖錢
守備汪正清壹員月支薪糧銀陸兩不扣建長夫半名日支銀
伍分自同治陸年正月初壹日接支起至是年貳月底止薪
糧計貳箇月長夫口糧扣建壹日計伍拾玖日共支
薪糧湘平銀壹拾貳兩
長夫口糧湘平銀貳兩玖錢伍分
守備羅登高壹員月支薪糧銀陸兩伍錢不扣建長夫半名日
支銀伍分自同治陸年正月初壹日接支起至是年貳月底
止薪糧計貳箇月長夫口糧扣建壹日計伍拾玖日共支
薪糧湘平銀壹拾叁兩

至是年貳月底止薪糧計貳箇月長夫口糧扣建壹日計伍
拾玖日共支
薪糧湘平銀壹拾貳兩陸錢捌分
長夫口糧湘平銀伍兩玖錢
守備已保都司曹全壹員月支薪糧銀陸兩馬乾銀壹兩共月
支銀柒兩均不扣建長夫壹名日支銀壹錢自同治陸年正
月初壹日接支起至是年貳月底止薪糧馬乾計貳箇月長
夫口糧扣建壹日計伍拾玖日共支
薪糧馬乾湘平銀壹拾肆兩
長夫口糧湘平銀伍兩玖錢
守備已保都司周友亭壹員月支薪糧銀陸兩伍錢不扣建長
夫半名日支銀伍分自同治陸年正月初壹日接支起至是

年貳月底止薪糧計貳箇月長夫口糧扣建壹日計伍拾玖
日共支
薪糧湘平銀壹拾叁兩
長夫口糧湘平銀貳兩玖錢伍分
把總已遞保都司楊長貴壹員月支薪糧銀陸兩不扣建長夫
壹名日支銀壹錢自同治陸年正月初壹日接支起至貳月
底止薪糧計貳箇月長夫口糧扣建壹日計伍拾玖日共支
薪糧湘平銀壹拾貳兩
長夫口糧湘平銀伍兩玖錢
守備許春浦壹員月支薪糧銀拾捌兩不扣建長夫貳名每名
日支銀壹錢共日支銀貳錢自同治陸年正月初壹日起支
截至柒年拾貳月底止薪糧連閏計貳拾伍箇月長夫口糧

薪糧湘平銀壹拾貳兩
長夫口糧湘平銀伍兩玖錢
都司李翥漢壹員月支薪糧銀陸兩不扣建長夫壹名日支銀
壹錢自同治陸年正月初壹日接支起至是年貳月底止薪
糧計貳箇月長夫口糧扣建壹日計伍拾玖日共支
薪糧湘平銀壹拾貳兩
長夫口糧湘平銀伍兩玖錢
都司邱明泰壹員月支薪糧銀陸兩不扣建長夫壹名日支銀
壹錢自同治陸年正月初壹日接支起至是年貳月底止薪
糧計貳箇月長夫口糧扣建壹日計伍拾玖日共支
薪糧湘平銀壹拾貳兩
長夫口糧湘平銀伍兩玖錢

都司虎翼林壹員月支薪糧銀貳拾肆兩不扣建自同治陸年陸月初壹日起支截至柒年貳月底止計玖箇月共支

薪糧湘平銀貳百壹拾陸兩

都司宫彭齡壹員月支薪糧銀貳拾肆兩不扣建自同治陸年陸月初壹日起支截至柒年拾貳月底止連閏計貳拾箇月共支

薪糧湘平銀肆百捌拾兩

都司熊祥麟壹員月支薪糧銀貳拾肆兩不扣建自同治柒年閏肆月拾陸日起支至是年捌月底止計肆箇半月共支

薪糧湘平銀壹百捌兩

守備已保都司宋宣升壹員月支薪糧銀陸兩叁錢肆分不扣建長夫壹名日支銀壹錢自同治陸年正月初壹日接支起

薪糧湘平銀壹百肆拾肆兩
長夫口糧湘平銀肆拾柒兩
都司已保遊擊王慶雲壹員月支薪糧銀陸兩不扣建長夫壹
名日支銀壹錢自同治陸年正月初壹日接支起至是年貳
月底止薪糧計貳箇月長夫口糧扣建壹日計伍拾玖日共
支
薪糧湘平銀壹拾貳兩
長夫口糧湘平銀伍兩玖錢
都司已保遊擊王洪陞壹員月支薪糧銀貳拾肆兩不扣建長
夫肆名每名日支銀壹錢共日支銀肆錢自同治陸年正月
初壹日接支起至是年叁月底止薪糧計叁箇月長夫口糧
扣建貳日計捌拾捌日共支

薪糧湘平銀柒拾貳兩
長夫口糧湘平銀叁拾伍兩貳錢
都司乙保遊擊倪榮壹員月支薪糧銀拾陸兩不扣建自同治
陸年正月初壹日接支起至是年捌月底止計捌箇月共支
薪糧湘平銀壹百貳拾捌兩
都司乙保遊擊楊華山壹員月支薪糧銀貳拾兩不扣建計自
同治柒年陸月初壹日起支截至是年拾貳月底止計柒箇
月共支
薪糧湘平銀壹百肆拾兩
都司劉傳愈壹員月支薪糧銀陸兩不扣建長夫壹名日支銀
壹錢自同治陸年正月初壹日接支起至是年貳月底止薪
糧計貳箇月長夫口糧扣建壹日計伍拾玖日共支

薪糧湘平銀壹拾捌兩
長夫口糧湘平銀貳兩玖錢伍分
遊擊鄒光前壹員月支薪糧銀玖兩不扣建自同治陸年正月
初壹日接支起至是年貳月底止計貳箇月共支
薪糧湘平銀壹拾捌兩
遊擊李鼎榮壹員月支薪糧銀貳拾肆兩不扣建長夫肆名每
名日支銀壹錢共日支銀肆錢自同治陸年正月初壹日接
支起至是年叁月底止薪糧計叁箇月長夫口糧扣建貳日
計捌拾捌日共支
薪糧湘平銀柒拾貳兩
長夫口糧湘平銀叁拾伍兩貳錢
遊擊周有才壹員月支薪糧銀貳拾兩不扣建自同治陸年正

月初壹日接支起至是年叁月底止計叁箇月共支
薪糧湘平銀陸拾兩
遊擊霍永魁壹員月支薪糧銀拾伍兩不扣建長夫貳名每名
日支銀壹錢共日支銀貳錢自同治陸年正月初壹日起支
截至柒年貳月底止薪糧計拾肆箇月長夫口糧扣建柒日
計肆百拾叁日共支
薪糧湘平銀貳百壹拾兩
長夫口糧湘平銀捌拾貳兩陸錢
遊擊劉萬清壹員月支薪糧銀拾捌兩不扣建長夫貳名每名
日支銀壹錢共日支銀貳錢自同治柒年肆月初壹日起支
至是年拾月底止薪糧連閏計捌箇月長夫口糧扣建伍日
計貳百叁拾伍日共支

守備已遞保叅將常榮壹員月支薪糧銀貳拾肆兩不扣建自
同治陸年叁月初壹日起支至是年陸月底止計肆箇月共
支
薪糧湘平銀玖拾陸兩
遊擊夏其祥壹員月支薪糧銀拾陸兩不扣建自同治陸年正
月初壹日接支起截至柒年拾貳月底止連閏計貳拾伍箇
月共支
薪糧湘平銀肆百兩
遊擊周榮興壹員月支薪糧銀貳拾兩不扣建自同治陸年正
月初壹日起支截至柒年拾貳月底止連閏計貳拾伍箇月
共支
薪糧湘平銀伍百兩

遊擊劉高山壹員月支薪糧銀貳拾兩不扣建自同治陸年正月初壹日接支起至是年貳月底止計貳箇月共支薪糧湘平銀肆拾兩

遊擊王幼山壹員月支薪糧銀貳拾兩不扣建自同治陸年正月初壹日接支起至是年貳月底止計貳箇月共支薪糧湘平銀肆拾兩

遊擊楊順興壹員月支薪糧銀貳拾兩不扣建自同治陸年正月初壹日接支起至是年貳月底止計貳箇月共支薪糧湘平銀肆拾兩

遊擊王鳳祥壹員月支薪糧銀玖兩不扣建長夫半名日支銀伍分自同治陸年正月初壹日接支起至是年貳月底止薪糧計貳箇月長夫口糧扣建壹日計伍拾玖日共支

正月初壹日起支截至柒年拾壹月底止連閏計貳拾肆箇

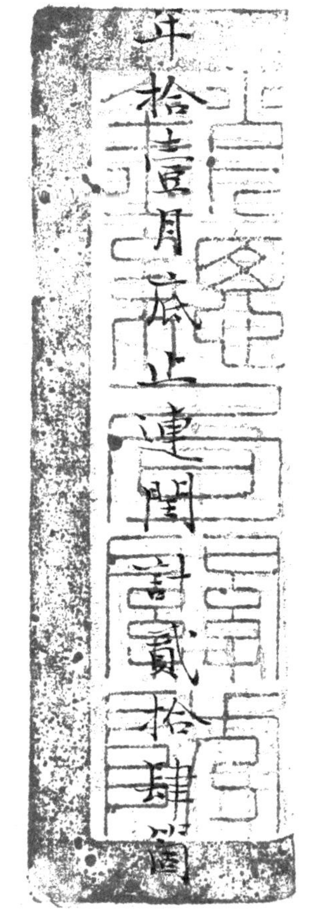

月共支

薪糧湘平銀伍百柒拾陸兩

叅將馮鍾靈壹員月支薪糧銀貳拾貳兩不扣建長夫貳名每

名日支銀壹錢共日支銀貳錢自同治陸年貳月初壹日起

支截至柒年拾貳月底止薪糧連閏計貳拾肆箇月長夫口

糧扣建拾貳日計柒百捌日共支

薪糧湘平銀伍百貳拾捌兩

長夫口糧湘平銀壹百肆拾壹兩陸錢

叅將董正明壹員月支薪糧銀貳拾壹兩不扣建長夫叁名每

名日支銀壹錢共日支銀叁錢自同治陸年陸月初壹日起

支截至柒年肆月底止薪糧計拾壹箇月長夫口糧扣建伍

日計叁百貳拾伍日共支

薪糧湘平銀貳百叁拾壹兩

長夫口糧湘平銀玖拾柒兩伍錢

叅將丁貞創壹員月支薪糧銀拾捌兩不扣建自同治陸年正月初壹日起支又自陸年柒月初壹日起月加銀肆兩均截至柒年拾貳月底止連閏計貳拾伍箇月共支

薪糧湘平銀伍百貳拾陸兩

都司已遞保叅將李長友壹員月支薪糧銀貳拾兩不扣建自同治陸年正月初壹日接支起又自陸年柒月初壹日起月加銀肆兩均截至柒年拾貳月底止連閏計貳拾伍箇月共支

薪糧湘平銀伍百柒拾陸兩

月共支
薪糧湘平銀肆百伍拾壹兩
叅將龔大興壹員月支薪糧銀拾伍兩不扣建長夫貳名每名
日支銀壹錢共日支銀貳錢自同治陸年正月初壹日接支
起又自陸年柒月初壹日起月加薪糧銀肆兩均截至柒年
拾貳月底止薪糧連閏計貳拾伍箇月長夫口糧扣建拾叁
日計柒百叁拾柒日共支
薪糧湘平銀肆百伍拾壹兩
長夫口糧湘平銀壹百肆拾柒兩肆錢
叅將曽毓衢壹員月支薪糧銀拾伍兩不扣建長夫壹名日支
銀壹錢自同治陸年正月初壹日接支起至是年貳月底止
薪糧計貳箇月長夫口糧扣建壹日計伍拾玖日共支

薪糧湘平銀叁拾兩
長夫口糧湘平銀伍兩玖錢
叅將喻本立壹員月支薪糧銀壹拾貳兩不扣建自同治陸年
正月初壹日接支起至是年叁月底止計叁箇月共支
薪糧湘平銀叁拾陸兩
叅將成榮華壹員月支薪糧銀壹拾貳兩不扣建自同治陸年
正月初壹日接支起至是年叁月底止計叁箇月共支
薪糧湘平銀叁拾陸兩
叅將劉文魁壹員月支薪糧銀叁拾兩不扣建自同治陸年正
月初壹日起支截至柒年拾月底止連閏計貳拾叁箇月共支
薪糧湘平銀陸百玖拾兩
叅將龔桂芳壹員月支薪糧銀貳拾肆兩不扣建自同治陸年

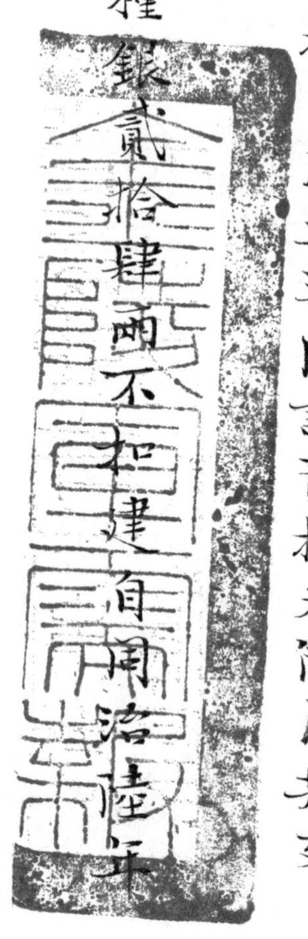

貳百叁拾柒日共支

薪糧湘平銀壹百肆拾肆兩

長夫口糧湘平銀肆拾柒兩肆錢

副將呂金榮壹員月支薪糧銀貳拾肆兩不扣建長夫貳名每名日支銀壹錢共日支銀貳錢自同治陸年拾月初壹日起支截至柒年拾貳月底止薪糧連閏計拾陸箇月長夫口糧扣建柒日計肆百柒拾叁日共支

薪糧湘平銀叁百捌拾肆兩

長夫口糧湘平銀玖拾肆兩陸錢

副將湯炳旺壹員月支薪糧銀拾肆兩不扣建長夫貳名每名日支銀壹錢共日支銀貳錢自同治柒年貳月初壹日起支至是年拾貳月底止薪糧連閏計拾貳箇月長夫口糧扣建

陸日計叁百伍拾肆日共支

薪糧湘平銀壹百陸拾捌兩

長夫口糧湘平銀柒拾兩捌錢

副將楊文全壹員月支薪糧銀貳拾肆兩不扣建長夫貳名每名日支銀壹錢共日支銀貳錢自同治柒年閏肆月拾陸日起支至捌月底止薪糧計肆箇半月長夫口糧扣建叁日計壹百叁拾貳日共支

薪糧湘平銀壹百捌兩

長夫口糧湘平銀貳拾陸兩肆錢

遊擊已遞保副將丁大文壹員月支薪糧銀拾伍兩不扣建自同治陸年正月初壹日接支起又自陸年柒月初壹日起每月加支銀肆兩均截至柒年拾貳月底止連閏計貳拾伍箇

日計叁百捌拾肆日共支
薪糧湘平銀貳百陸拾兩
長夫口糧湘平銀柒拾陸兩捌錢
副將胡長發壹員月支薪糧銀貳拾肆兩不扣建長夫貳名每
名日支銀壹錢共日支銀貳錢自同治陸年伍月初壹日起
支截至柒年拾貳月底止薪糧連閏計貳拾壹箇月長夫口
糧扣建拾日計陸百貳拾日共支
薪糧湘平銀伍百肆兩
長夫口糧湘平銀壹百貳拾肆兩
副將李正芳壹員月支薪糧銀貳拾貳兩不扣建長夫貳名每
名日支銀壹錢共日支銀貳錢自同治陸年伍月初壹日起
支截至柒年拾貳月底止薪糧連閏計貳拾壹箇月長夫口

糧扣建拾日計陸百貳拾日共支

薪糧湘平銀肆百陸拾貳兩

長夫口糧湘平銀壹百貳拾肆兩

副將童虎臣壹員月支薪糧銀貳拾貳兩不扣建長夫貳名每名日支銀壹錢共日支銀貳錢自同治陸年伍月初壹日起支截至柒年拾貳月底止薪糧連閏計貳拾壹箇月長夫口糧扣建拾日計陸百貳拾日共支

薪糧湘平銀肆百陸拾貳兩

長夫口糧湘平銀壹百貳拾肆兩

副將王科舉壹員月支薪糧銀拾捌兩不扣建長夫貳名每名日支銀壹錢共日支銀貳錢自同治陸年柒月初壹日起支截至柒年貳月底止薪糧計捌箇月長夫口糧扣建叁日計

糧扣建拾壹日計陸百肆拾玖日共支

薪糧湘平銀伍百貳拾捌兩

長夫口糧湘平銀叁百貳拾肆兩伍錢

副將洪寶麟壹員月支薪糧銀拾捌兩不扣建長夫貳名每名日支銀壹錢共日支銀貳錢自同治陸年肆月初壹日起支截至柒年拾貳月底止薪糧連閏計貳拾貳箇月長夫口糧扣建拾壹日計陸百肆拾玖日共支

薪糧湘平銀叁百玖拾陸兩

長夫口糧湘平銀壹百貳拾玖兩捌錢

副將彭楚文壹員月支薪糧銀貳拾肆兩不扣建長夫貳名每名日支銀壹錢共日支銀貳錢自同治陸年肆月拾陸日起支截至柒年拾貳月底止薪糧連閏計貳拾壹箇半月長夫

口糧扣建拾壹日計陸百叁拾肆日共支

薪糧湘平銀伍百壹拾陸兩

長夫口糧湘平銀壹百貳拾陸兩捌錢

副將李鎮南壹員月支薪糧銀貳拾兩不扣建長夫貳名每名

日支銀壹錢共日支銀貳錢自同治陸年正月初壹日起支

至是年拾貳月底止薪糧計拾貳箇月長夫口糧扣建陸日

計叁百伍拾肆日共支

薪糧湘平銀貳百肆拾兩

長夫口糧湘平銀柒拾兩捌錢

副將余嘉鼇壹員月支薪糧銀貳拾兩不扣建長夫貳名每名

日支銀壹錢共日支銀貳錢自同治陸年伍月初壹日起支

截至柒年閏肆月底止薪糧計拾叁箇月長夫口糧扣建陸

日支銀壹錢共日支銀貳錢自同治陸年正月初壹日起支
截至柒年柒月底止薪糧連閏計貳拾箇月長夫口糧扣建
拾壹日計伍百捌拾玖日共支
薪糧湘平銀叁百陸拾兩
長夫口糧湘平銀壹百壹拾柒兩捌錢
副將張志鰲壹員月支薪糧銀拾捌兩不扣建長夫貳名每名
日支銀壹錢共日支銀貳錢自同治陸年正月初壹日接支
起至陸月底止薪糧計陸箇月共支銀壹百捌兩長夫口糧
扣建肆日計壹百柒拾陸日共支銀叁拾伍兩貳錢又自陸
年柒月初壹日起月加薪糧銀肆兩共月支銀貳拾貳兩又
加長夫肆名共陸名共日支銀陸錢均截至柒年捌月底止
薪糧連閏計拾伍箇月共支銀叁百叁拾兩長夫口糧扣建

柒日計肆百肆拾叁日共支銀貳百陸拾伍兩捌錢貳共支

薪糧湘平銀肆百叁拾捌兩

長夫口糧湘平銀叁百壹兩

副將德興壹員月支薪糧銀叁拾兩不扣建長夫陸名每名日

支銀壹錢共日支銀陸錢自同治陸年正月初壹日接支起

截至柒年捌月底止薪糧連閏計貳拾壹箇月長夫口糧扣

建拾壹日計陸百拾玖日共支

薪糧湘平銀陸百叁拾兩

長夫口糧湘平銀叁百柒拾壹兩肆錢

副將胡金元壹員月支薪糧銀貳拾肆兩不扣建長夫伍名每

名日支銀壹錢共日支銀伍錢自同治陸年肆月初壹日起

支截至柒年拾貳月底止薪糧連閏計貳拾貳箇月長夫口

日支銀壹錢共日支銀貳錢自同治陸年正月初壹日接支
起至是年玖月底止薪糧計玖箇月長夫口糧扣建陸日計
貳百陸拾肆日共支
薪糧湘平銀壹百陸拾貳兩
長夫口糧湘平銀伍拾貳兩捌錢
副將呂正青壹員月支薪糧銀貳拾肆兩不扣建長夫貳名每
名日支銀壹錢共日支銀貳錢自同治陸年正月初壹日起
支至是年玖月底止薪糧計玖箇月長夫口糧扣建陸日計
貳百陸拾肆日共支
薪糧湘平銀貳百壹拾陸兩
長夫口糧湘平銀伍拾貳兩捌錢
副將賀緡紳壹員月支薪糧銀貳拾兩不扣建長夫貳名每名

日支銀壹錢共日支銀貳錢自同治陸年正月初壹日起支
至是年拾壹月底止薪糧計拾壹箇月長夫口糧扣建陸日
計叁百貳拾肆日共支
薪糧湘平銀貳百貳拾兩
長夫口糧湘平銀陸拾肆兩捌錢
副將李錦章壹員月支薪糧銀貳拾肆兩不扣建長夫貳名每
名日支銀壹錢共日支銀貳錢自同治陸年正月初壹日起
支截至柒年貳月底止薪糧計拾肆箇月長夫口糧扣建柒
日計肆百拾叁日共支
薪糧湘平銀叁百叁拾陸兩
長夫口糧湘平銀捌拾貳兩陸錢
副將高占魁壹員月支薪糧銀拾捌兩不扣建長夫貳名每名

貳名每名日支銀壹錢共日支銀貳錢自同治陸年正月初壹日接支起又自陸年貳月初壹日起加長夫肆名連前共陸名共日支銀陸錢均截至柒年肆月底止薪糧計拾陸箇月共支銀肆百捌拾兩長夫口糧扣建捌日計肆百柒拾貳日共支銀貳百柒拾壹兩陸錢又自柒年玖月初壹日起薪夫均仍照前數支給截至是年拾貳月底止薪糧計肆箇月共支銀壹百貳拾兩長夫口糧扣建貳日計壹百拾捌日共支銀柒拾兩捌錢貳共支

薪糧湘平銀陸百兩

長夫口糧湘平銀叁百肆拾貳兩肆錢

副將孔慶玉壹員月支薪糧銀拾伍兩不扣建長夫貳名每名日支銀壹錢共日支銀貳錢自同治陸年正月初壹日接支

起又陸年陸月初壹日起月加薪糧銀柒兩均截至柒年拾
貳月底止薪糧連閏計貳拾伍箇月長夫口糧扣建拾叁日
計柒百叁拾柒日共支
薪糧湘平銀伍百壹拾伍兩
長夫口糧湘平銀壹百肆拾柒兩肆錢
副將周漢英壹員月支薪糧銀貳拾兩不扣建自同治陸年正
月初壹日接支起至是年貳月底止計貳箇月共支
薪糧湘平銀肆拾兩
副將周光貴壹員月支薪糧銀貳拾肆兩不扣建自同治陸年
正月初壹日接支起至是年伍月底止計伍箇月共支
薪糧湘平銀壹百貳拾兩
副將黃兆來壹員月支薪糧銀拾捌兩不扣建長夫貳名每名

長夫口糧湘平銀伍百壹拾玖兩貳錢

總兵吳建瀛壹員月支薪糧銀貳拾肆兩不扣建長夫肆名每
名日支銀壹錢共日支銀肆錢自同治陸年肆月初壹日起
支截至柒年拾貳月底止薪糧連閏計貳拾貳箇月長夫口
糧扣建拾壹日計陸百肆拾玖日共支

薪糧湘平銀伍百貳拾捌兩

長夫口糧湘平銀貳百伍拾玖兩陸錢

總兵彭述清壹員月支薪糧銀貳拾肆兩不扣建長夫肆名每
名日支銀壹錢共日支銀肆錢自同治陸年柒月初壹日起
支截至柒年柒月底止薪糧連閏計拾肆箇月長夫口糧扣
建柒日計肆百拾叁日共支

薪糧湘平銀叁百叁拾陸兩

長夫口糧湘平銀壹百陸拾伍兩貳錢

總兵童邦喜壹員月支薪糧銀拾捌兩不扣建長夫肆名每名日支銀壹錢共日支銀肆錢自同治陸年拾壹月初壹日起支截至柒年拾貳月底止薪糧連閏計拾伍箇月長夫口糧扣建柒日計肆百肆拾叁日共支

薪糧湘平銀貳百柒拾兩

長夫口糧湘平銀壹百柒拾柒兩貳錢

副將已保總兵李永元壹員月支薪糧銀貳拾柒兩不扣建自同治陸年正月初壹日接支起截至柒年拾貳月底止連閏計貳拾伍箇月共支

薪糧湘平銀陸百柒拾伍兩

副將已保總兵許保清壹員月支薪糧銀叁拾兩不扣建長夫

薪糧湘平銀捌拾貳兩捌錢
總兵普成堯壹員月支薪糧銀叁拾兩不扣建親兵伍名每名
日支銀壹錢伍分長夫叁名每名日支銀壹錢共日支銀壹
兩伍分自同治陸年正月初壹日接支起至叁月底止薪糧
計叁箇月兵夫口糧扣建貳日計捌拾捌日共支
薪糧湘平銀玖拾兩
兵夫口糧湘平銀玖拾貳兩肆錢
總兵周禮濂壹員月支薪糧銀貳拾柒兩不扣建長夫貳名每
名日支銀壹錢共日支銀貳錢自同治陸年正月初壹日接
支起至肆月底止薪糧計肆箇月長夫口糧扣建叁日計壹
百拾柒日共支
薪糧湘平銀壹百捌兩

長夫口糧湘平銀貳拾叁兩肆錢
總兵張士芳壹員月支薪糧銀叁拾陸兩不扣建長夫貳名每
名日支銀壹錢共日支銀貳錢自同治陸年正月初壹日起
支截至柒年閏肆月底止薪糧計拾柒箇月長夫口糧扣建
玖日計伍百壹日共支
薪糧湘平銀陸百壹拾貳兩
長夫口糧湘平銀壹百兩貳錢
總兵韓殿甲壹員月支薪糧銀陸拾兩不扣建長夫捌名每名
日支銀壹錢共日支銀捌錢自同治陸年肆月初壹日起支
截至柒年拾貳月底止薪糧連閏計貳拾貳箇月長夫口糧
扣建拾壹日計陸百肆拾玖日共支
薪糧湘平銀壹千叁百貳拾兩

薪糧湘平銀肆百兩

長夫口糧湘平銀壹百捌拾捌兩

總兵丁全勝壹員月支薪糧銀拾捌兩不扣建長夫肆名每名日支銀壹錢共日支銀肆錢自同治陸年正月初壹日接支起又自陸年柒月初壹日起月加薪糧銀肆兩均截至柒年拾貳月底止薪糧連閏計貳拾伍箇月長夫口糧扣建拾叄日計柒百叄拾柒日共支

薪糧湘平銀伍百貳拾陸兩

長夫口糧湘平銀貳百玖拾肆兩捌錢

總兵李華相壹員月支薪糧銀拾捌兩不扣建長夫肆名每名日支銀壹錢共日支銀肆錢自同治陸年正月初壹日接支起又自陸年柒月初壹日起月加薪糧銀肆兩均截至柒年

拾貳月底止薪糧連閏計貳拾伍箇月長夫口糧扣建拾叁日計柒百叁拾柒日共支

薪糧湘平銀伍百貳拾陸兩

長夫口糧湘平銀貳百玖拾肆兩捌錢

總兵沈宏富壹員月支薪糧銀陸拾兩不扣建親兵拾名每名日支銀壹錢伍分共日支銀壹兩伍錢自同治陸年正月初壹日接支起至貳月底止薪糧計貳箇月親兵口糧扣建壹日計伍拾玖日共支

薪糧湘平銀壹百貳拾兩

親兵口糧湘平銀捌拾捌兩伍錢

總兵萬泰壹員月支薪糧銀叁拾陸兩不扣建自同治陸年正月初壹日接支起至叁月初玖日止計貳箇月玖日共支

薪糧湘平銀叁百壹拾貳兩

提督周正林壹員月支薪糧銀叁拾陸兩不扣建長夫陸名每名日支銀壹錢共日支銀陸錢自同治陸年正月初壹日接支起截至柒年拾貳月底止薪糧連閏計貳拾伍箇月長夫口糧扣建拾叁日計柒百叁拾柒日共支

薪糧湘平銀玖百兩

長夫口糧湘平銀肆百肆拾貳兩貳錢

提督何紹彩壹員月支薪糧銀柒拾貳兩差官肆員每員月支薪糧銀伍兩共月支銀玖拾貳兩均不扣建親兵肆名每名日支銀壹錢伍分共日支銀陸錢自同治陸年正月初壹日接支起至是年貳月底止薪糧計貳箇月親兵口糧扣建壹日計伍拾玖日共支

薪糧湘平銀壹百捌拾肆兩
親兵口糧湘平銀叁拾伍兩肆錢
提督朱雲章壹員月支薪糧銀陸拾兩不扣建親兵肆名每名日支銀壹錢伍分長夫肆名每名日支銀壹錢共日支銀壹兩自同治陸年正月初壹日接支起截至柒年叁月底止薪糧計拾伍箇月兵夫口糧扣建柒日計肆百肆拾叁日共支
薪糧湘平銀玖百兩
兵夫口糧湘平銀肆百肆拾叁兩
提督滕嗣武壹員月支薪糧銀伍拾兩不扣建長夫捌名每名日支銀壹錢共日支銀捌錢自同治柒年肆月初壹日起支至是年拾月底止薪糧連閏計捌箇月長夫口粮扣建伍日計貳百叁拾伍日共支

金陵軍需報銷總局呈為造報武職官弁薪糧等項銀兩事竊照湘淮馬步水陸各軍奉調勦捻所有隨營先鋒差遣各項武職官弁係按差使繁簡定支數多寡並酌給親兵長夫伙勇薪糧銀兩業將同治肆年閏伍月起截至伍年拾貳月底止支給數目彙列勦捻軍需第壹案分晰造冊報銷經

直隸總督部堂曾
湖廣總督部堂李　於同治玖年貳月貳拾壹日會

奏奉

旨著照所請該部知道單併發欽此欽遵在案伏查同治陸年正月起原調續添隨營先鋒差遣各項武職官弁並酌給親兵長夫薪糧仍按差使繁簡奉飭分別核實支給茲據承辦支應糧員將同治陸年正月初壹日起截至柒年拾貳月底止支放前項武職官弁暨親兵長夫等項薪糧銀兩開報前來相應分晰壹

國家圖書館藏

造細數列爲勦捻軍需第貳案第拾叁冊呈請伏候

大部查覈

題銷須至冊者

計開

一全軍翼長並營務處暨隨轅先鋒差遣巡捕等項武職各員內

二等侍衛桂林香壹員月支薪糧銀貳拾兩不扣建自同治陸

年陸月初壹日起支截至柒年伍月底止連閏計拾叁箇月

共支

薪糧湘平銀貳百陸拾兩

前侍衛吳德水壹員月支薪糧銀貳拾肆兩不扣建自同治柒

年正月初壹日起支截至是年拾貳月底止連閏計拾叁箇

月共支

金陵軍需報銷總局報銷册

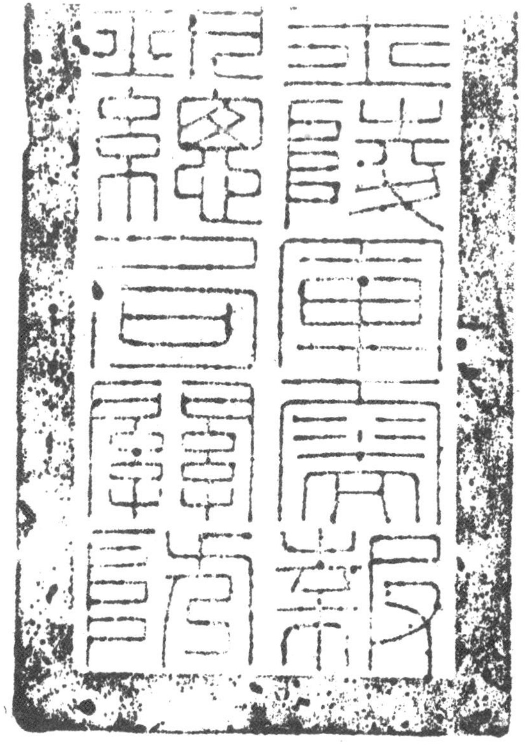

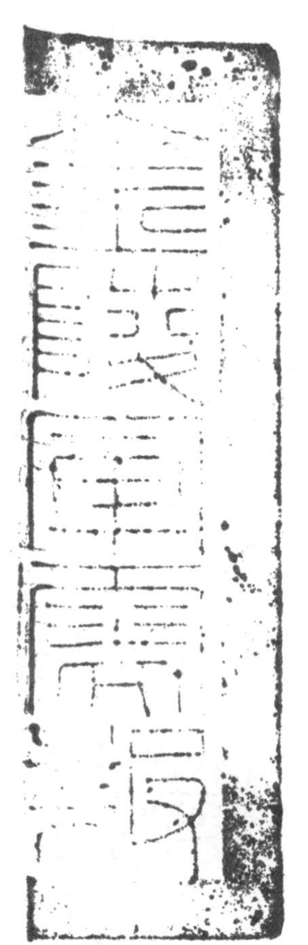

金陵軍需報銷總局呈為造報文職各官薪粮等項銀兩事竊
照湘淮馬步水陸各軍奉調勦捻所有隨營辦事暨各臺局所
支應等差文職各官係按差事繁簡定支數多寡並酌給書識
長夫護勇薪粮銀兩業將同治肆年閏伍月起截至伍年拾貳
月底止支給數目彙列勦捻軍需第壹案分晰造冊報銷經
直隸湖廣總督部堂曾李於同治玖年貳月貳拾壹日會
奏奉
旨着照所請該部知道单併發欽此欽遵在案伏查同治陸年正月
起原調續添隨營辦事暨前敵後路各臺局所支應轉運等差
京外文職各官並酌僱書識長夫薪粮仍按差事繁簡奉飭分
別核實支給茲據承辦支應粮員將同治陸年正月初壹日起
截至柒年拾貳月底止支放前項京外文職各官及書識長夫

等項薪粮銀兩開報前來相應分晰彙造細數列為勦捻軍需
第貳案第拾貳册呈請伏候
大部查核
題銷須至册者
計開
一總理全軍翼長並營務處曁前敵辦事支應轉運差遣等項
文職各員內
候補鴻臚寺少卿袁保恒壹員月支薪粮銀捌拾兩自同治柒
年閏肆月初柒日起支截至是年捌月底止不扣建計肆個
月貳拾肆日共支
薪粮湘平銀叁百捌拾肆兩
儘先郎中薛華坤壹員月支薪粮銀陸拾兩自同治柒年肆月

初壹日起支截至是年柒月底止不扣建連閏計伍個月共支

薪粮湘平銀叁百兩

工部營繕司員外郎薛福成壹員月支薪粮銀陸拾兩自同治柒年玖月初壹日起支截至是年拾貳月底止不扣建計肆個月共支

薪粮湘平銀貳百肆拾兩

江蘇補用道郭道直壹員月支薪粮銀伍拾兩自同治陸年正月初壹日起支截至柒年拾貳月底止不扣建連閏計貳拾伍個月共支

薪粮湘平銀壹千貳百伍拾兩

分發補用道楊宗濂壹員月支薪粮銀伍拾兩自同治陸年正

月初壹日起支截至柒年拾貳月底止不扣建連閏計貳拾
伍個月共支
薪粮湘平銀壹千貳百伍拾兩
分發補用道錢鼎銘壹員月支薪粮銀伍拾兩自同治陸年正
月初壹日起支截至柒年拾貳月底止不扣建連閏計貳拾
伍個月共支
薪粮湘平銀壹千貳百伍拾兩
前安徽安廬道陳　濬壹員月支薪粮銀伍拾兩自同治陸年
正月初壹日起支截至柒年柒月底止不扣建連閏計貳拾
個月共支
薪粮湘平銀壹千兩
江蘇補用道張銘堅壹員月支薪粮銀伍拾兩自同治陸年正

月初壹日起支截至柒年玖月底止不扣建連閏計貳拾貳
個月共支
薪糧湘平銀壹千壹百兩
江蘇候補道薛書常壹員月支薪糧銀伍拾兩自同治陸年正
月初壹日起支截至柒年拾壹月底止不扣建連閏計貳拾
肆個月共支
薪糧湘平銀壹千貳百兩
分發補用道唐嘉德壹員月支薪糧銀伍拾兩自同治陸年叁
月初壹日起支截至柒年拾月底止不扣建連閏計貳拾壹
個月共支
薪糧湘平銀壹千伍拾兩
候選道張雲望壹員月支薪糧銀伍拾兩自同治陸年陸月初

壹日起支截至柒年玖月底止不扣建連閏計拾柒個月共支
薪粮湘平銀捌百伍拾兩

湖南候補道李逢春壹員月支薪粮銀伍拾兩自同治柒年叁月初壹日起支截至是年柒月底止不扣建連閏計陸個月共支
薪粮湘平銀叁百兩

甘肅候補知府已保道員余思樞壹員月支薪粮銀伍拾兩自同治陸年正月初壹日起支截至柒年拾貳月底止不扣建連閏計貳拾伍個月共支
薪粮湘平銀壹千貳百伍拾兩

江蘇補用知府萬年清壹員月支薪粮銀肆拾陸兩自同治陸

年正月初壹日起支截至柒年拾貳月底止不扣建連閏計
貳拾伍個月共支
薪糧湘平銀壹千壹百伍拾兩

江西候補知府王延長壹員月支薪糧銀貳拾兩書識肆名每
名月支薪糧銀陸兩共月支銀肆拾肆兩長夫柒名每名日
支口糧銀壹錢共日支銀柒錢自同治陸年正月初壹日起
支截至是年柒月底止薪糧書識不扣建計柒個月長夫扣
小建伍日計貳百伍日共支
官書薪糧湘平銀叁百捌兩
長夫口糧湘平銀壹百肆拾叁兩伍錢

安徽補用知府張家斌壹員月支薪糧銀肆拾陸兩自同治陸
年正月拾陸日起支截至柒年閏肆月底止不扣建計拾陸

個半月共支

薪粮湘平銀柒百伍拾玖兩

候選知府熊建勳壹員月支薪粮銀肆拾陸兩自同治陸年貳月初壹日起支截至柒年伍月底止不扣建連閏計拾柒個月共支

薪粮湘平銀柒百捌拾貳兩

候選知府邵　瓚壹員月支薪粮銀肆拾陸兩自同治陸年叁月初壹日起支截至柒年玖月底止不扣建連閏計貳拾個月共支

薪粮湘平銀玖百貳拾兩

前廣西柳州府知府孫壽祺壹員月支薪粮銀肆拾陸兩計自同治陸年玖月初壹日起支截至柒年玖月底止不扣建連

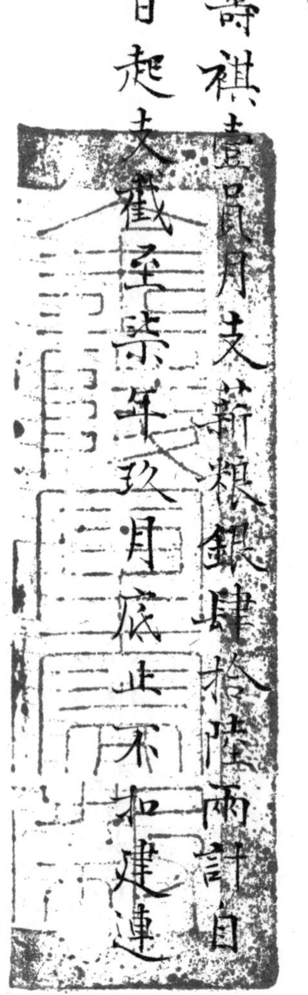

閏計拾肆個月共支
薪粮湘平銀陸百肆拾肆兩

候選知府趙繼元壹員月支薪粮銀肆拾陸兩自同治陸年拾月初壹日起支截至柒年肆月底止不扣建計柒個月共支
薪粮湘平銀叁百貳拾貳兩

安徽候補知府潘其鈐壹員月支薪粮銀肆拾陸兩自同治柒年貳月初壹日起支截至是年玖月底止不扣建連閏計玖個月共支
薪粮湘平銀肆百拾肆兩

江蘇遇缺即補同知直隸州朱桂生壹員月支薪粮銀叁拾陸兩自同治陸年正月初壹日起支截至柒年拾貳月底止不扣建連閏計貳拾伍個月共支

薪粮湘平銀玖百兩

江蘇補用同知劉文棨壹員月支薪粮銀叁拾陸兩自同治陸
年正月初壹日起支截至柒年拾貳月底止不扣建連閏計
貳拾伍個月共支
薪粮湘平銀玖百兩

補用同知王家麟壹員月支薪粮銀叁拾陸兩自同治陸年正
月初壹日起支截至柒年正月底止不扣建計拾叁個月共
支
薪粮湘平銀肆百陸拾捌兩

江蘇試用同知陳衍洙壹員月支薪粮銀叁拾陸兩自同治陸
年正月初壹日起支截至柒年玖月底止不扣建連閏計貳
拾貳個月共支

薪糧湘平銀柒百玖拾貳兩

候選同知錢卿鉌壹員月支薪糧銀叁拾陸兩自同治陸年正月初壹日起支截至柒年玖月底止不扣建連閏計貳拾貳個月共支

薪糧湘平銀柒百玖拾貳兩

分發補用同知蔣　垣壹員月支薪糧銀叁拾陸兩自同治陸年柒月初壹日起支截至柒年拾貳月底止不扣建連閏計拾玖個月共支

薪糧湘平銀陸百捌拾肆兩

江蘇補用同知直隸州知州陳　錦壹員月支薪糧銀叁拾陸兩自同治陸年玖月初壹日起支截至柒年玖月底止不扣建連閏計拾肆個月共支

薪粮湘平銀伍百肆兩

知府用補用同知吳春霖壹員月支薪粮銀叁拾陸兩自同治陸年拾貳月初壹日起支截至柒年拾貳月底止不扣建連閏計拾肆個月共支

薪粮湘平銀伍百肆兩

候選同知朱紫垣壹員月支薪粮銀叁拾陸兩自同治柒年肆月拾陸日起支截至是年玖月底止不扣建連閏計陸個半月共支

薪粮湘平銀貳百叁拾肆兩

江蘇補用直隸州知州已保知府徐文達壹員月支薪粮銀叁拾陸兩自同治陸年正月初壹日起支至柒年肆月底止不扣建計拾陸個月共支銀伍百柒拾陸兩又自閏肆月起加

增銀拾兩共月支銀肆拾陸兩截至柒年拾貳月底止計玖

個月共支銀肆百拾肆兩貳共支

薪糧湘平銀玖百玖拾兩

安徽補用直隸州知州周德樑壹員月支薪糧銀叁拾陸兩自

同治陸年正月初壹日起支截至柒年拾貳月底止不扣建

連閏計貳拾伍個月共支

薪糧湘平銀玖百兩

候選知州吳濟江壹員月支薪糧銀叁拾陸兩自同治陸年正

月初壹日起支截至柒年拾貳月底止不扣建連閏計貳拾

伍個月共支

薪糧湘平銀玖百兩

江蘇補用直隸州知州范彥恬壹員月支薪糧銀叁拾陸兩自

同治陸年正月初壹日起支截至是年拾月底止不扣建計拾個月共支

薪粮湘平銀叁百陸拾兩

前江蘇即補知州葉清臣壹員月支薪粮銀叁拾陸兩自同治陸年陸月初壹日起支截至柒年柒月底止不扣建連閏計拾伍個月共支

薪粮湘平銀伍百肆拾兩

候選通判吳　榮壹員月支薪粮銀叁拾陸兩自同治陸年正月初壹日起支截至柒年拾貳月底止不扣建連閏計貳拾伍個月共支

薪粮湘平銀玖百兩

候選通判湯懋寅壹員月支薪粮銀叁拾陸兩自同治陸年玖

月初壹日起支截至柒年玖月底止不扣建連閏計拾肆個
月共支
薪粮湘平銀伍百肆兩
補用通判周　璟壹員月支薪粮銀叁拾陸兩自同治柒年正
月拾陸日起支截至是年拾貳月底止不扣建連閏計拾貳
個半月共支
薪粮湘平銀肆百伍拾兩
候選通判王鴻朗壹員月支薪粮銀叁拾陸兩自同治柒年叁
月初壹日起支截至是年拾貳月底止不扣建連閏計拾壹
個月共支
薪粮湘平銀叁百玖拾陸兩
直隸州用分發候補知縣黄振河壹員月支薪粮銀叁拾陸兩

自同治陸年貳月初壹日起支截至是年柒月底止不扣建
計陸個月共支
薪粮湘平銀貳百拾陸兩
江蘇補用知縣江麟瑞壹員月支薪粮銀叁拾陸兩自同治陸
年正月初壹日起支截至柒年拾貳月底止不扣建連閏計
貳拾伍個月共支
薪粮湘平銀玖百兩
江蘇補用知縣郭奇中壹員月支薪粮銀叁拾陸兩自同治陸
年正月初壹日起支截至柒年拾貳月底止不扣建連閏計
貳拾伍個月共支
薪粮湘平銀玖百兩
江蘇補用知縣於培度壹員月支薪粮銀叁拾陸兩自同治陸

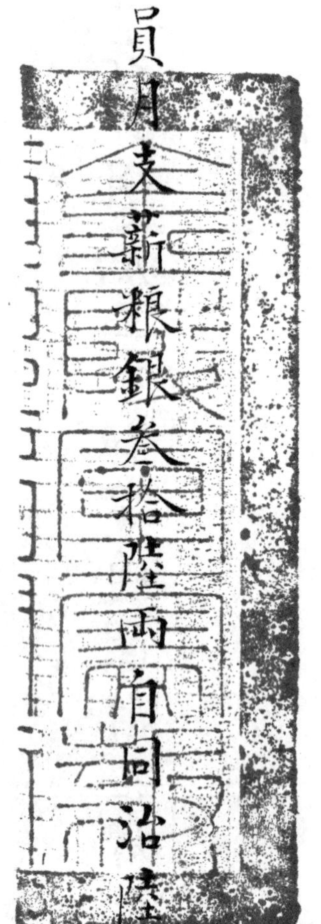

年正月初壹日起支截至柒年拾貳月底止不扣建連閏計
貳拾伍個月共支
薪粮湘平銀玖百兩
江蘇補用知縣蔡懋賡壹員月支薪粮銀叁拾陸兩自同治陸
年正月初壹日起支截至柒年拾貳月底止不扣建連閏計
貳拾伍個月共支
薪粮湘平銀玖百兩
補用知縣沈　燿壹員月支薪粮銀叁拾陸兩自同治陸年正
月初壹日起支截至柒年拾貳月底止不扣建連閏計貳拾
伍個月共支
薪粮湘平銀玖百兩
候選知縣湯佶昭壹員月支薪粮銀叁拾陸兩自同治陸年正

月初壹日起支截至柒年拾貳月底止不扣建連閏計貳拾伍個月共支
薪粮湘平銀玖百兩
前直隸肥鄉縣知縣匡慶掄壹員月支薪粮銀叁拾陸兩計自同治陸年正月初壹日起支截至柒年拾貳月底止不扣建連閏計貳拾伍個月共支
薪粮湘平銀玖百兩
候補知縣朱昌祺壹員月支薪粮銀叁拾陸兩自同治陸年正月初壹日起支截至是年拾月底止不扣建計拾個月共支
薪粮湘平銀叁百陸拾兩
江蘇補用知縣蘇州紀壹員月支薪粮銀叁拾陸兩自同治陸年正月初壹日起支截至柒年捌月底止不扣建連閏計貳

拾壹個月共支

薪粮湘平銀柒百伍拾陸兩

江蘇候補知縣盧驤雲壹員月支薪粮銀叁拾陸兩自同治陸年貳月初壹日起支截至柒年拾壹月底止不扣建連閏計貳拾叁個月共支

薪粮湘平銀捌百貳拾捌兩

揀選知縣邱正達壹員月支薪粮銀叁拾陸兩自同治陸年叁月初壹日起支截至是年捌月底止不扣建計陸個月共支

薪粮湘平銀貳百拾陸兩

前江西候補知縣吳炳輝壹員月支薪粮銀叁拾陸兩自同治陸年伍月初壹日起支截至是年拾貳月底止不扣建計捌個月共支

薪粮湘平銀貳百捌拾捌兩
揀選知縣李　瑾壹員月支薪粮銀叁拾陸兩自同治陸年陸
月初壹日起支截至柒年貳月底止不扣建計玖個月共支
薪粮湘平銀叁百貳拾肆兩
候選知縣張同堂壹員月支薪粮銀叁拾陸兩自同治陸年玖
月初壹日起支截至柒年貳月底止不扣建計陸個月共支
薪粮湘平銀貳百拾陸兩
前山西天鎮縣知縣林之洛壹員月支薪粮銀叁拾陸兩計自
同治柒年正月拾陸日起支截至是年伍月底止不扣建連
閏計伍個半月共支
薪粮湘平銀壹百玖拾捌兩
補用知縣錢保惠壹員月支薪粮銀叁拾陸兩自同治柒年正

月拾陸日起支截至是年拾貳月底止不扣建連閏計拾貳
個半月共支
薪粮湘平銀肆百伍拾兩
前試用知縣張錫讓壹員月支薪粮銀叁拾陸兩自同治柒年
正月貳拾叁日起支截至是年拾貳月底止不扣建連閏計
拾貳個月捌日共支
薪粮湘平銀肆百肆拾壹兩陸錢
江蘇候補知縣藍采錦壹員月支薪粮銀叁拾陸兩自同治柒
年叁月初壹日起支截至是年拾貳月底止不扣建連閏計
拾壹個月共支
薪粮湘平銀叁百玖拾陸兩
候選知縣李　禎壹員月支薪粮銀叁拾陸兩自同治柒年閏

肆月初壹日起支截至是年拾月底止不扣建計柒個月共
支
薪糧湘平銀貳百伍拾貳兩
揀選知縣趙多熙壹員月支薪糧銀叁拾陸兩自同治柒年閏
肆月拾陸日起支截至是年柒月底止不扣建計叁個半月
共支
薪糧湘平銀壹百貳拾陸兩
揀選知縣孫汝賛壹員月支薪糧銀叁拾陸兩自同治柒年閏
肆月拾陸日起支截至是年捌月底止不扣建計肆個半月
共支
薪糧湘平銀壹百陸拾貳兩
選用知縣陳　寶壹員月支薪糧銀叁拾陸兩自同治柒年閏

肆月拾陸日起支截至是年柒月底止不扣建計叁個半月
共支
薪粮湘平銀壹百貳拾陸兩
分發知縣庚文潢壹員月支薪粮銀叁拾陸兩自同治柒年閏
肆月拾陸日起支截至是年捌月底止不扣建計肆個半月
共支
薪粮湘平銀壹百陸拾貳兩
知縣用河南候補縣丞談恩誠壹員月支薪粮銀貳拾肆兩自
同治陸年正月初壹日起支截至柒年拾貳月底止不扣建
連閏計貳拾伍個月共支
薪粮湘平銀陸百兩
候選教諭査貴輔壹員月支薪粮銀貳拾兩自同治陸年正月

初壹日起支截至柒年拾貳月底止不扣建連閏計貳拾伍個月共支

薪粮湘平銀伍百兩

候選訓導陳鑾舉壹員月支薪粮銀貳拾肆兩自同治陸年正月初壹日起支截至柒年拾貳月底止不扣建連閏計貳拾伍個月共支

薪粮湘平銀陸百兩

兩淮候補塩經歷汪壽祺壹員月支薪粮銀貳拾兩自同治陸年正月初壹日起支截至柒年拾貳月底止不扣建連閏計貳拾伍個月共支

薪粮湘平銀伍百兩

候選塩經歷蒯　籛壹員月支薪粮銀貳拾兩自同治陸年叁

月初壹日起支截至是年拾貳月底止不扣建計拾個月共

支

薪粮湘平銀貳百兩

山西候補盐大使余卜頣壹員月支薪粮銀貳拾肆兩自同治

陸年正月初壹日起支截至柒年伍月拾伍日止不扣建連

閏計拾柒個半月共支

薪粮湘平銀肆百貳拾兩

候選盐大使劉頌年壹員月支薪粮銀貳拾兩自同治陸年伍

月初壹日起支截至柒年伍月底止不扣建連閏計拾肆個

月共支

薪粮湘平銀貳百捌拾兩

候選盐大使錢雲標壹員月支薪粮銀貳拾兩自同治陸年拾

壹月初壹日起支截至柒年貳月底止不扣建計肆個月共支

薪粮湘平銀捌拾兩

候選府經歴侯建勳壹員月支薪粮銀貳拾兩自同治陸年正月初壹日起支截至柒年貳月底止不扣建計拾肆個月共支

薪粮湘平銀貳百捌拾兩

候選府經歴楊寶燊壹員月支薪粮銀貳拾兩自同治陸年陸月初壹日起支截至柒年拾貳月底止不扣建連閏計貳拾個月共支

薪粮湘平銀肆百兩

山東候補府經歴江肇麟壹員月支薪粮銀貳拾兩自同治陸

年柒月初壹日起支截至柒年正月底止不扣建計柒個月共支
薪粮湘平銀壹百肆拾兩
山東候補府經歷周廷燮壹員月支薪粮銀貳拾兩自同治柒年正月貳拾貳日起支截至是年閏肆月底止不扣建計肆個月玖日共支
薪粮湘平銀捌拾陸兩
江蘇補用縣丞張秉剛壹員月支薪粮銀貳拾兩自同治陸年正月初壹日起支截至柒年拾貳月底止不扣建連閏計貳拾伍個月共支
薪粮湘平銀伍百兩
安徽即補縣丞李成鰲壹員月支薪粮銀貳拾肆兩自同治陸

年正月初壹日起支截至柒年拾貳月底止不扣建連閏計
貳拾伍個月共支
薪粮湘平銀陸百兩
江蘇補用縣丞姚雯壹員月支薪粮銀貳拾兩自同治陸年
正月初壹日起支截至柒年捌月底止不扣建連閏計貳拾
壹個月共支
薪粮湘平銀肆百貳拾兩
候選縣丞李正榮壹員月支薪粮銀貳拾兩自同治陸年柒月
初壹日起支截至柒年拾貳月底止不扣建連閏計拾玖個
月共支
薪粮湘平銀叁百捌拾兩
江蘇候補縣丞易子亨壹員月支薪粮銀貳拾兩自同治陸年

拾月初壹日起支截至柒年拾壹月底止不扣建連閏計拾伍個月共支

薪粮湘平銀叁百兩

山東東阿縣縣丞王宗周壹員月支薪粮銀貳拾兩自同治柒年正月初壹日起支截至是年肆月底止不扣建計肆個月共支

薪粮湘平銀捌拾兩

候選縣丞楊士珍壹員月支薪粮銀貳拾兩自同治柒年正月初壹日起支截至是年捌月底止不扣建連閏計玖個月共支

薪粮湘平銀壹百捌拾兩

即選主簿楊欽弼壹員月支薪粮銀貳拾兩自同治陸年正月

初壹日起支截至柒年拾貳月底止不扣建連閏計貳拾伍
個月共支
薪粮湘平銀伍百兩
候選主簿余受祺壹員月支薪粮銀貳拾兩自同治陸年正月
初壹日起支截至柒年拾貳月底止不扣建連閏計貳拾伍
個月共支
薪粮湘平銀伍百兩
前宛平縣石港司巡檢邵登甲壹員月支薪粮銀貳拾兩計自
同治陸年肆月初壹日起支截至是年陸月底止不扣建計
叁個月共支
薪粮湘平銀陸拾兩
候選從九品葉雲鑑壹員月支薪粮銀貳拾兩自同治陸年正

月初壹日起支截至柒年拾貳月底止不扣建連閏計貳拾
伍個月共支
薪糧湘平銀伍百兩
候選從九品程得春壹員月支薪粮銀貳拾兩自同治柒年正
月貳拾貳日起支截至是年拾貳月底止不扣建連閏計拾
貳個月玖日共支
薪粮湘平銀貳百肆拾陸兩
候選從九品徐景堂壹員月支薪粮銀貳拾兩自同治柒年正
月貳拾貳日起支截至是年拾貳月底止不扣建連閏計拾
貳個月玖日共支
薪粮湘平銀貳百肆拾陸兩
候選從九品黄汝芝壹員月支薪粮銀貳拾兩自同治柒年正

月貳拾貳日起支截至是年拾貳月底止不扣建連閏計拾貳個月玖日共支

薪粮湘平銀貳百肆拾陸兩

即選從九品余思芹壹員月支薪粮銀貳拾兩自同治陸年叁月初壹日起支截至柒年肆月底止不扣建計拾肆個月共支

薪粮湘平銀貳百捌拾兩

湖南試用從九品莫崇禮壹員月支薪粮銀貳拾兩自同治陸年肆月初壹日起支截至柒年閏肆月底止不扣建計拾肆個月共支

薪粮湘平銀貳百捌拾兩

河南試用未入流李友桐壹員月支薪粮銀貳拾兩自同治陸年

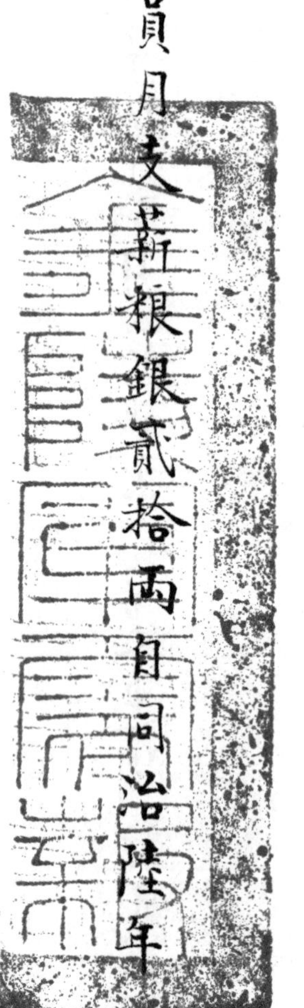

叁月初壹日起支截至柒年閏肆月底止不扣建計拾伍個
月共支
薪粮湘平銀叁百兩
候選未入流程文緒壹員月支薪粮銀貳拾兩自同治柒年正
月貳拾貳日起支截至是年拾貳月底止不扣建連閏計拾
貳個月玖日共支
薪粮湘平銀貳百肆拾陸兩
一湘淮馬步水陸各統領營務處暨隨營辦事支應轉運粮餉
軍械及圩務等差文職各員内
江蘇　題補道桂嵩慶壹員月支薪粮銀伍拾兩自同治陸年
正月初壹日起支截至柒年拾貳月底止不扣建連閏計貳
拾伍個月共支

薪粮湘平銀壹千貳百伍拾兩

候選道馮席珍壹員月支薪粮銀肆拾兩自同治陸年正月初壹日起支截至是年貳月底止不扣建計貳個月共支薪粮湘平銀捌拾兩

直隸候補道祝　塏壹員月支薪粮銀伍拾兩自同治陸年正月初壹日起支截至是年柒月底止不扣建計柒個月共支薪粮湘平銀叁百伍拾兩

江蘇補用道陳慶長壹員月支薪粮銀伍拾兩自同治陸年正月初壹日起支截至是年捌月底止不扣建計捌個月共支薪粮湘平銀肆百兩

江蘇候補道童　埏壹員月支薪粮銀伍拾兩自同治陸年正月初壹日起支截至柒年拾壹月底止不扣建連閏計貳拾

肆個月共支
薪粮湘平銀壹千貳百兩

山東候補道鍾　文壹員月支薪粮銀伍拾兩自同治陸年正月拾陸日起支截至是年叁月底止不扣建計兩個半月共支
薪粮湘平銀壹百貳拾伍兩

江蘇補用道詹啓奎壹員月支薪粮銀伍拾兩自同治陸年叁月初壹日起支截至是年玖月底止不扣建計柒個月共支
薪粮湘平銀叁百伍拾兩

江蘇候補道丁壽昌壹員月支薪粮銀伍拾兩自同治陸年叁月初壹日起支至柒年正月拾柒代統銘字馬步全軍前壹日止不扣建計拾個月拾陸天共支銀伍百貳拾陸兩陸錢

陸分陸厘陸毫陸絲柒忽又自柒年陸月初捌日交卸代統
起仍照前數月支銀伍拾兩截至是年拾貳月底止不扣建
計陸個月貳拾叁日共支銀叁百叁拾捌兩叁錢叁分叁厘
叁毫叁絲叁忽両共支
薪粮湘平銀捌百陸拾伍両
廣東即補道段　喆壹員月支薪粮銀伍拾両自同治陸年拾
壹月初壹日起支截至柒年陸月拾伍日止不扣建連閏計
捌個半月共支
薪粮湘平銀肆百貳拾伍両
即選道雲逢曜壹員月支薪粮銀伍拾両自同治柒年肆月初
壹日起支截至是年拾月底止不扣建連閏計捌個月共支
薪粮湘平銀肆百両

江蘇候補道邵雲鵠壹員月支薪粮銀伍拾兩自同治柒年拾
月初壹日起支截至是年拾貳月底止不扣建計叁個月共
支
薪粮湘平銀壹百伍拾兩
補用知府史書青壹員月支薪粮銀肆拾兩自同治陸年正月
初壹日起支截至是年叁月底止不扣建計叁個月共支
薪粮湘平銀壹百貳拾兩
道員用陝西漢中府知府林士班壹員月支薪粮銀伍拾兩自
同治陸年正月初壹日起支截至是年肆月底止不扣建計
肆個月共支
薪粮湘平銀貳百兩
補用知府劉汝翼壹員月支薪粮銀肆拾陸兩自同治陸年正

月初壹日起支截至柒年叁月底止不扣建計拾伍個月共支

薪粮湘平銀陸百玖拾兩

候選知府楊福祺壹員月支薪粮銀肆拾陸兩自同治陸年正月初壹日起支截至柒年捌月底止不扣建連閏計貳拾壹個月共支

薪粮湘平銀玖百陸拾陸兩

候選知府張　澤壹員月支薪糧銀叁拾兩自同治陸年正月初壹日起支至是年陸月底止不扣建計陸個月共支銀壹百捌拾兩又自柒月初壹日起加增銀拾陸兩共月支銀肆拾陸兩截至柒年拾月底止連閏計拾柒個月共支銀柒百捌拾貳兩貳共支

薪粮湘平銀玖百陸拾貳兩

補用知府曹南英壹員月支薪粮銀肆拾陸兩自同治柒年貳月初壹日起支截至是年柒月底止不扣建連閏計柒個月共支

薪粮湘平銀叁百貳拾貳兩

江蘇補用知府魯伯陽壹員月支薪粮銀肆拾陸兩自同治柒年叁月初壹日起支截至是年玖月底止不扣建連閏計捌個月共支

薪粮湘平銀叁百陸拾捌兩

江蘇補用知府萬國順壹員月支薪粮銀肆拾陸兩自同治柒年拾月初壹日起支截至捌年柒月初壹鼎軍裁撤前壹日止不扣建計玖個月共支

薪粮湘平銀肆百拾肆兩
江蘇補用同知已保知府劉含芳壹員月支薪粮銀肆拾兩自
同治陸年正月初壹日起支截至柒年拾貳月底止不扣建
連閏計貳拾伍個月共支
薪粮湘平銀壹千兩
安徽補用同知李炳濤壹員月支薪粮銀肆拾兩自同治陸年
正月初壹日起支截至是年陸月底止不扣建計陸個月共
支
薪粮湘平銀貳百肆拾兩
安徽補用同知馬文夔壹員月支薪粮銀肆拾兩自同治陸年
正月初壹日起支截至是年拾壹月底止不扣建計拾壹個
月共支

金陵軍需報

薪粮湘平銀肆百肆拾兩

補用同知魯　巽壹員月支薪粮銀叁拾陸兩自同治陸年肆月初壹日起支截至是年玖月底止不扣建計陸個月應共支

薪粮湘平銀貳百拾陸兩

浙江補用同知鄧士林壹員月支薪粮銀叁拾陸兩自同治柒年叁月初壹日起支截至是年捌月底止不扣建連閏計柒個月共支

薪粮湘平銀貳百伍拾貳兩

山西候補同知趙懷芳壹員月支薪粮銀叁拾陸兩自同治柒年陸月初壹日起支截至是年玖月底止不扣建計肆個月共支

薪粮湘平銀壹百肆拾肆兩

選用知州已保知府王羣翎壹員月支薪粮銀叁拾陸兩計自

同治陸年正月初壹日起支截至柒年拾貳月底止不扣建

連閏計貳拾伍個月共支

薪粮湘平銀玖百兩

即選直隸州李懋功壹員月支薪粮銀叁拾陸兩自同治陸年

正月初壹日起支截至柒年拾貳月底止不扣建連閏計貳

拾伍個月共支

薪粮湘平銀玖百兩

即選直隸州知州蔣銘勲壹員月支薪粮銀叁拾陸兩自同治

陸年正月初壹日起支截至柒年拾貳月底止不扣建連閏

計貳拾伍個月共支

薪粮湘平銀玖百兩
江蘇補用直隷州知州楊覲宸壹員月支薪粮銀叁拾陸兩自
同治陸年正月初壹日起支截至柒年拾貳月底止不扣建
連閏計貳拾伍個月共支
薪粮湘平銀玖百兩
候選知州曾 瓚壹員月支薪粮銀叁拾兩自同治陸年正月
初壹日起支截至是年叁月底止不扣建計叁個月共支
薪粮湘平銀玖拾兩
選用直隷州知州張士智壹員月支薪粮銀叁拾陸兩自同治
陸年正月初壹日起支截至柒年玖月底止不扣建連閏計
貳拾貳個月共支
薪粮湘平銀柒百玖拾貳兩

江蘇補用直隸州知州鮑　灼壹員月支薪粮銀叁拾陸兩自

同治陸年正月初壹日起支截至柒年拾壹月底止不扣建

連閏計貳拾肆個月共支

薪粮湘平銀捌百陸拾肆兩

江蘇候補直隸州知州徐春榮壹員月支薪粮銀叁拾陸兩自

同治陸年叁月初壹日起支截至柒年拾貳月底止不扣建

連閏計貳拾叁個月共支

薪粮湘平銀捌百貳拾捌兩

分發補用直隸州知州曾廣照壹員月支薪粮銀叁拾陸兩自

同治陸年玖月初壹日起支截至柒年拾月底止不扣建連

閏計拾伍個月共支

薪粮湘平銀伍百肆拾兩

貴州候補直隸州知州孫懷德壹員月支薪糧銀叁拾陸兩自
同治陸年玖月拾陸日起支截至柒年叁月貳拾日止不扣
建計陸個月伍天共支
薪糧湘平銀貳百貳拾貳兩
湖北補用同知直隸州梁承祖壹員月支薪糧銀叁拾陸兩自
同治柒年叁月貳拾壹日起支截至是年拾月底止不扣建
連閏計捌個月拾天共支
薪糧湘平銀叁百兩
候選直隸州知州劉毓敏壹員月支薪糧銀叁拾陸兩自同治
柒年貳月初壹日起支截至是年玖月底止不扣建連閏計
玖個月共支
薪糧湘平銀叁百貳拾肆兩

候選直隸州知州欒以綏壹員月支薪糧銀叁拾陸兩自同治柒年閏肆月拾壹日起支截至是年柒月底止不扣建計叁個月貳拾日共支

薪糧湘平銀壹百叁拾貳兩

候選通判已保同知葉春時壹員月支薪糧銀叁拾陸兩計自同治陸年正月初壹日起支截至柒年伍月底止不扣建連閏計拾捌個月共支

薪糧湘平銀陸百肆拾捌兩

前河南偃師縣知縣秦文幹壹員月支薪糧銀叁拾陸兩計自同治陸年正月初壹日起支截至柒年拾貳月底止不扣建連閏計貳拾伍個月共支

薪糧湘平銀玖百兩

江蘇候補知縣卓觀羣壹員月支薪粮銀叁拾陸兩自同治陸
年正月初壹日起支截至柒年拾貳月底止不扣建連閏計
貳拾伍個月共支
薪粮湘平銀玖百兩
即選知縣李長春壹員月支薪粮銀叁拾陸兩自同治陸年正
月初壹日起支截至柒年拾貳月底止不扣建連閏計貳拾
伍個月共支
薪粮湘平銀玖百兩
大挑江蘇知縣張魯瞻壹員月支薪粮銀叁拾陸兩自同治陸
年正月初壹日起支截至柒年拾貳月底止不扣建連閏計
貳拾伍個月共支
薪粮湘平銀玖百兩

安徽候補知縣朱名璟壹員月支薪粮銀肆拾兩自同治陸年正月初壹日起支截至是年貳月底止不扣建計貳個月共支

薪粮湘平銀捌拾兩

候選知縣萬方田壹員月支薪粮銀叁拾兩自同治陸年正月初壹日起支截至是年叁月底止不扣建計叁個月共支

薪粮湘平銀玖拾兩

安徽候補知縣張榮光壹員月支薪粮銀貳拾肆兩長夫肆名每名日支口粮銀壹錢共日支銀肆錢自同治陸年正月初壹日起支截至是年叁月底止薪粮不扣建計叁個月長夫扣小建貳日計捌拾捌日共支

薪粮湘平銀柒拾貳兩

金陵軍需報

長夫口糧湘平銀叁拾伍兩貳錢
候選知縣李戴珪壹員月支薪糧銀叁拾兩自同治陸年正月
初壹日起支截至是年叁月底止不扣建計叁個月共支
薪糧湘平銀玖拾兩
候選知縣王香倬壹員月支薪糧銀貳拾柒兩長夫叁名每名
日支口糧銀壹錢共日支銀叁錢自同治陸年正月初壹日
起支截至是年叁月底止薪糧不扣建計叁個月長夫扣小
建貳日計捌拾捌日共支
薪糧湘平銀捌拾壹兩
長夫口糧湘平銀貳拾陸兩肆錢
江蘇補用知縣繡　綸壹員月支薪糧銀叁拾陸兩自同治陸
年正月初壹日起支截至是年伍月底止不扣建計伍個月

共支
薪粮湘平銀壹百捌拾兩
候選知縣王宜勰壹員月支薪粮銀叁拾陸兩自同治陸年正
月初壹日起支截至是年拾壹月底止不扣建計拾壹個月
共支
薪粮湘平銀叁百玖拾陸兩
分發補用知縣朱開泰壹員月支薪粮銀叁拾陸兩自同治陸
年正月初壹日起支截至柒年叁月底止不扣建計拾伍個
月共支
薪粮湘平銀伍百肆拾兩
候選知縣葉金綬壹員月支薪粮銀叁拾陸兩自同治陸年正
月初壹日起支截至柒年叁月底止不扣建計拾伍個月共

支
薪糧湘平銀伍百肆拾兩
候選知縣歐陽定果壹員月支薪糧銀叁拾陸兩自同治陸年叁月初壹日起支截至柒年拾壹月底止不扣建連閏計貳拾貳個月共支
薪糧湘平銀柒百玖拾貳兩
候選知縣黄建章壹員月支薪糧銀叁拾陸兩自同治陸年拾月初壹日起支截至柒年拾月底止不扣建連閏計拾肆個月共支
薪糧湘平銀伍百肆兩
江西補用知縣饒兆麟壹員月支薪糧銀叁拾陸兩自同治柒年正月初壹日起支截至是年閏肆月初伍日止不扣建計

肆個月伍天共支
薪粮湘平銀壹百伍拾両
補用知縣麟　盛壹員月支薪粮銀叁拾陸両自同治柒年肆
月初壹日起支截至是年拾貳月底止不扣建連閏計拾個
月共支
薪粮湘平銀叁百陸拾両
候選知縣陳利濟壹員月支薪粮銀叁拾陸両自同治柒年陸
月初壹日起支截至是年捌月底止不扣建計叁個月共支
薪粮湘平銀壹百捌両
補用知縣楊朝鐸壹員月支薪粮銀叁拾陸両自同治柒年肆
月初壹日起支截至是年拾貳月底止不扣建連閏計拾個
月共支

薪粮湘平銀叁百陸拾兩

選用教諭白書顯壹員月支薪粮銀貳拾兩自同治陸年柒月初壹日起支截至柒年捌月底止不扣建連閏計拾伍個月共支薪粮湘平銀叁百兩

候選訓導周　鼎壹員月支薪粮銀貳拾兩自同治陸年正月初壹日起支截至是年叁月底止不扣建計叁個月共支薪粮湘平銀陸拾兩

候選訓導毛印堂壹員月支薪粮銀貳拾兩自同治陸年正月初壹日起支截至是年拾月底止不扣建計拾個月共支薪粮湘平銀貳百兩

候選直隸州州判賓　鈺壹員月支薪粮銀貳拾兩自同治陸

年正月初壹日起支截至柒年拾壹月底止不扣建計貳拾
肆個月共支
薪粮湘平銀肆百捌拾兩
候選府經歷潘兆基壹員月支薪粮銀貳拾肆兩自同治陸年
正月初壹日起支截至是年叁月底止不扣建計叁個月共
支
薪粮湘平銀柒拾貳兩
江蘇補用縣丞鮑敷佑壹員月支薪粮銀貳拾兩自同治陸年
正月初壹日起支截至柒年拾貳月底止不扣建連閏計貳
拾伍個月共支
薪粮湘平銀伍百兩
江蘇補用縣丞龔彥昶壹員月支薪粮銀貳拾兩自同治陸年

正月初壹日起支截至柒年拾貳月底止不扣建連閏計貳拾伍個月共支
薪糧湘平銀伍百兩
江蘇候補縣丞曾　斌壹員月支薪糧銀貳拾兩自同治陸年叁月初壹日起支截至柒年拾貳月底止不扣建連閏計貳拾叁個月共支
薪糧湘平銀肆百陸拾兩
直隸候補縣丞徐廷幹壹員月支薪糧銀貳拾兩自同治陸年肆月初壹日起支截至柒年柒月底止不扣建連閏計拾柒個月共支
薪糧湘平銀叁百肆拾兩
補用縣丞江鑑起壹員月支薪糧銀貳拾兩自同治柒年肆月

初壹日起支截至是年拾貳月底止不扣建連閏計拾個月

共支

薪粮湘平銀貳百兩

補用縣丞張崇儒壹員月支薪粮銀貳拾兩自同治柒年肆月

初壹日起支截至是年拾貳月底止不扣建連閏計拾個月

共支

薪粮湘平銀貳百兩

候選巡檢王見重壹員月支薪粮銀貳拾兩自同治陸年正月

初壹日起支截至柒年拾貳月底止不扣建連閏計貳拾伍

個月共支

薪粮湘平銀伍百兩

候選縣主簿張安國壹員月支薪粮銀拾貳兩長夫貳名每名

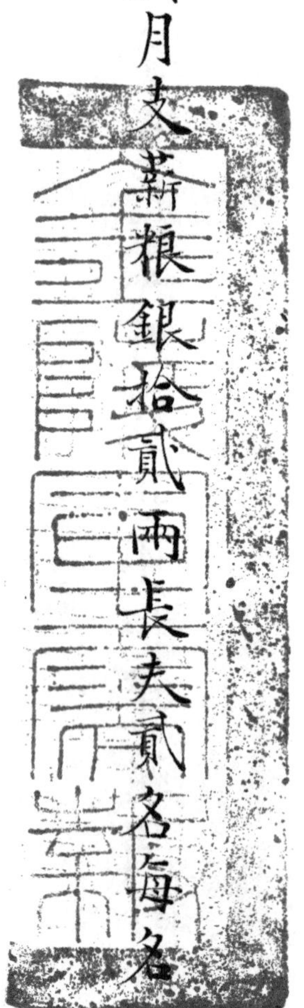

日支口粮銀壹錢共日支銀貳錢自同治陸年正月初壹日
起支截至是年叁月底止薪粮不扣建計叁個月長夫扣小
建貳日計捌拾捌日共支
薪粮湘平銀叁拾陸兩
長夫口粮湘平銀拾柒兩陸錢
選用縣主簿徐象塋壹員月支薪粮銀貳拾兩自同治陸年正
月初壹日起支截至是年拾壹月底止不扣建計拾壹個月
共支
薪粮湘平銀貳百貳拾兩
候選主簿郝雲鵠壹員月支薪粮銀貳拾兩自同治柒年伍月
初壹日起支截至是年拾貳月底止不扣建計捌個月共支
薪粮湘平銀壹百陸拾兩

選用從九品馬玉書壹員月支薪粮銀貳拾兩自同治柒年肆月初壹日起支截至是年拾貳月底止不扣建連閏計拾個月共支
薪粮湘平銀貳百兩
選用從九品汪　植壹員月支薪粮銀貳拾兩自同治柒年肆月初壹日起支截至是年拾貳月底止不扣建連閏計拾個月共支
薪粮湘平銀貳百兩
一各臺局所支應轉運粮餉軍火採辦製造文職各員内
江蘇補用道葉寶樹壹員月支薪粮銀伍拾兩自同治陸年正月初壹日起支截至柒年拾貳月底止不扣建連閏計貳拾伍個月共支

薪粮湘平銀壹千貳百伍拾兩
江蘇候補道潘鴻燾壹員月支薪粮銀伍拾兩自同治陸年正月初壹日起支截至柒年伍月底止不扣建連閏計拾捌個月共支
薪粮湘平銀玖百兩
江蘇補用道劉瑞芬壹員月支薪粮銀伍拾兩自同治陸年正月初壹日起支截至柒年玖月底止不扣建連閏計貳拾貳個月共支
薪粮湘平銀壹千壹百兩
安徽補用知府劉佐禹壹員月支薪粮銀肆拾陸兩自同治陸年正月初壹日起支截至柒年拾貳月底止不扣建連閏計貳拾伍個月共支

薪粮湘平銀壹千壹百伍拾兩

候選知府汪應森壹員月支薪粮銀肆拾陸兩自同治陸年正月初壹日起支截至柒年拾貳月底止不扣建連閏計貳拾伍個月共支

薪粮湘平銀壹千壹百伍拾兩

升用知府李鳳章壹員月支薪粮銀肆拾陸兩自同治陸年正月初壹日起支截至柒年拾貳月底止不扣建連閏計貳拾伍個月共支

薪粮湘平銀壹千壹百伍拾兩

江蘇候補知府郭　階壹員月支薪粮銀貳拾陸兩書識壹名月支薪粮銀陸兩共月支銀叁拾貳兩長夫肆名每名日支口粮銀壹錢共日支銀肆錢自同治陸年正月初壹日起支

截至柒年拾貳月底止薪粮書識不扣建連閏計貳拾伍個月長夫扣小建拾叁日計柒百叁拾柒日共支

官書薪粮湘平銀捌百兩

長夫口粮湘平銀貳百玖拾肆兩捌錢

江蘇候補知府洪汝奎壹員月支薪粮銀肆拾兩自同治陸年正月初壹日起支截至柒年拾貳月底止不扣建連閏計貳拾伍個月共支

薪粮湘平銀壹千兩

分發補用知府劉翰清壹員月支薪粮銀肆拾兩書識叁名每名月支薪粮銀陸兩自同治陸年正月初壹日起支截至柒年拾貳月底止均不扣建連閏計貳拾伍個月共支

薪粮湘平銀壹千肆百伍拾兩

江蘇補用知府周成璋壹員月支薪粮銀肆拾陸兩自同治陸年正月初壹日起支截至柒年叁月底止不扣建計拾伍個月共支

薪粮湘平銀陸百玖拾兩

浙江補用知府李經棠壹員月支薪粮銀肆拾陸兩自同治陸年正月初壹日起支截至柒年陸月底止不扣建連閏計拾玖個月共支

薪粮湘平銀捌百柒拾肆兩

安徽候補知府劉芳蕙壹員月支薪粮銀肆拾兩自同治陸年正月初壹日起支至是年叁月底止不扣建計叁個月共支銀壹百貳拾兩又自肆月初壹日起加增銀陸兩共月支銀肆拾陸兩截至柒年捌月底止連閏計拾捌個月共支銀捌

百貳拾捌兩貳共支
薪粮湘平銀玖百肆拾捌兩
安徽候補知府唐訓高壹員月支薪粮銀貳拾兩長夫肆名每
名日支口粮銀壹錢共日支銀肆錢自同治陸年叁月拾陸
日起支截至柒年捌月底止薪粮不扣建連閏計拾捌個半
月長夫扣小建拾日計伍百肆拾伍日共支
薪粮湘平銀叁百柒拾兩
長夫口粮湘平銀貳百拾捌兩
知府用江蘇補用同知程慶榜壹員月支薪粮銀肆拾兩計自
同治陸年正月初壹日起支截至柒年陸月底止不扣建連
閏計拾玖個月共支
薪粮湘平銀柒百陸拾兩

知府用江蘇補用同知盧應旌壹員月支薪粮銀肆拾兩計自
同治陸年正月初壹日起支截至柒年捌月底止不扣建連
閏計貳拾壹個月共支
薪粮湘平銀捌百肆拾兩

候選同知楊學培壹員月支薪粮銀叁拾陸兩自同治陸年正
月初壹日起支截至柒年拾貳月底止不扣建連閏計貳拾
伍個月共支
薪粮湘平銀玖百兩

候選同知直隸州張錫瑕壹員月支薪粮銀叁拾陸兩自同治
陸年正月初壹日起支截至柒年貳月初柒日止不扣建計
拾叁個月柒日共支
薪粮湘平銀肆百柒拾陸兩肆錢

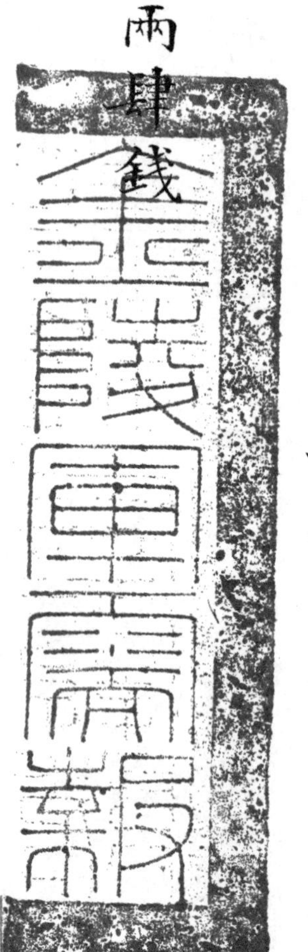

候選同知馮瑞光壹員月支薪糧銀叁拾陸兩自同治陸年正
月初壹日起支截至柒年拾壹月底止不扣建連閏計貳拾
肆個月共支
薪糧湘平銀捌百陸拾肆兩
候選同知汪堯辰壹員月支薪糧銀叁拾陸兩自同治陸年貳
月初壹日起支截至柒年拾貳月底止不扣建連閏計貳拾
肆個月共支
薪糧湘平銀捌百陸拾肆兩
江蘇候補同知直隸州知州李逢源壹員月支薪糧銀叁拾陸
兩自同治陸年陸月初壹日起支截至柒年拾貳月底止不
扣建連閏計貳拾個月共支
薪糧湘平銀柒百貳拾兩

江蘇候補同知方　鴻壹員月支薪粮銀叁拾陸兩自同治陸年拾壹月初壹日起支截至柒年拾貳月底止不扣建連閏計拾伍個月共支

薪粮湘平銀伍百肆拾兩

候選同知直隸州知州韓　烋壹員月支薪粮銀叁拾陸兩自同治陸年正月初壹日起支截至是年柒月底止不扣建計柒個月共支

薪粮湘平銀貳百伍拾貳兩

選用直隸州知州方駿謨壹員月支薪粮銀叁拾陸兩書識肆名每名月支薪粮銀陸兩自同治陸年正月初壹日起支截至柒年拾貳月底止均不扣建連閏計貳拾伍個月共支

薪粮湘平銀壹千伍百兩

江蘇補用直隸州知州黄涇祥壹員月支薪粮銀叁拾陸兩自
同治陸年正月初壹日起支截至是年柒月底止不扣建計
柒個月共支
薪粮湘平銀貳百伍拾貳兩
安徽候補知州張雲吉壹員月支薪粮銀叁拾陸兩自同治陸
年叁月初壹日起支截至柒年肆月底止不扣建計拾肆個
月共支
薪粮湘平銀伍百肆兩
安徽候補直隸州知州楊玉輝壹員月支薪粮銀貳拾兩長夫
肆名每名日支口粮銀壹錢共日支銀肆錢自同治陸年正
月初壹日起支截至是年叁月拾伍日止薪粮不扣建計貳
個半月長夫扣小建壹日計柒拾肆日共支

薪粮湘平銀伍拾兩
長夫口粮湘平銀貳拾玖兩陸錢
江西候補直隸州知州黄際昌壹員月支薪粮銀貳拾兩書識貳名每名月支薪粮銀陸兩共月支銀叁拾貳兩長夫叁名每名日支口粮銀壹錢共日支銀叁錢自同治陸年正月初壹日起支截至是年肆月底止薪粮書識不扣建計肆個月長夫扣小建叁日計壹百拾柒日共支
官書薪粮湘平銀壹百貳拾捌兩
長夫口粮湘平銀叁拾伍兩壹錢
江蘇候補通判龍　儁壹員月支薪粮銀叁拾兩自同治陸年正月初壹日起支截至柒年拾貳月底止不扣建連閏計貳拾伍個月共支

薪粮湘平銀柒百伍拾兩
候選通判羅慶熙壹員月支薪粮銀貳拾兩自同治陸年正月
初壹日起支至是年肆月底止不扣建計肆個月共支銀捌
拾兩又自伍月初壹日起加增銀拾陸兩共月支薪粮銀叁
拾陸兩截至柒年拾貳月底止不扣建連閏計貳拾壹個月
兩共支
薪粮湘平銀捌百叁拾陸兩
浙江補用知縣已保同知吳燮元壹員月支薪粮銀叁拾陸兩
自同治陸年正月初壹日起支截至柒年拾貳月底止不扣
建連閏計貳拾伍個月共支
薪粮湘平銀玖百兩
候選知縣彭宗洛壹員月支薪粮銀叁拾陸兩自同治陸年正

月初壹日起支截至是年肆月底止不扣建計肆個月共支

薪粮湘平銀壹百肆拾肆兩

安徽候補知縣李熙瑞壹員月支薪粮銀貳拾兩長夫肆名每

名日支口粮銀壹錢共日支銀肆錢自同治陸年正月初壹

日起支截至是年陸月底止薪粮不扣建計陸個月長夫扣

小建肆日計壹百柒拾陸日共支

薪粮湘平銀壹百貳拾兩

長夫口粮湘平銀柒拾兩肆錢

候選知縣唐煥章壹員月支薪粮銀叁拾陸兩自同治陸年正

月初壹日起支截至是年柒月拾伍日不扣建計陸個半月

共支

薪粮湘平銀貳百叁拾肆兩

江蘇補用知縣丁惠安壹員月支薪粮銀叁拾陸兩自同治陸年正月初壹日起支截至是年拾貳月底止不扣建計拾貳

個月共支

薪粮湘平銀肆百叁拾貳兩

候選知縣楊永芳壹員月支薪粮銀貳拾兩長夫肆名每名日

支口粮銀壹錢共日支銀肆錢自同治陸年正月初壹日起

支截至柒年柒月底止薪粮不扣建連閏計貳拾個月長夫

扣小建拾壹日計伍百捌拾玖日共支

薪粮湘平銀肆百兩

長夫口粮湘平銀貳百叁拾伍兩陸錢

江西候補知縣劉星炳壹員月支薪粮銀貳拾兩長夫肆名每

名日支口粮銀壹錢共日支銀肆錢自同治陸年正月初壹

日起支截至柒年捌月底止薪粮不扣建連閏計貳拾壹個
月長夫扣小建拾壹日計陸百拾玖日共支
薪粮湘平銀肆百貳拾兩
長夫口粮湘平銀貳百肆拾柒兩陸錢
江蘇候補知縣魏　彥壹員月支薪粮銀叁拾陸兩自同治陸
年正月初壹日起支截至柒年玖月底止不扣建連閏計貳
拾貳個月共支
薪粮湘平銀柒百玖拾貳兩
安徽候補知縣易華俊壹員月支薪粮銀貳拾兩書識貳名每
名月支薪粮銀陸兩共月支銀叁拾貳兩長夫叁名每名日
支口粮銀壹錢共日支銀叁錢自同治陸年伍月初壹日起
支截至柒年捌月底止薪粮書識不扣建連閏計拾柒個月

長夫扣小建捌日計伍百貳日共支
官書薪粮湘平銀伍百肆拾肆兩
長夫口粮湘平銀壹百伍拾兩陸錢
安徽補用知縣楊萬錦壹員月支薪粮銀貳拾兩長夫肆名每
名日支口粮銀壹錢共日支銀肆錢自同治陸年柒月初壹
日起支截至柒年捌月底止薪粮不扣建連閏計拾伍個月
長夫扣小建柒日計肆百肆拾叁日共支
薪粮湘平銀叁百兩
長夫口粮湘平銀壹百柒拾柒兩貳錢
前山西五臺縣知縣林植棠壹員月支薪粮銀叁拾陸兩計自
同治陸年玖月初壹日起支截至柒年拾貳月底止不扣建
連閏計拾柒個月共支

薪粮湘平銀陸百拾貳兩

河南候補知縣龔照瑗壹員月支薪粮銀叁拾陸兩自同治柒年伍月初壹日起支截至是年拾貳月底止不扣建計捌個月共支

薪粮湘平銀貳百捌拾捌兩

江蘇補用知縣龔定瀛壹員月支薪粮銀叁拾陸兩自同治陸年正月初壹日起支截至柒年拾貳月底止不扣建連閏計貳拾伍個月共支

薪粮湘平銀玖百兩

江蘇補用知縣朱聲求壹員月支薪粮銀叁拾陸兩自同治陸年正月初壹日起支截至柒年拾貳月底止不扣建連閏計貳拾伍個月共支

薪粮湘平銀玖百兩

分發補用知縣姜　興壹員月支薪粮銀叁拾陸兩自同治陸
年正月初壹日起支截至柒年拾貳月底止不扣建連閏計
貳拾伍個月共支
薪粮湘平銀玖百兩

直隸候補知縣劉燕譽壹員月支薪粮銀叁拾陸兩自同治陸
年正月初壹日起支截至柒年拾貳月底止不扣建連閏計
貳拾伍個月共支
薪粮湘平銀玖百兩

江蘇補用知縣朱際昌壹員月支薪粮銀叁拾陸兩自同治陸
年正月初壹日起支截至柒年拾貳月底止不扣建連閏計
貳拾伍個月共支

薪粮湘平銀玖百兩
江蘇補用知縣黄安謹壹員月支薪粮銀叁拾陸兩自同治陸
年正月初壹日起支截至柒年拾貳月底止不扣建連閏計
貳拾伍個月共支
薪粮湘平銀玖百兩
江蘇補用知縣勞文藻壹員月支薪粮銀叁拾陸兩自同治陸
年正月初壹日起支截至柒年拾貳月底止不扣建連閏計
貳拾伍個月共支
薪粮湘平銀玖百兩
即選教諭已保知縣查承恩壹員月支薪粮銀貳拾兩自同治
陸年正月初壹日起支截至柒年拾貳月底止不扣建連閏
計貳拾伍個月共支

金陵軍需報

薪粮湘平銀伍百兩
升用知縣侯選縣丞王　簡壹員月支薪粮銀貳拾兩自同治陸年正月初壹日起支截至柒年拾貳月底止不扣建連閏計貳拾伍個月共支
薪粮湘平銀伍百兩
江蘇補用縣丞江式賢壹員月支薪粮銀貳拾肆兩自同治陸年正月初壹日起支截至柒年拾貳月底止不扣建連閏計貳拾伍個月共支
薪粮湘平銀陸百兩
侯選縣丞朱　增壹員月支薪粮銀貳拾兩自同治陸年正月初壹日起支截至是年柒月拾伍日止不扣建計陸個半月共支

薪粮湘平銀壹百叁拾兩

候選縣丞魏申先壹員月支薪粮銀貳拾兩自同治陸年正月初壹日起支截至柒年玖月底止不扣建連閏計貳拾貳個月共支

薪粮湘平銀肆百肆拾兩

候選縣丞方謨哲壹員月支薪粮銀貳拾兩自同治陸年拾壹月初壹日起支截至柒年拾貳月底止不扣建連閏計拾伍個月共支

薪粮湘平銀叁百兩

即選縣主簿顧元爵壹員月支薪粮銀貳拾兩自同治陸年正月初壹日起支截至柒年拾貳月底止不扣建連閏計貳拾伍個月共支

薪粮湘平銀伍百兩
即選縣主簿劉　暢壹員月支薪粮銀貳拾兩自同治陸年正
月初壹日起支截至柒年玖月底止不扣建連閏計貳拾貳
個月共支
薪粮湘平銀肆百肆拾兩
即選縣主簿朱廷和壹員月支薪粮銀貳拾兩自同治陸年正
月初壹日起支截至柒年玖月底止不扣建連閏計貳拾貳
個月共支
薪粮湘平銀肆百肆拾兩
候選從九品陳　瓛壹員月支薪粮銀貳拾兩自同治柒年肆
月初壹日起支截至是年拾貳月底止不扣建連閏計拾個
月共支

薪粮湘平銀貳百兩

江蘇補用從九品金以誠壹員月支薪粮銀貳拾兩自同治陸年正月初壹日起支截至柒年拾貳月底止不扣建連閏計貳拾伍個月共支

薪粮湘平銀伍百兩

候選從九品馬聲駿壹員月支薪粮銀貳拾兩自同治陸年柒月拾陸日起支截至是年拾月底止不扣建計叁個半月共支

薪粮湘平銀柒拾兩

統計壹册共請銷京外文職各官並書識長夫薪粮等項湘平銀壹拾貳萬叁千玖百肆兩陸錢折合庫平銀壹拾壹萬玖千伍百陸拾肆兩肆錢壹分壹厘捌毫伍絲内

官員書識薪粮庫平銀壹拾壹萬柒千玖百肆拾壹兩柒錢壹分伍厘柒毫貳絲

長夫口粮庫平銀壹千陸百貳拾貳兩陸錢玖分陸厘壹毫叁絲

查前項請銷銀兩係核實支給並無浮冒應請

大部查核

題銷理合登明

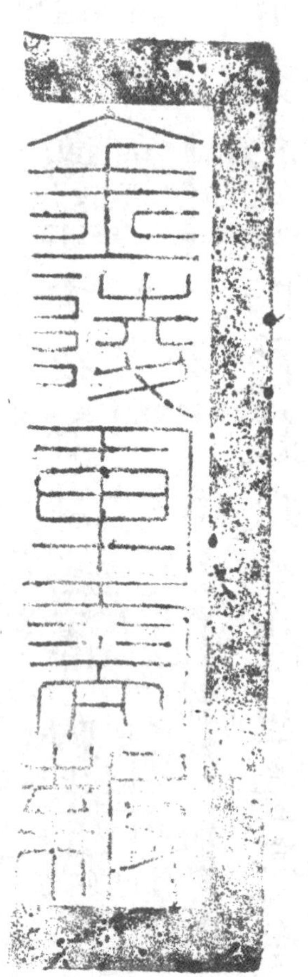

同治玖年　　月　　日呈

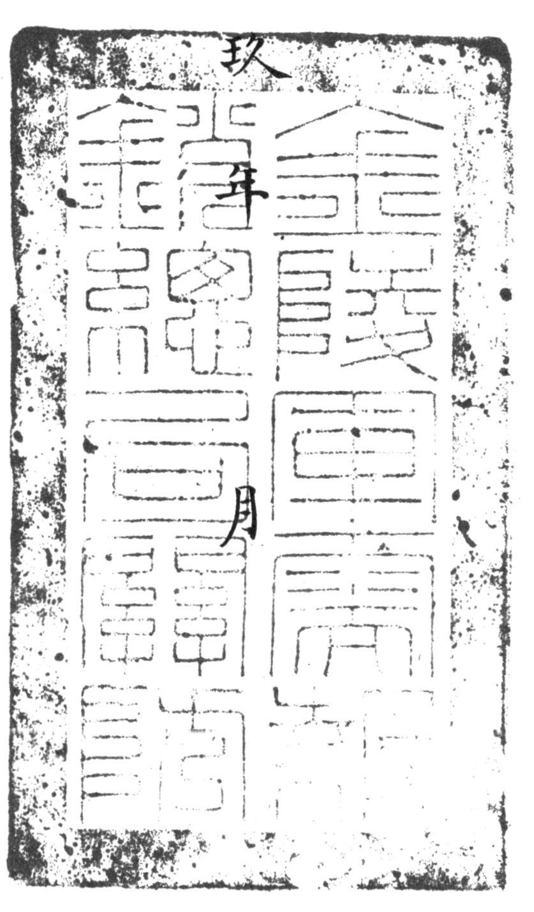

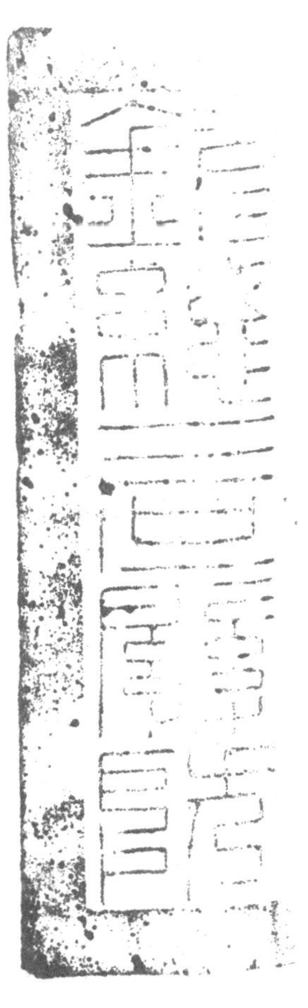

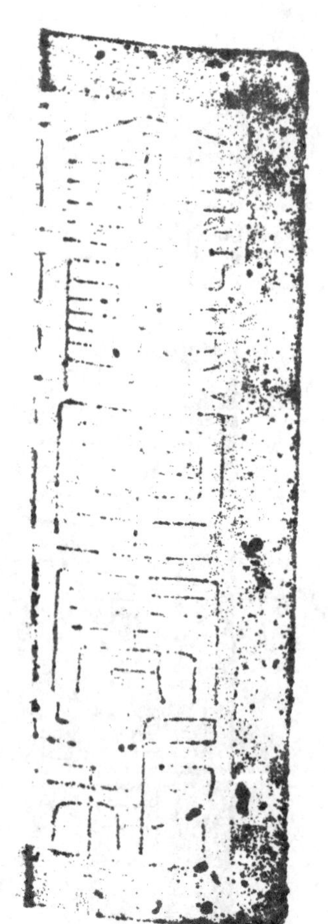

金陵軍需報銷總局呈為造報營哨官弁勇丁薪粮等項銀兩
事竊照淮勇陸營步隊計陸百捌拾名為壹營統領官按所統
營分之多寡定薪費之增減其營官月支薪粮銀伍拾兩公費
銀壹百伍拾兩凡幫辦書醫匠役並置辦旗幟號補等項皆在
其內哨官無論官階大小一律日支銀叁錢哨長日支銀貳錢
什長日支銀壹錢陸分親兵護勇各日支銀壹錢伍分正勇日
支銀壹錢肆分伙勇日支銀壹錢壹分長夫日支銀壹錢各營
內有添親軍及洋鎗砲勇壹貳哨隊者亦按人數增給口粮又
各起馬隊內銘軍係照初定馬隊章程支給另有督隊哨長護
勇獸醫馬夫長夫等項名目其餘馬隊各營係照畫一章程以
貳百伍拾名為壹營計營官連馬肆匹月支銀伍拾兩公費銀
壹百兩幫辦連馬壹匹月支銀拾陸兩正哨官連馬貳匹月支

銀拾捌兩副哨官連馬貳匹月支銀拾伍兩字識連馬壹匹月
支銀玖兩什長連馬壹匹日支銀貳錢陸分馬勇連馬壹匹日
支銀貳錢肆分馬乾均在官弁勇丁支數之內並不另給間有
馬隊各營援照步隊酌雇長夫肆伍拾名不等每名日支銀壹
錢以為搬運鍋帳子藥之用銘字開字馬隊各營倒補馬價按
年分月隨餉領給至官弁勇丁所支食米係照採辦原價坐扣
該營額餉亦不另支本色口分業將同治肆年閏伍月起截至
伍年拾貳月底止實放欠發報効各銀數彙列勦捻軍需第壹
案分晰造册報銷經
直隸湖廣總督部堂曾李於同治玖年貳月貳拾壹日會
奏奉
旨著照所請該部知道單併發欽此欽遵在案伏查同治陸年正月

起淮勇原立並添募馬步各軍統領營哨官弁勇夫薪費口糧馬乾等項均奉飭仍照前案章程核實分别支給内仁字馬隊係霆軍裁撤弁勇向支薪糧較優當因捻逆蔓延飭令提督唐仁廉挑選精鋭編立叁營續募貳營與湖北調來懷字營馬隊隨同淮軍勦捻俱已改照銘軍馬勇章程給餉其有統領營頭多者分立中左右前後各軍即於管帶官内揀員作為分統各帶壹軍遊擊追勦以資鈐束奉文按月酌加分統薪費肆伍拾兩壹百兩不等嗣因東捻肅清於同治柒年春間奉

兩江總督部堂會　飭將後路駐防各營酌量裁撤除應給本年月餉截至裁撤日止找訖其陸年底以前欠餉奉飭籌補以為遣資迨西捻盪平淮勇馬步各軍除銘軍留駐張秋其餘陸續凱旋南渡分駐濟甯徐州周家口各處暫紮經

兩江湖廣總督部堂曾李通籌大局會商定議酌補欠餉分別撤留
柒年冬間
奏明有案所有陸續裁撤馬步各營兩次補發舊欠內除伍年底
以前之餉另列專冊附銷外其補陸年分欠餉銀兩統歸此案
陸柒兩年實放現餉內截清彙總造報又捌年肆月撤回歸伍
之蘇松鎮標官兵是年柒月遣撤裁剩鼎字各營餉項即歸此
案提前一併請銷茲據承辦支應粮員將同治陸年正月初壹
日接支起截至柒年拾貳月底止前項淮軍原募續添馬步各
隊統領營哨官弁勇夫應支薪費口粮馬乾等項實放及欠發
報効各銀數開報前來相應分晰造具細數列為勦捻軍需第
貳案第叁冊呈請伏候
大部查核

題銷須至册者

計開

一統領銘字馬步全軍官壹員

直隸提督劉銘傳

查該員於同治柒年正月拾柒日因病請假回籍奉飭江蘇候補道丁壽昌即日代統是年陸月初捌日卸事由提督劉銘傳銷假回營接統該員又於捌月初捌日交卸離營委遇缺提奏按察使劉盛藻即日代統

以上統領官壹員月支薪粮公費銀叁百兩不扣建加夫叁拾名每名日支銀壹錢共日支銀叁兩自同治陸年正月初壹日接支起截至柒年拾貳月底止薪費連閏貳拾伍個月餘項扣除小建拾叁日計柒百叁拾柒日應支薪費口粮共

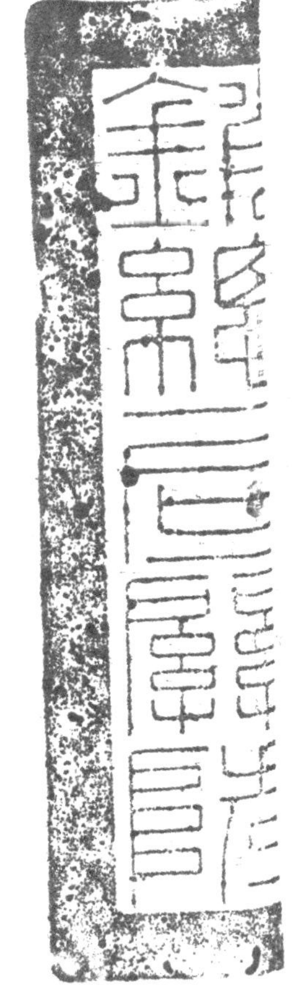

實放湘平銀玖千柒百拾壹兩

一銘字親兵正營管帶官壹員哨官肆員勇丁伍百名長夫壹

百捌拾名内

管帶官壹員

記名簡放總兵劉朝幹

查該員於同治陸年玖月初壹日給假卸事改委總兵已保

提督劉盛璿即日接帶

哨官肆員

補用參將已保副將李常付

查該員於同治陸年正月拾柒日調營卸事改委都司已保

游擊馬春發即日接哨

補用都司已遞保參將尤福聚

補用守備張佳玉
查該員於同治陸年拾貳月初壹日給假離營改委都司童
佐亮即日接哨該員於柒年拾月初壹日奉文離營改委都
司宣錫章即日接哨
補用千總朱宗傑
查該員於同治陸年拾月初壹日給假離營改委守備已保
游擊張端純即日接哨
哨長肆名
什長叁拾捌名
親兵陸拾名
護勇貳拾名
正勇叁百叁拾陸名

伙勇肆拾貳名

長夫壹百捌拾名

以上銘字親兵正營管帶官壹員月支薪粮銀伍拾兩辦公費銀壹百伍拾兩凡帮辦營務管理帳目軍裝書醫工匠等薪粮並置辦旂幟號補各費在內共月支銀貳百兩不扣建自同治陸年正月初壹日接支起截至柒年拾貳月底止連閏計貳拾伍個月應共支薪費湘平銀伍千兩哨官肆員每員日支銀叁錢哨長肆名每名日支銀貳錢什長叁拾捌名每名日支銀壹錢陸分親兵護勇共捌拾名每名日支銀壹錢伍分正勇叁百叁拾陸名每名日支銀壹錢肆分伙勇肆拾貳名每名日支銀壹錢壹分長夫壹百捌拾名每名日支銀壹錢共日支銀捌拾玖兩柒錢肆分自同治陸年正月初壹

日接支起截至柒年拾貳月底止扣除小建拾叁日計柒百叁拾柒日應共支薪粮湘平銀陸萬陸千壹百叁拾捌兩叁錢捌分以上薪費口粮共

應支湘平銀柒萬壹千壹百叁拾捌兩叁錢捌分內

實放湘平銀陸萬捌千貳百柒拾叁兩玖分玖厘貳毫貳絲貳忽

報効陸柒兩年分欠餉銀貳千捌百陸拾伍兩貳錢捌分柒毫柒絲捌忽

一銘字正中營同治陸年貳月改為銘字左軍正營管帶官壹員哨官肆員勇丁伍百名長夫壹百捌拾名內

管帶官壹員

遇缺題奏總兵黃桂蘭

查該員於同治陸年貳月初壹日奉委接管分統銘字左軍仍兼帶左軍正營於陸年拾壹月初壹日卸事改委提督劉克仁即日接統兼帶

哨官肆員

補用守備已遞保游擊李文明

補用守備劉玉發

查該員於同治陸年玖月初壹日給假離營改委千總孫鵬達即日接哨

補用千總王汝成

查該員於同治陸年陸月拾伍日病假離營改委副將李天聚即日接哨該員於柒年陸月初壹日奉文離營改委千總施文相即日接哨

補用千總已遞保都司柏殿陞
哨長肆名
什長叁拾捌名
親兵陸拾名
護勇貳拾名
正勇叁百叁拾陸名
伙勇肆拾貳名
長夫壹百捌拾名
以上銘字正中營改為銘字左軍正營管帶官壹員月支薪粮
銀伍拾兩辦公費銀壹百伍拾兩凡帮辦營務管理帳目軍
裝書醫工匠等薪粮並置辦旂幟號補各費在内共月支銀
貳百兩不扣建自同治陸年正月初壹日接支起截至柒年

拾貳月底止連閏計貳拾伍個月應共支薪費湘平銀伍千兩哨官肆員每員日支銀叁錢哨長肆名每名日支銀貳錢什長叁拾捌名每名日支銀壹錢陸分親兵護勇共捌拾名每名日支銀壹錢伍分正勇叁百叁拾陸名每名日支銀壹錢肆分伙勇肆拾貳名每名日支銀壹錢壹分長夫壹百捌拾名每名日支銀壹錢共日支銀捌拾玖兩柒錢肆分計自同治陸年正月初壹日接支起截至柒年拾貳月底止扣除小建拾叁日計柒百叁拾柒日應共支薪粮湘平銀陸萬陸千壹百叁拾捌兩叁錢捌分貳共

應支薪費口粮湘平銀柒萬壹千壹百叁拾捌兩叁錢捌分

前項管帶官壹員於同治陸年貳月初壹日起奉委接管分統銘字左軍事務月支薪粮公費銀壹百兩不扣建加夫拾名

每名日支銀壹錢共日支銀壹兩截至柒年拾貳月底止薪
費連閏貳拾肆個月餘項扣除小建拾貳日計柒百捌日共
應支薪費口粮湘平銀叁千壹百捌兩
以上銘字正中營改為銘字左軍正營薪費口粮總共
應支湘平銀柒萬肆千貳百肆拾陸兩叁錢捌分內
寔放湘平銀柒萬壹千貳百伍拾叁兩陸錢玖厘貳毫玖忽
報効陸柒兩年分欠餉銀貳千玖百玖拾貳兩柒錢柒分柒毫
玖絲壹忽
一銘字副中營同治陸年貳月改為銘字左軍副營又拾月改
為銘字右軍左營營帶官壹員哨官肆員勇丁伍百名長夫
壹百捌拾名內除撥入銘字砲隊壹哨計哨官壹員勇夫壹
百貳拾柒名外寔共哨官叁員勇丁叁百玖拾陸名長夫壹

百伍拾柒名内

管帶官壹員

補用副將張士元

查該員於同治陸年拾月初壹日給假卸事改委副將王德

成即日接帶該員於柒年拾月初壹日調營卸事改委提督

王貴揚即日接帶

哨官叁員

補用都司錢明朝

查該員於同治陸年拾壹月初壹日給假離營改委千總劉

德興即日接哨該員於柒年拾貳月初壹日與右軍副營哨

官游擊方大春對調

補用千總已遞保都司方德標

查該員於同治柒年拾貳月初壹日與右軍副營哨官游擊

王從興對調

補用千總梁崑城

查該員於同治柒年陸月初壹日奉文離營改委都司王萬

福即日接哨該員於是年拾貳月初壹日與右軍副營哨官

都司姚俊士對調

哨長叁名

什長叁拾名

親兵陸拾名

護勇拾肆名

正勇貳百伍拾陸名

伙勇叁拾叁名

長夫壹百伍拾柒名

以上銘字副中營改為銘字右軍左營管帶官壹員月支薪粮銀伍拾兩辦公費銀壹百伍拾兩凡幫辦營務管理帳目軍裝書醫工匠等薪粮並置辦旂幟號補各費在內共月支銀貳百兩不扣建自同治陸年正月初壹日接支起截至柒年拾貳月底止連閏計貳拾伍個月應共支薪費湘平銀伍千兩哨官叁員每員日支銀叁錢哨長叁名每名日支銀貳錢什長叁拾名每名日支銀壹錢陸分親兵護勇共柒拾肆名每名日支銀壹錢伍分正勇貳百伍拾陸名每名日支銀壹錢肆分伙勇叁拾叁名每名日支銀壹錢壹分長夫壹百伍拾柒名每名日支銀壹錢共日支銀壹拾貳兩伍錢柒分自同治陸年正月初壹日接支起截至柒年拾貳月底止扣除

小建拾叁日計柒百叁拾柒日應共支薪粮湘平銀伍萬叁千肆百捌拾肆兩玖分以上薪費口粮共

應支湘平銀伍萬捌千肆百捌拾肆兩玖分內

寔放湘平銀伍萬陸千伍百肆拾兩陸錢貳分玖厘貳毫玖忽

報効陸柒兩年分欠餉銀壹千玖百肆拾叁兩肆錢陸分柒毫

玖絲壹忽

一銘字後營同治陸年貳月改為洋砲後營玖月改為樹字右營營帶官壹員哨官肆員勇丁伍百名長夫壹百捌拾名內

營帶官壹員

補用叅將李錫增

查該員於同治陸年正月拾伍日在湖北打仗陣亡改委候選主簿趙漣即日接帶該員於柒年正月初壹日奉文卸事

改委副將已遞保提督趙長發即日接帶

哨官肆員

補用參將夏開和

游擊趙得勝即日接哨

查該員於同治陸年叁月初壹日奉文離營改委都司已保

補用游擊王立升

查該員於同治陸年貳月初壹日給假離營改委都司已保

游擊武青龍即日接哨

補用游擊宋先聘

查該員於同治陸年伍月初壹日給假離營改委守備張有

才即日接哨該員於柒年陸月初壹日給假離營改委游擊

汪元標即日接哨

補用都司蕭德明

查該員於同治陸年捌月初壹日給假離營改委守備劉忠

立即日接哨該員於柒年柒月初壹日奉文離營改委千總

侯玉桃即日接哨

哨長肆名

什長叁拾捌名

親兵陸拾名

護勇貳拾名

正勇叁百叁拾陸名

伙勇肆拾貳名

長夫壹百捌拾名

以上銘字後營改爲樹字右營營帶官壹員月支薪粮銀伍拾

兩辦公費銀壹百伍拾兩凡帮辦營務管理帳目軍裝書醫工匠等薪粮並置辦旂幟號補各費在内共月支銀貳百兩不扣建自同治陸年正月初壹日接支起截至柒年拾貳月底止連閏計貳拾伍個月應共支薪費湘平銀伍千兩哨官肆員每員日支銀叁錢哨長肆名每名日支銀貳錢什長叁拾捌名每名日支銀壹錢陸分親兵護勇共捌拾名每名日支銀壹錢伍分正勇叁百叁拾陸名每名日支銀壹錢肆分伙勇肆拾貳名每名日支銀壹錢壹分長夫壹百捌拾名每名日支銀壹錢共日支銀捌拾玖兩柒錢肆分自同治陸年正月初壹日接支起截至柒年拾貳月底止扣除小建拾叁日計柒百叁拾柒日應共支薪粮湘平銀陸萬陸千壹百叁拾捌兩叁錢捌分以上薪費口粮共

應支湘平銀柒萬壹千壹百叁拾捌兩叁錢捌分內
寔放湘平銀陸萬陸千捌百叁拾肆兩陸錢壹分陸厘肆絲陸
忽
報効陸柒兩年分欠餉銀肆千叁百叁兩柒錢陸分叁厘玖毫
伍絲肆忽
一銘字洋砲營同治陸年貳月改為銘字左軍前營營帶官壹
員哨官肆員勇丁伍百名長夫壹百捌拾名內
營帶官壹員
遇缺題奏總兵畢乃爾
查該員於同治陸年正月初壹日調營卸事改委副將已遞
保提督趙懷業即日接帶
哨官肆員

補用游擊唐士純
查該員於同治陸年拾月初壹日給假離營改委千總陳雲龍即日接哨該員於柒年陸月初壹日給假離營改委游擊張名勝即日接哨
補用千總已進保都司李學孔
補用外委陳盛奎
查該員於同治陸年正月拾伍日在湖北打仗陣亡改委守備已保都司孫學貴即日接哨
五品軍功余致和
查該員於同治柒年陸月初壹日給假離營改委守備黄賡和即日接哨
哨長肆名

什長叁拾捌名
親兵陸拾名
護勇貳拾名
正勇叁百叁拾陸名
伙勇肆拾貳名
長夫壹百捌拾名

以上銘字洋砲營改為銘字左軍前營管帶官壹員月支薪糧銀伍拾兩辦公費銀壹百伍拾兩凡帮辦營務管理帳目軍裝書醫工匠等薪糧並置辦旂幟號補各費在內共月支銀貳百兩不扣建自同治陸年正月初壹日接支起截至柒年拾貳月底止連閏計貳拾伍個月應共支薪費湘平銀伍千兩哨官肆員每員日支銀叁錢哨長肆名每名日支銀貳錢

什長叁拾捌名每名日支銀壹錢陸分親兵護勇共捌拾名每名日支銀壹錢伍分正勇叁百叁拾陸名每名日支銀壹錢肆分伙勇肆拾貳名每名日支銀壹錢壹分長夫壹百捌拾名每名日支銀壹錢共日支銀捌拾玖兩柒錢肆分計自同治陸年正月初壹日接支起截至柒年拾貳月底止扣除小建拾叁日計柒百叁拾柒日應共支薪粮湘平銀陸萬陸千壹百叁拾捌兩叁錢捌分以上薪費口粮共

應支湘平銀柒萬壹千壹百叁拾捌兩叁錢捌分内

寔放湘平銀陸萬捌千壹百肆拾伍兩陸錢玖厘貳毫玖忽

報効陸柒兩年分欠餉銀貳千玖百玖拾貳兩柒錢柒分柒毫玖絲壹忽

一銘字砲隊壹哨管帶官壹員哨官壹員勇丁壹百肆名長夫

貳拾叁名又銘字副中營撥入壹哨計哨官壹員勇丁壹百肆名長夫貳拾叁名又新募親兵陸棚計勇丁柒拾貳名長夫拾貳名砲夫貳拾玖名共計營帶官壹員哨官貳員勇丁貳百捌拾名長夫捌拾柒名同治陸年拾月改為督標親軍開花砲隊營內

營帶官壹員

選用直隸州知州張士智

查該員於同治陸年正月初壹日奉文卸事改委總兵畢乃爾即日接帶

哨官貳員

補用千總劉朝虎

補用把總張廣秀

查該貳員均於同治柒年貳月初壹日奉文離營改委都司

趙鼎成守備李長安即日接哨

砲隊貳哨

哨長貳名

什長拾陸名

護勇拾貳名

正勇壹百陸拾名

伙勇拾捌名

長夫肆拾陸名

親兵陸棚

什長陸名

親兵陸拾名

伙勇陸名
長夫拾貳名
砲夫貳拾玖名
以上銘字砲隊改為督標親軍開花砲隊營官帶官壹員月支薪粮銀肆拾兩辦公費銀捌拾兩凡帮辦營務管理帳目軍裝書醫工匠等薪粮並置辦旂幟號補各費在内共月支銀壹百貳拾兩不扣建自同治陸年正月初壹日起支截至柒年拾貳月底裁撤止連閏計貳拾伍個月應共支薪費湘平銀叁千兩哨官貳員每員日支銀叁錢哨長貳名每名日支銀貳錢什長共貳拾貳名每名日支銀壹錢陸分䕶勇親兵共柒拾貳名每名日支銀壹錢伍分正勇壹百陸拾名每名日支銀壹錢肆分伙勇共貳拾肆名每名日支銀壹錢壹分

長夫砲夫共捌拾柒名每名日支銀壹錢共日支銀肆拾玖兩陸分自同治陸年正月初壹日起支截至柒年拾貳月底裁撤止扣除小建拾叁日計柒百叁拾柒日應共支薪粮湘平銀叁萬陸千壹百伍拾柒兩貳錢貳分以上薪費口粮共寔放湘平銀叁萬玖千壹百伍拾柒兩貳錢貳分

一分統銘字左軍續改分統中軍官壹員

道員用江蘇補用知府已遞保　題奏按察使劉盛藻

查該員於同治柒年正月拾柒日請假回籍奉飭副將李常付即日代分統是年伍月初壹日交卸劉盛藻銷假回營接管分統該員又於捌月初捌日奉文代統銘字馬步全軍事務另飭提督滕學義與劉盛休會同分統銘字中軍該貳員仍各兼帶原營

以上分統官壹員月支薪粮公費銀壹百兩不扣建加夫拾名每名日支銀壹錢共日支銀壹兩自同治陸年正月初壹日接支起截至柒年拾貳月底止薪費連閏貳拾伍個月餘項扣除小建拾叁日計柒百叁拾柒日應支薪費口粮内柒年捌月初捌日起由滕學義與劉盛休會同分統即歸該貳員各半支給並無增減共

寔放湘平銀叁千貳百叁拾柒兩

一銘字左軍正營並親軍壹哨同治陸年貳月改為銘字中軍正營玖月改為銘字中軍右營柒年捌月改為銘字中軍正營營帶官壹員哨官伍員勇丁陸百柒名長夫貳百貳名内

分統兼營帶官壹員

道員用江蘇補用知府已遞保　題奏按察使劉盛藻

查該員於同治柒年正月拾柒日請假回籍奉飭副將已逓保提督李常付即日兼管帶是年伍月初壹日奉文專管帶又於捌月初捌日與中軍右營提督滕學義對調

哨官伍員

補用游擊劉盛祥

查該員於同治柒年貳月初壹日奉文離營改委都司何玉隆即日接哨

補用都司王本奇

補用千總馬春發

查該貳員均於同治柒年正月初壹日奉文離營改委副將朱焕明守備陳有元即日接哨該貳員均於柒年捌月初捌日與中軍右營哨官守備趙永和卞結明對調

補用都司已保游擊范國興
查該員於同治陸年正月拾伍日在湖北打仗陣亡改委千
總已保守備張賢扶即日接哨該員於柒年捌月初捌日與
中軍右營哨官都司王得功對調
補用都司已遞保叅將孫全勝
查該員於同治柒年捌月初捌日與中軍右營哨官游擊沈
得才對調
銘字左軍正營
哨長肆名
什長叁拾捌名
親兵陸拾名
護勇貳拾名

正勇叁百叁拾陸名

伙勇肆拾貳名

長夫壹百捌拾名

親軍壹哨

哨長壹名

什長捌名

護勇伍名

正勇捌拾肆名

伙勇玖名

長夫貳拾貳名

以上銘字左軍正營改為銘字中軍正營管帶官壹員月支薪粮銀伍拾兩辦公費銀壹百伍拾兩凡幫辦營務管理帳目

軍裝書醫工匠等薪粮並置辦旂幟號補各費在內共月支
銀貳百兩不扣建自同治陸年正月初壹日接支起截至柒
年拾貳月底止連閏計貳拾伍個月應共支薪費湘平銀伍
千兩哨官伍員每員日支銀叁錢哨長共伍名每名日支銀
貳錢什長共肆拾陸名每名日支銀壹錢陸分親兵護勇共
捌拾伍名每名日支銀壹錢伍分正勇共肆百貳拾名每名
日支銀壹錢肆分伙勇共伍拾壹名每名日支銀壹錢壹分
長夫共貳百貳名每名日支銀壹錢共日支銀壹百柒兩貳
錢貳分自同治陸年正月初壹日接支起截至柒年拾貳月
底止扣除小建拾叁日計柒百叁拾柒日應共支薪粮湘平
銀柒萬玖千貳拾壹兩壹錢肆分以上薪費口粮共
應支湘平銀捌萬肆千貳拾壹兩壹錢肆分內

寔放湘平銀柒萬玖千伍拾陸兩陸錢肆分叁厘貳毫玖忽

報効陸柒兩年分欠餉銀肆千玖百陸拾肆兩肆錢玖分陸厘

柒毫玖絲壹忽

一銘字左軍副營同治陸年貳月改為銘字中軍副營營帶官

壹員哨官肆員勇丁伍百名長夫壹百捌拾名内

營帶官壹員

補用游擊已遞保總兵丁汝昌

哨官肆員

補用游擊李得成　丁照修

查該貳員均於同治柒年柒月初壹日給假離營改委都司

周玉龍黄金升即日接哨

補用都司已保游擊劉惟精

查該員於同治陸年正月拾伍日在湖北打仗陣亡改委守
備陳志魁即日接哨該員於柒年陸月初壹日給假離營改
委參將常林雲即日接哨
補用千總已遞保游擊李友鴻
哨長肆名
什長叁拾捌名
親兵陸拾名
護勇貳拾名
正勇叁百叁拾陸名
伙勇肆拾貳名
長夫壹百捌拾名
以上銘字左軍副營改爲中軍副營營帶官壹員月支薪粮銀

伍拾兩辦公費銀壹百伍拾兩凡帮辦營務會理帳目軍裝書醫工匠等薪粮並置辦旂幟號補各費在内共月支銀貳百兩不扣建自同治陸年正月初壹日接支起截至柒年拾貳月底止連閏計貳拾伍個月應共支薪費湘平銀伍千兩

哨官肆員每員日支銀叁錢哨長肆名每名日支銀貳錢什長叁拾捌名每名日支銀壹錢陸分親兵護勇共捌拾名每名日支銀壹錢伍分正勇叁百叁拾陸名每名日支銀壹錢肆分伙勇肆拾貳名每名日支銀壹錢壹分長夫壹百捌拾名每名日支銀壹錢共日支銀捌拾玖兩柒錢肆分自同治陸年正月初壹日接支起截至柒年拾貳月底止扣除小建拾叁日計柒百叁拾柒日應共支薪粮湘平銀陸萬陸千壹百叁拾捌兩叁錢捌分以上薪費口粮共

應支湘平銀柒萬壹千壹百叁拾捌兩叁錢捌分內
寔放湘平銀陸萬捌千壹百肆拾伍兩陸錢玖厘貳毫玖忽
報効陸柒兩年分欠餉銀貳千玖百玖拾貳兩柒錢柒分柒毫
玖絲壹忽

一銘字左軍前營同治陸年貳月改為銘字中軍前營管帶官
壹員哨官肆員勇丁伍百名長夫壹百捌拾名內

管帶官壹員
記名簡放總兵已保提督劉盛休
查該員於同治柒年捌月初捌日與提督滕學義會同分統
銘字中軍事務

哨官肆員
補用游擊達彩虹

查該員於同治柒年正月初壹日給假離營改委都司已保
游擊劉朝林即日接哨
補用都司楊春太
查該員於同治柒年陸月初壹日奉文離營改委游擊方朝
即日接哨
補用都司已遞保叅將楊鵬萬
補用守備已遞保游擊汪正美
哨長肆名
什長叁拾捌名
親兵陸拾名
護勇貳拾名
正勇叁百叁拾陸名

伙勇肆拾貳名
長夫壹百捌拾名
以上銘字左軍前營改為中軍前營營帶官壹員月支薪粮銀伍拾兩辦公費銀壹百伍拾兩凡帮辦營務營理帳目軍裝書醫工匠等薪粮並置辦旂幟號補各費在内共月支銀貳百兩不扣建自同治陸年正月初壹日接支起截至柒年拾貳月底止連閏計貳拾伍個月應共支薪費湘平銀伍千兩哨官肆員每員日支銀叁錢哨長肆名每名日支銀貳錢什長叁拾捌名每名日支銀壹錢陸分親兵護勇共捌拾名每名日支銀壹錢伍分正勇叁百叁拾陸名每名日支銀壹錢肆分伙勇肆拾貳名每名日支銀壹錢壹分長夫壹百捌拾名每名日支銀壹錢共日支銀捌拾玖兩柒錢肆分自同治

陸年正月初壹日接支起截至柒年拾貳月底止扣除小建
拾叁日計柒百叁拾柒日應共支薪粮湘平銀陸萬陸千壹
百叁拾捌兩叁錢捌分以上薪費口粮共
應支湘平銀柒萬壹千壹百叁拾捌兩叁錢捌分内
寔放湘平銀陸萬捌千壹百肆拾伍兩陸錢玖厘貳毫玖忽
報効陸柒兩年分欠餉銀貳千玖百玖拾貳兩柒錢柒分柒毫
玖絲壹忽

一銘字左軍後營同治陸年貳月改為銘字中軍後營管帶官
壹員哨官肆員勇丁伍百名長夫壹百捌拾名内
管帶官壹員
補用副將龔元友
查該員於同治陸年玖月初壹日給假卸事改委副將已遞

保提督邱尊譙即日接帶

哨官肆員

補用都司朱玉春

查該員於同治柒年陸月初壹日給假離營改委叅將楊同山即日接哨

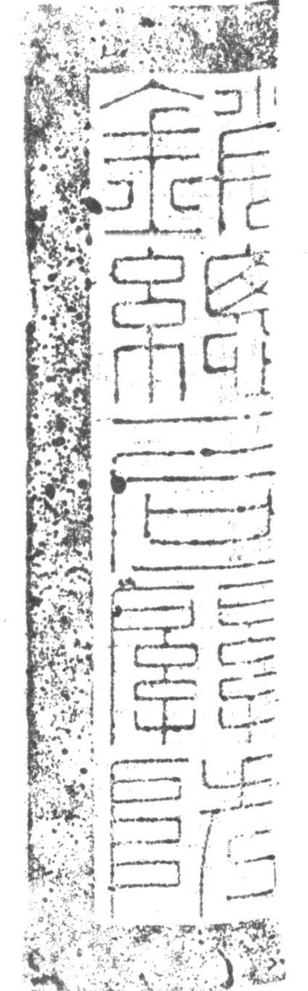

補用都司胡庭相

查該員於同治陸年拾月初壹日給假離營改委都司已保游擊范玉成即日接哨

補用守備張名勝

查該員於同治陸年貳月初壹日給假離營改委都司已保游擊吳大英即日接哨

補用守備已遞保游擊張紹康

哨長肆名
什長叁拾捌名
親兵陸拾名
護勇貳拾名
正勇叁百叁拾陸名
伙勇肆拾貳名
長夫壹百捌拾名
以上銘字左軍後營改爲中軍後營管帶官壹員月支薪粮銀
伍拾兩辦公費銀壹百伍拾兩凡帮辦營務管理帳目軍裝
書醫工匠等薪粮並置辦旂幟號補各費在内共月支銀貳
百兩不扣建自同治陸年正月初壹日接支起截至柒年拾
貳月底止連閏計貳拾伍個月應共支薪費湘平銀伍千兩

哨官肆員每員日支銀叁錢哨長肆名每名日支銀貳錢什長叁拾捌名每名日支銀壹錢陸分親兵護勇共捌拾名每名日支銀壹錢伍分正勇叁百叁拾陸名每名日支銀壹錢肆分伙勇肆拾貳名每名日支銀壹錢壹分長夫壹百捌拾名每名日支銀壹錢共日支銀捌拾玖兩柒錢肆分自同治陸年正月初壹日接支起截至柒年拾貳月底止扣除小建拾叁日計柒百叁拾柒日應共支薪粮湘平銀陸萬陸千壹百叁拾捌兩叁錢捌分以上薪費口粮共

應支湘平銀柒萬壹千壹百叁拾捌兩叁錢捌分內

寔放湘平銀陸萬捌千壹百肆拾伍兩陸錢玖厘貳毫玖忽

報効陸柒兩年分欠餉銀貳千玖百玖拾貳兩柒錢柒分柒毫玖絲壹忽

一銘字左軍左營同治陸年貳月改爲銘字中軍左營營帶官壹員哨官肆員勇丁伍百名長夫壹百捌拾名内

營帶官壹員

記名簡放總兵已保提督馮如霖

哨官肆員

補用游擊李如香

查該員於同治柒年正月初壹日給假離營改委游擊已保叅將劉志廣即日接哨

選用都司已遞保叅將劉錦發　黄英龍

補用千總已遞保游擊孫春洪

哨長肆名

什長叁拾捌名

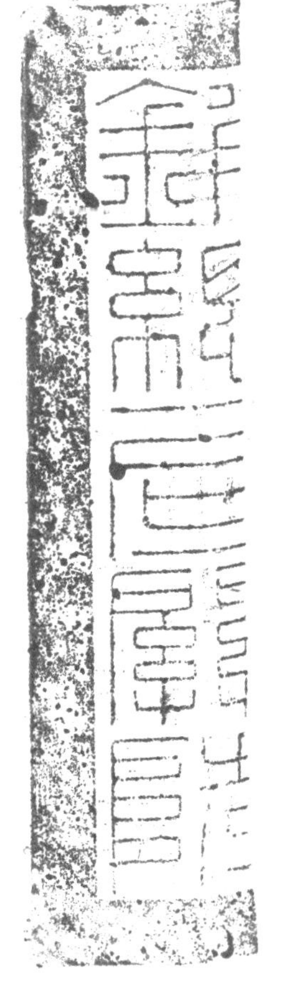

親兵陸拾名
護勇貳拾名
正勇叁百叁拾陸名
伙勇肆拾貳名
長夫壹百捌拾名

以上銘字左軍左營改為中軍左營管帶官壹員月支薪糧銀伍拾兩辦公費銀壹百伍拾兩凡帮辦營務管理帳目軍裝書醫工匠等薪糧並置辦旂幟號補各費在内共月支銀貳百兩不扣建自同治陸年正月初壹日接支起截至柒年拾貳月底止連閏計貳拾伍個月應共支薪費湘平銀伍千兩

哨官肆員每員日支銀叁錢哨長肆名每名日支銀貳錢什長叁拾捌名每名日支銀壹錢陸分親兵護勇共捌拾名每

名日支銀壹錢伍分正勇叁百叁拾陸名每名日支銀壹錢肆分伙勇肆拾貳名每名日支銀壹錢壹分長夫壹百捌拾名每名日支銀壹錢共日支銀捌拾玖兩柒錢肆分自同治陸年正月初壹日接支起截至柒年拾貳月底止扣除小建拾叁日計柒百叁拾柒日應共支薪粮湘平銀陸萬陸千壹百叁拾捌兩叁錢捌分以上薪費口粮共

應支湘平銀柒萬壹千壹百叁拾捌兩叁錢捌分内

寔放湘平銀陸萬捌千壹百肆拾伍兩陸錢玖厘貳毫玖忽

報効陸柒兩年分欠餉銀貳千玖百玖拾貳兩柒錢柒分柒毫玖絲壹忽

一銘字左軍右營同治陸年貳月改為銘字中軍右營玖月改為銘字右軍副營營官帶官壹員哨官肆員勇丁伍百名長夫

壹百捌拾名内

管帶官壹員

記名總兵常和禮

查該員於同治陸年拾月初壹日給假卸事改委總兵已保

提督王貴揚即日接帶於柒年拾月初壹日調營卸事改委

分統銘字右軍副將已遞保提督王德成即日兼帶

哨官肆員

補用叅將王廷揚

查該員於同治柒年叁月初壹日給假離營改委游擊許占

元即日接哨

補用都司丁達生

查該員於同治陸年肆月初壹日奉文離營改委守備已保

游擊方大春即日接哨該員於柒年拾貳月初壹日與右軍
左營哨官千總劉德興對調
補用守備已遞保游擊王從興
查該員於同治柒年拾貳月初壹日與右軍左營哨官都司
方得標對調
補用守備周永高
查該員於同治柒年陸月初壹日給假離營改委都司姚俊
士即日接哨該員於拾貳月初壹日與右軍左營哨官都司
王萬福對調
哨長肆名
什長叁拾捌名
親兵陸拾名

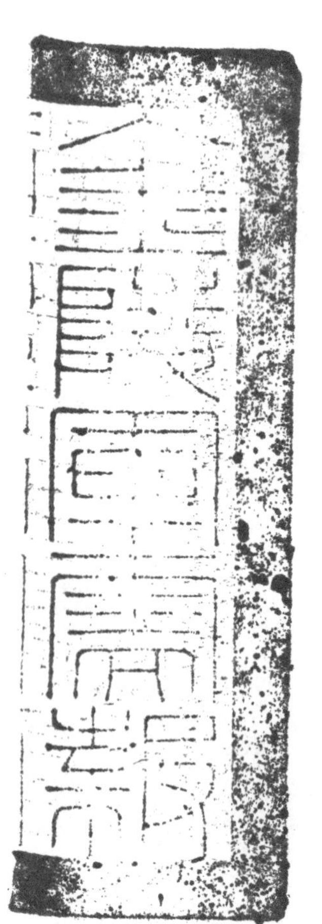

護勇貳拾名
正勇叁百叁拾陸名
伙勇肆拾貳名
長夫壹百捌拾名
以上銘字左軍右營改為銘字右軍副營管帶官壹員月支薪粮銀伍拾兩辦公費銀壹百伍拾兩凡帮辦營務管理帳目軍裝書醫工匠等薪粮並置辦旂幟號補各費在内共月支銀貳百兩不扣建自同治陸年正月初壹日接支起截至柒年拾貳月底止連閏計貳拾伍個月應共支薪費湘平銀伍千兩哨官肆員每員日支銀叁錢哨長肆名每名日支銀貳錢什長叁拾捌名每名日支銀壹錢陸分親兵護勇共捌拾名每名日支銀壹錢伍分正勇叁百叁拾陸名每名日支銀

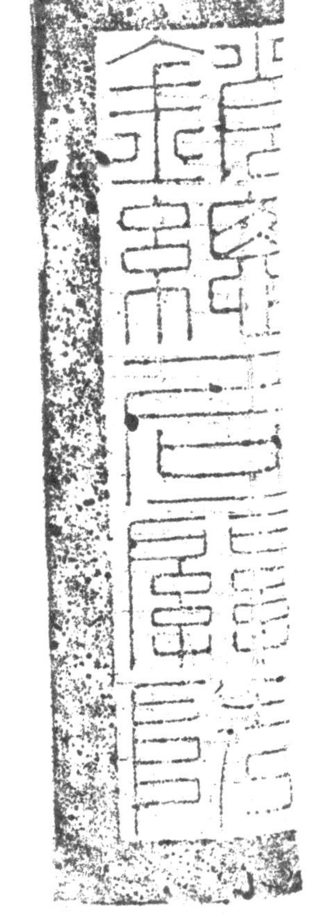

壹錢肆分伙勇肆拾貳名每名日支銀壹錢壹分長夫壹百捌拾名每名日支銀壹錢共日支銀捌拾玖兩柒錢肆分自同治陸年正月初壹日接支起截至柒年拾貳月底止扣除小建拾叁日計柒百叁拾柒日應共支薪粮湘平銀陸萬陸千壹百叁拾捌兩叁錢捌分以上薪費口粮共應支湘平銀柒萬壹千壹百叁拾捌兩叁錢捌分内寔放湘平銀陸萬玖千貳百伍拾貳兩玖錢玖厘貳毫玖忽報効陸柒兩年分欠餉銀壹千捌百捌拾伍兩肆錢柒分柒毫玖絲壹忽

一銘字營務處親兵壹哨勇丁壹百拾壹名長夫貳拾名内

哨長壹名

什長拾名

親兵陸拾名
正勇叁拾名
伙勇拾名
長夫貳拾名
以上銘字營務處親兵壹哨計哨長壹名日支銀貳錢什長拾
名每名日支銀壹錢陸分親兵陸拾名每名日支銀壹錢伍
分正勇叁拾名每名日支銀壹錢肆分伙勇拾名每名日支
銀壹錢壹分長夫貳拾名每名日支銀壹錢共日支銀拾捌
兩壹錢自同治陸年正月初壹日接支起截至柒年拾貳月
底止連閏計貳拾伍個月扣除小建拾叁日計柒百叁拾柒
日薪粮共
應支湘平銀壹萬叁千叁百叁拾玖兩柒錢内

寔放湘平銀壹萬玖拾玖兩捌錢

報効陸柒兩年分欠餉銀叁千貳百叁拾玖兩玖錢

一分統銘字右軍官壹員

記名提督廣西右江鎮總兵唐殿魁

查該員於同治陸年正月拾伍日在湖北打仗陣亡奉飭副

將已遞保提督唐定奎即日接管分統事務該員於柒年拾

月初壹日奉文卸事改委提督王德成即日接管分統

以上分統官壹員月支薪粮公費銀壹百兩不扣建加夫拾名

每名日支銀壹錢共日支銀壹兩自同治陸年正月初壹日

接支起截至柒年拾貳月底止薪費連閏貳拾伍個月餘項

扣除小建拾叁日計柒百叁拾柒日應支薪費口粮共

寔放湘平銀叁千貳百叁拾柒兩

一銘字右營同治陸年貳月改爲銘字右軍前營管帶官壹員
哨官肆員勇丁伍百名長夫壹百捌拾名内
分統兼管帶官壹員
記名提督廣西右江鎮總兵唐殿魁
查該員於同治陸年正月拾伍日在湖北打仗陣亡改委副
將梁善明即日接帶該員於柒年拾月初壹日奉文卸事改
委總兵章高元即日接帶
哨官肆員
補用守備龔尚春
查該員於同治陸年柒月初壹日奉文離營改委都司李全
增即日接哨該員於柒年陸月初壹日給假離營改委都司
楊得勝即日接哨

補用守備董春福
查該員於同治陸年柒月初壹日奉文離營改委守備程孔
德即日接哨
補用守備許占元
查該員於同治陸年柒月初壹日奉文離營改委都司已保
游擊張長勝即日接哨
補用千總已遞保游擊鄭元海
哨長肆名
什長叁拾捌名
親兵陸拾名
護勇貳拾名
正勇叁百叁拾陸名

伙勇肆拾貳名
長夫壹百捌拾名
以上銘字右營改為銘字右軍前營管帶官壹員月支薪糧銀伍拾兩辦公費銀壹百伍拾兩凡帮辦營務管理帳目軍裝書醫工匠等薪粮並置辦旂幟號補各費在内共月支銀貳百兩不扣建自同治陸年正月初壹日接支起截至柒年拾貳月底止連閏計貳拾伍個月應共支薪費湘平銀伍千兩哨官肆員每員日支銀叁錢哨長肆名每名日支銀貳錢什長叁拾捌名每名日支銀壹錢陸分親兵護勇共捌拾名每名日支銀壹錢伍分正勇叁百叁拾陸名每名日支銀壹錢肆分伙勇肆拾貳名每名日支銀壹錢壹分長夫壹百捌拾名每名日支銀壹錢共日支銀捌拾玖兩柒錢肆分自同治

陸年正月初壹日接支起截至柒年拾貳月底止扣除小建
拾叁日計柒百叁拾柒日應共支薪粮湘平銀陸萬陸千壹
百叁拾捌兩叁錢捌分以上薪費口粮共
應支湘平銀柒萬壹千壹百叁拾捌兩叁錢捌分内
寔放湘平銀陸萬捌千壹百肆拾伍兩陸錢玖厘貳毫玖忽
報効陸柒兩年分欠餉銀貳千玖百玖拾貳兩柒錢柒分柒毫
玖絲壹忽

一銘字右副營同治陸年陸月改為銘字右軍正營管帶官壹
員哨官肆員勇丁伍百名長夫壹百捌拾名内
管帶官壹員
補用副將王德成
查該員於同治陸年陸月初壹日給假離營改委分統銘字

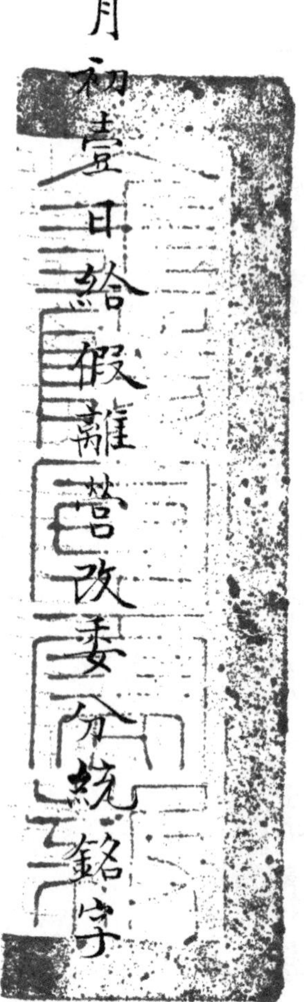

右軍副將已遞保提督唐定奎即日兼帶該員於柒年拾月

初壹日卸事改委提督唐士純即日接帶

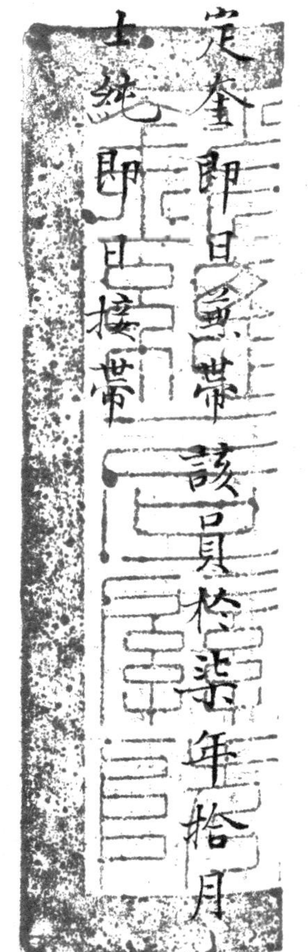

哨官肆員

補用游擊已保參將姚天霖

查該員於同治陸年伍月初壹日調營卸事改委守備盛永

道即日接哨

補用守備已遞保參將解先祥

補用守備已保都司畢長和

補用千總徐茂生

查該員於同治柒年陸月初壹日奉文離營改委副將程海

橋即日接哨

哨長肆名

什長叁拾捌名

親兵陸拾名

護勇貳拾名

正勇叁百叁拾陸名

伙勇肆拾貳名

長夫壹百捌拾名

以上銘字右副營改為銘字右軍正營營帶官壹員月支薪粮銀伍拾兩辦公費銀壹百伍拾兩凡帮辦營務管理帳目軍裝書醫工匠等薪粮並置辦旂幟號補各費在内共月支銀貳百兩不扣建自同治陸年正月初壹日接支起截至柒年拾貳月底止連閏計貳拾伍個月應共支薪費湘平銀伍千兩哨官肆員每員日支銀叁錢哨長肆名每名日支銀貳錢

什長叁拾捌名每名日支銀壹錢陸分親兵護勇共捌拾名每名日支銀壹錢伍分正勇叁百叁拾陸名每名日支銀壹錢肆分伙勇肆拾貳名每名日支銀壹錢壹分長夫壹百捌拾名每名日支銀壹錢共日支銀捌拾玖兩柒錢肆分計自同治陸年正月初壹日接支起截至柒年拾貳月底止扣除小建拾叁日計柒百叁拾柒日應共支薪粮湘平銀陸萬陸千壹百叁拾捌兩叁錢捌分以上薪費口粮共

應支湘平銀柒萬壹千壹百叁拾捌兩叁錢捌分内

寔放湘平銀陸萬柒千玖百肆拾伍兩陸錢玖厘貳毫玖忽

報効陸柒兩年分欠餉銀叁千壹百玖拾貳兩柒錢柒分柒毫玖絲壹忽

一銘字右前營同治陸年貳月改為銘字右軍正營陸月改為

銘字右軍副營玖月改為銘字中軍正營柒年捌月改為銘字中軍右營管帶官壹員哨官肆員勇丁伍百名長夫壹百捌拾名内

管帶官壹員

補用叅將已遞保提督滕學義

查該員於同治柒年捌月初捌日與管帶中軍正營提督李常付對調

哨官肆員

補用副將張得功

查該員於同治柒年貳月初壹日給假離營改委守備趙永和即日接哨該員於柒年捌月初捌日與中軍正營哨官副將朱煥明對調

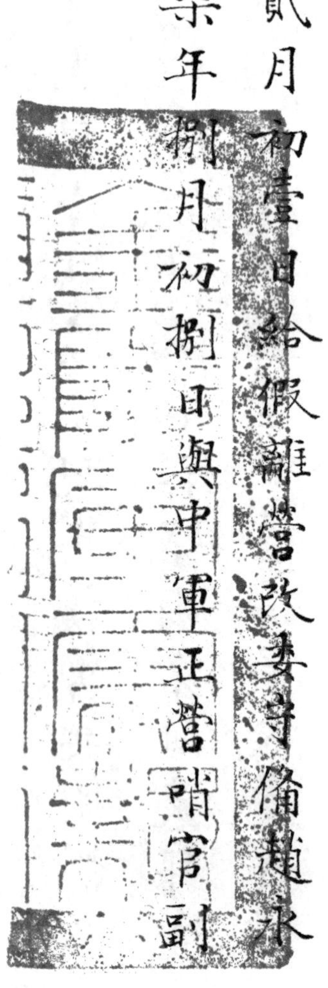

補用守備已保游擊張光亮
查該員於同治陸年正月拾陸日調營部事改委千總已保
守備卞結明即日接哨該員於柒年捌月初捌日與中軍正
營哨官守備陳有元對調
補用千總已保都司何宗喜
查該員於同治陸年正月拾伍日在湖北打仗陣亡改委守
備已保都司王得功即日接哨該員於柒年捌月初捌日與
中軍正營哨官守備張賢扶對調
六品軍功馬加銀
查該員於同治柒年陸月初壹日給假離營改委游擊沈得
才即日接哨該員於柒年捌月初捌日與中軍正營哨官叅
將孫全勝對調

哨長肆名
什長叁拾捌名
親兵陸拾名
護勇貳拾名
正勇叁百叁拾陸名
伙勇肆拾貳名
長夫壹百捌拾名

以上銘字右前營改為銘字中軍右營管帶官壹員月支薪粮銀伍拾兩辦公費銀壹百伍拾兩凡帮辦營務管理帳目軍裝書醫工匠等薪粮並置辦旂幟號補各費在内共月支銀貳百兩不扣建自同治陸年正月初壹日接支起截至柒年拾貳月底止連閏計貳拾伍個月應共支薪費湘平銀伍千

兩哨官肆員每員日支銀叁錢哨長肆名每名日支銀貳錢
什長叁拾捌名每名日支銀壹錢陸分親兵護勇共捌拾名
每名日支銀壹錢伍分正勇叁百叁拾陸名每名日支銀壹
錢肆分伙勇肆拾貳名每名日支銀壹錢壹分長夫壹百捌
拾名每名日支銀壹錢共日支銀捌拾玖兩柒錢肆分計自
同治陸年正月初壹日接支起截至柒年拾貳月底止扣除
小建拾叁日計柒百叁拾柒日應共支薪粮湘平銀陸萬陸
千壹百叁拾捌兩叁錢捌分以上薪費口粮共
應支湘平銀柒萬壹千壹百叁拾捌兩叁錢捌分内
寔放湘平銀陸萬柒千玖百肆拾伍兩陸錢玖厘貳毫玖忽
報効陸柒兩年分欠餉銀叁千壹百玖拾貳兩柒錢柒分柒毫
玖絲壹忽

一銘字右後營同治陸年貳月改爲右軍後營管帶官壹員哨

官肆員勇丁伍百名長夫壹百捌拾名内

管帶官壹員

補用游擊已遞保副將吴維章

查該員於同治陸年正月拾伍日在湖北打仗陣亡改委補

用游擊已遞保提督張光亮即日接帶

哨官肆員

補用千總已遞保都司張廣勝　宋大采

補用千總周長安

查該員於同治柒年陸月初壹日給假離營改委都司黄國

瑚即日接哨

六品軍功邵駿彪

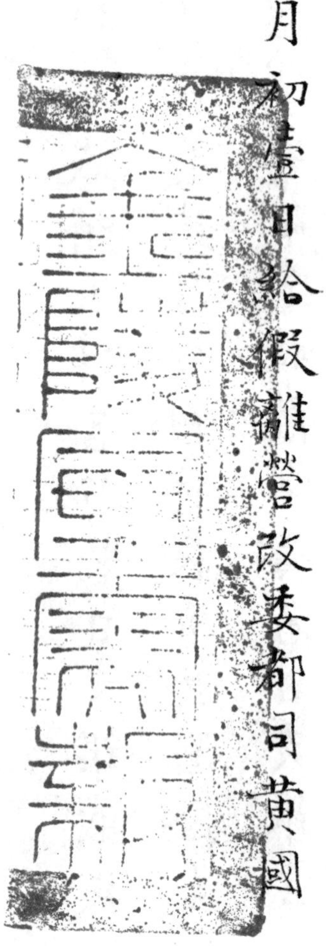

查該員於同治陸年陸月初壹日給假離營改委守備已保

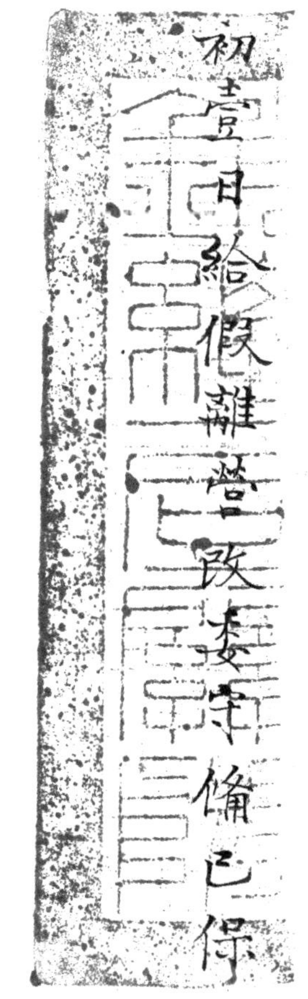

都司尹林興即日接哨

哨長肆名

什長叁拾捌名

親兵陸拾名

護勇貳拾名

正勇叁百叁拾陸名

伙勇肆拾貳名

長夫壹百捌拾名

以上銘字右後營改為銘字右軍後營管帶官壹員月支薪糧銀伍拾兩辦公費銀壹百伍拾兩凡帮辦營務管理帳目軍裝書醫工匠等薪糧並置辦旂幟號補各費在內共月支銀

貳百兩不扣建自同治陸年正月初壹日接支起截至柒年
拾貳月底止連閏計貳拾伍個月應共支薪費湘平銀伍千
兩哨官肆員每員日支銀叁錢哨長肆名每名日支銀貳錢
什長叁拾捌名每名日支銀壹錢陸分親兵護勇共捌拾名
每名日支銀壹錢伍分正勇叁百叁拾陸名每名日支銀壹
錢肆分伙勇肆拾貳名每名日支銀壹錢壹分長夫壹百捌
拾名每名日支銀壹錢共日支銀捌拾玖兩柒錢肆分計自
同治陸年正月初壹日接支起截至柒年拾貳月底止扣除
小建拾叁日計柒百叁拾柒日應共支薪粮湘平銀陸萬陸
千壹百叁拾捌兩叁錢捌分以上薪費口粮共
應支湘平銀柒萬壹千壹百叁拾捌兩叁錢捌分內
寔放湘平銀陸萬柒千玖百肆拾伍兩陸錢玖厘貳毫玖忽

報効陸柒兩年分欠餉銀叁千壹百玖拾貳兩柒錢柒分柒毫玖絲壹忽

一銘字右左營同治陸年貳月改為銘字左軍後營管帶官壹員哨官肆員勇丁伍百名長夫壹百捌拾名内

管帶官壹員

記名簡放總兵田履安

查該員於同治陸年正月拾伍日在湖北打仗陣亡改委都司已逓保總兵張佩芝即日接帶

哨官肆員

補用都司王得功

查該員於同治陸年正月拾陸日調營卸事改委守備已逓保參將胡德洪即日接哨

補用千總金萬才

查該員於同治陸年柒月初壹日奉文離營改委都司劉友金即日接哨該員於柒年陸月初壹日給假離營改委叅將張鳴鳳即日接哨

補用把總顧玉貴

查該員於同治陸年貳月初壹日給假離營改委守備程正榮即日接哨該員於柒年柒月初壹日給假離營改委千總陳萬昌即日接哨

六品軍功趙永和

查該員於同治陸年正月初壹日奉文離營改委守備祁廣榮即日接哨該員於柒年陸月初壹日給假離營改委叅將臧得成即日接哨

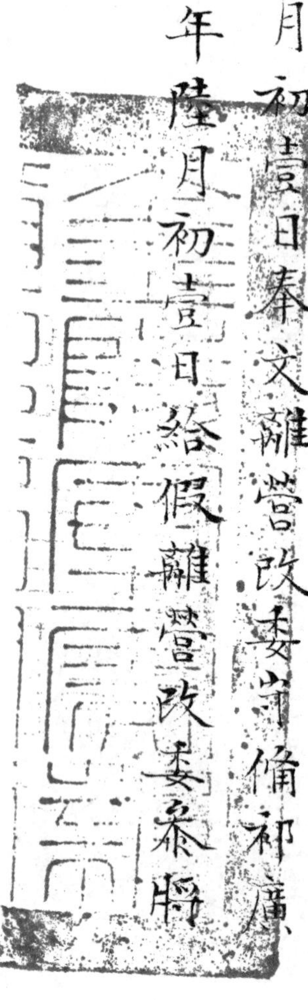

哨長肆名
什長叁拾捌名
親兵陸拾名
護勇貳拾名
正勇叁百叁拾陸名
伙勇肆拾貳名
長夫壹百捌拾名
以上銘字右左營改為銘字左軍後營管帶官壹員月支薪粮
銀伍拾兩辦公費銀壹百伍拾兩凡帮辦營務管理帳目軍
裝書醫工匠等薪粮並置辦旂幟號補各費在内共月支銀
貳百兩不扣建自同治陸年正月初壹日接支起截至柒年
拾貳月底止連閏計貳拾伍個月應共支薪費湘平銀伍千

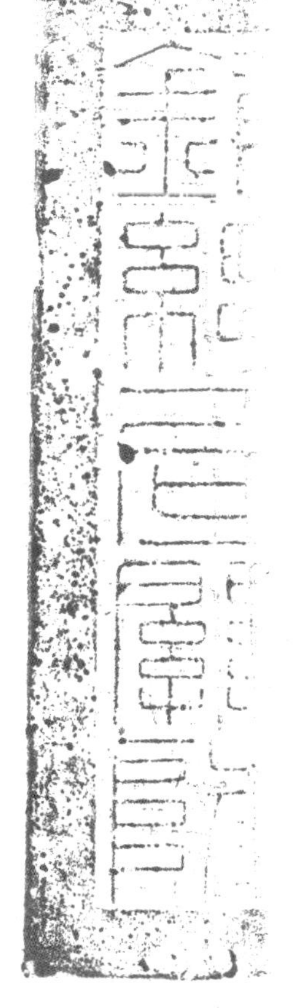

兩哨官肆員每員日支銀叁錢哨長肆名每名日支銀貳錢
什長叁拾捌名每名日支銀壹錢陸分親兵護勇共捌拾名
每名日支銀壹錢伍分正勇叁百叁拾陸名每名日支銀壹
錢肆分伙勇肆拾貳名每名日支銀壹錢壹分長夫壹百捌
拾名每名日支銀壹錢共日支銀捌拾玖兩柒錢肆分計自
同治陸年正月初壹日接支起截至柒年拾貳月底止扣除
小建拾叁日計柒百叁拾柒日應共支薪粮湘平銀陸萬陸
千壹百叁拾捌兩叁錢捌分以上薪費口粮共
應支湘平銀柒萬壹千壹百叁拾捌兩叁錢捌分內
寔放湘平銀陸萬捌千壹百肆拾伍兩陸錢玖厘貳毫玖忽
報効陸柒兩年分欠餉銀貳千玖百玖拾貳兩柒錢柒分柒毫
玖絲壹忽

一銘字右右營同治陸年貳月改為銘字親兵副營伍月改為
銘字右軍右營營帶官壹員哨官肆員勇丁伍百名長夫壹
百捌拾名內
營帶官壹員
記名簡放總兵周志本
查該員於同治陸年伍月初壹日給假離營改委叅將已遞
保提督姚天霖即日接帶
哨官肆員
補用游擊楊春芳
查該員於同治柒年陸月初壹日奉文離營改委都司邵駿
彪即日接哨
補用都司繆正義

查該員於同治柒年正月初壹日給假離營改委守備劉志

高即日接哨

補用守備王琹山

查該員於同治柒年陸月初壹日奉文離營改委都司馬勝

梅即日接哨

補用千總戴松林

查該員於同治陸年正月拾伍日在湖北打仗陣亡改委守

備金萬才即日接哨該員於柒年陸月初壹日給假離營改

委都司謝彪即日接哨

哨長肆名

什長叁拾捌名

親兵陸拾名

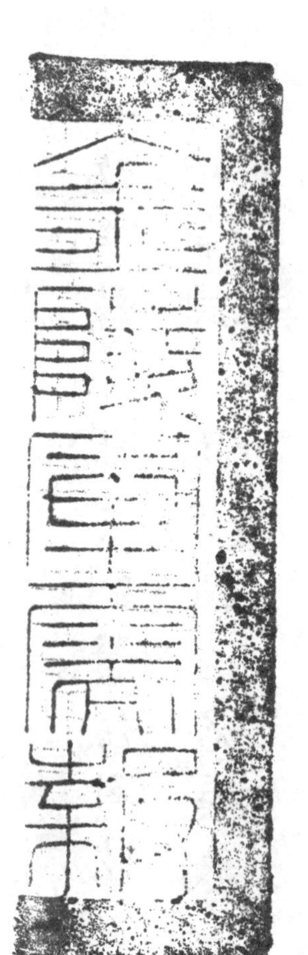

護勇貳拾名
正勇叁百叁拾陸名
伙勇肆拾貳名
長夫壹百捌拾名
以上銘字右右營改為銘字右軍右營管帶官壹員月支薪粮銀伍拾兩辦公費銀壹百伍拾兩凡帮辦營務管理帳目軍裝書醫工匠等薪粮並置辦旂幟號補各費在内共月支銀貳百兩不扣建自同治陸年正月初壹日接支起截至柒年拾貳月底止連閏計貳拾伍個月應共支薪費湘平銀伍千兩哨官肆員每員日支銀叁錢哨長肆名每名日支銀貳錢什長叁拾捌名每名日支銀壹錢陸分親兵護勇共捌拾名每名日支銀壹錢伍分正勇叁百叁拾陸名每名日支銀壹

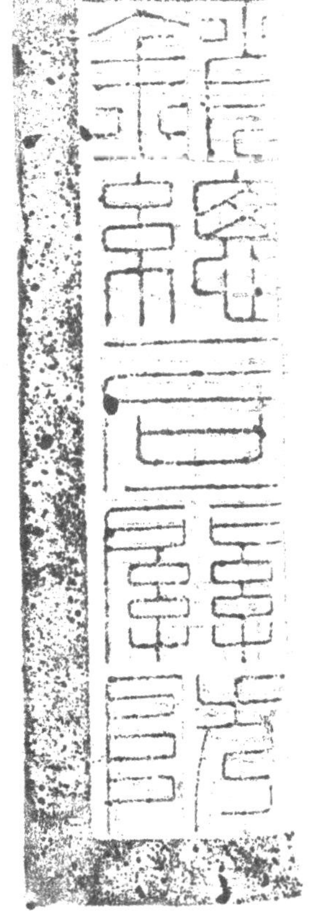

錢肆分伙勇肆拾貳名每名日支銀壹錢壹分長夫壹百捌拾名每名日支銀壹錢共日支銀捌拾玖兩柒錢肆分計自同治陸年正月初壹日接支起截至柒年拾貳月底止扣除小建拾叁日計柒百叁拾柒日應共支薪粮湘平銀陸萬陸千壹百叁拾捌兩叁錢捌分以上薪費口粮共

應支湘平銀柒萬壹千壹百叁拾捌兩叁錢捌分内

寔放湘平銀陸萬捌千壹百肆拾伍兩陸錢玖厘貳毫玖忽

報効陸柒兩年分欠餉銀貳千玖百玖拾貳兩柒錢柒分柒毫玖絲壹忽

一銘字原立馬隊壹哨哨官壹員勇丁陸拾壹名馬夫叁拾名内

哨官壹員

補用守備張勝琦
查該員於同治陸年拾貳月初壹日給假離營改委千總趙
春錦即日接哨
哨長壹名
什長陸名
馬勇伍拾肆名
馬夫叁拾名
馬陸拾貳匹
以上銘字馬隊壹哨哨官壹員日支銀肆錢哨長壹名日支銀
叁錢什長陸名每名日支銀貳錢柒分馬勇伍拾肆名每名
日支銀貳錢伍分馬夫叁拾名每名日支銀壹錢共日支銀
拾捌兩捌錢貳分哨勇馬乾在內自同治陸年正月初壹日

接支起截至柒年拾貳月底止連閏計貳拾伍個月扣除小
建拾叁日計柒百叁拾柒日薪粮馬乾共
實放湘平銀壹萬叁千捌百柒拾兩叁錢肆分
一銘字先鋒馬隊正營同治柒年捌月改為銘字先鋒馬隊後
營營帶官壹員幫辦肆員哨官伍員書識獸醫勇丁叁百肆
拾捌名馬夫長夫壹百叁名内
營帶官壹員
補用副將陳振邦
查該員於同治陸年貳月初壹日奉委分統銘字各營馬隊
兼帶馬隊正營柒年叁月貳拾日打仗陣亡改委守備鄧長
安即日接管專帶馬隊正營另奉委派提督陳鳳樓與都司
王保勝會同分統銘字各營馬隊該貳員仍兼帶原營

帮辦肆員

前安徽候補知縣談爕和

查該員於同治柒年叁月初壹日奉文離營改委衛千總王福年即日接辦該員於是年拾壹月初壹日給假離營改委千總鄧懷仁即日接辦

補用游擊夏萬勝

查該員於同治陸年正月初壹日奉文離營改委都司張國棟即日接辦該員於柒年正月初壹日奉文離營改委把總張恒發即日接辦

州判銜張文俊

查該員於同治陸年貳月初壹日給假離營改委選用從九品已保主簿單錦敷即日接辦

廪生秦炳斗

查該員於同治陸年貳月初壹日給假離營改委選用從九品童景春即日接辦該員於柒年叁月初壹日奉文離營改委從九品銜李國佐即日接辦

哨官伍員

補用游擊向日傾

查該員於同治陸年正月初壹日給假離營改委千總已遞保游擊張永標即日接哨

補用都司已遞保參將陳鳳樓

查該員於同治陸年貳月初壹日調營卸事改委守備任之軒即日接哨該員於柒年叁月初壹日給假離營改委千總范天貴即日接哨

補用守備王鳳如

查該員於同治陸年拾貳月初壹日給假離營改委把總謝大勳即日接哨該員於柒年拾月初壹日給假離營改委千總房德成即日接哨

補用守備吉玉成

查該員於同治陸年正月拾陸日調營卸事改委守備范志章即日接哨該員於柒年陸月初壹日給假離營改委千總李太平即日接哨

補用把總蕭建勳

查該員於同治陸年拾月初壹日給假離營改委千總李東亮即日接哨

書識陸名

獸醫貳名
督隊拾名
哨長貳拾名
什長貳名
馬勇貳百肆拾名
親兵拾捌名
護勇貳拾名
伙勇叁拾名
馬夫肆拾肆名
長夫伍拾玖名
馬叁百肆匹
以上銘字先鋒馬隊正營改爲銘字先鋒馬隊後營營帶官壹

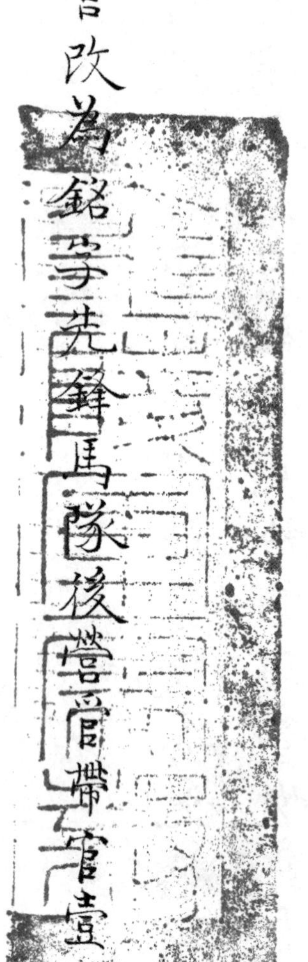

員月支薪粮銀伍拾兩辦公費銀壹百兩凡鉄匠口粮並置
辦旂幟等項各費在内哨官伍員每員月支銀貳拾兩幫辦
肆員每員月支銀拾陸兩共月支銀叁百拾肆兩均不扣建
自同治陸年正月初壹日接支起截至柒年拾貳月底止連
閏計貳拾伍個月應共支薪費馬乾湘平銀柒千捌百伍拾
兩書識陸名每名日支銀貳錢獸醫督隊共拾貳名每名日
支銀叁錢哨長貳拾名每名日支銀叁錢陸分什長貳名每
名日支銀貳錢伍分馬勇親兵共貳百伍拾捌名每名日支
銀貳錢肆分護勇貳拾名每名日支銀壹錢伍分伙勇叁拾
名每名日支銀壹錢壹分馬夫長夫共壹百叁名每名日支
銀壹錢共日支銀玖拾壹兩貳分自同治陸年正月初壹日
接支起截至柒年拾貳月底止扣除小建拾叁日計柒百叁

拾柒日應共支口粮馬乾湘平銀陸萬柒千捌拾壹兩柒錢

肆分兩共

應支薪費口粮馬乾湘平銀柒萬肆千玖百叁拾壹兩柒錢肆

分

前項營帶官壹員於同治陸年貳月初壹日起奉委分統銘字

各營馬隊月支薪粮公費銀壹百兩加夫拾名每名日支銀

壹錢共日支銀壹兩截至柒年拾貳月底止薪費連閏貳拾

肆個月餘項扣除小建拾貳日計柒百捌日內柒年叁月貳

拾壹日起由陳鳳樓與王保勝會同分統即歸該貳員各半

支給並無增減共

應支薪費口粮湘平銀叁千壹百捌兩

前項額馬內該營按月領補馬捌匹自同治陸年正月初壹日

接支起截至柒年拾貳月底止連閏計貳拾伍個月應補馬貳百匹每匹給價銀拾叁兩伍錢共

應支馬價湘平銀貳千柒百兩

以上銘字先鋒馬隊正營改為銘字先鋒馬隊後營薪費口糧草乾倒補馬價等項共

寔放湘平銀捌萬柒百叁拾玖兩柒錢肆分

一銘字先鋒馬隊左營營帶官壹員幫辦貳員哨官肆員書識獸醫勇丁叁百拾伍名馬夫長夫捌拾玖名內

營帶官壹員

補用千總已保都司張佩芝

查該員於同治陸年正月拾陸日調營帥事改委守備吉玉

成即日接帶該員於柒年柒月初壹日奉文帥事改委游擊

王鳳彩即日接帶

帮辦貳員

舉人陳允孚

查該員於同治陸年正月拾伍日在湖北陣亡改委候選巡

檢夏承富即日接辦

補用千總陳曉峯

查該員於同治陸年拾月初壹日奉文離營改委千總方春

蘭即日接辦

哨官肆員

補用千總張仲三

查該員於同治陸年叁月初壹日給假離營改委都司陳朝

樞即日接哨

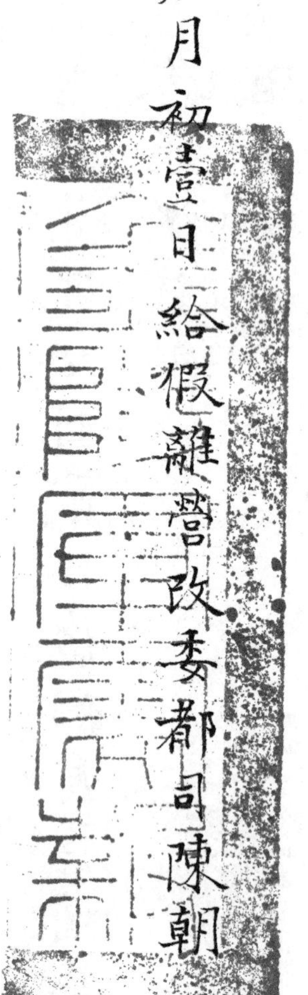

補用千總已遞保游擊王鳳彩
查該員於同治柒年柒月初壹日奉調本營幫帶改委游擊
蒯鴻貴即日接哨
補用千總祁殿元
查該員於同治柒年伍月初壹日給假離營改委五品軍功
王文岐即日接哨
補用把總謝大勳
查該員於同治陸年拾貳月初壹日調營卸事改委千總陳
萬年即日接哨
書識伍名
獸醫貳名
督隊伍名

哨長貳拾名
馬勇貳百肆拾名
護勇拾陸名
伙勇貳拾柒名
馬夫肆拾肆名
長夫肆拾伍名
馬貳百柒拾陸匹
以上銘字先鋒馬隊左營管帶官壹員月支薪糧銀伍拾兩辦
公費銀壹百兩凡鉄匠口糧並置辦旂幟等項各費在内哨
官肆員每員月支銀貳拾兩帮辦貳員每員月支銀拾陸兩
共月支銀貳百陸拾貳兩不扣建自同治陸年正月初壹日
接支起截至柒年拾貳月底止連閏計貳拾伍個月應共支

薪費馬乾湘平銀陸千伍百伍拾兩書識伍名每名日支銀
貳錢獸醫督隊共柒名每名日支銀叁錢哨長貳拾名每名
日支銀叁錢陸分馬勇貳百肆拾名每名日支銀貳錢肆分
護勇拾陸名每名日支銀壹錢伍分伙勇貳拾柒名每名日
支銀壹錢壹分馬夫長夫共捌拾玖名每名日支銀壹錢共
日支銀捌拾貳兩壹錢柒分自同治陸年正月初壹日接支
起截至柒年拾貳月底止扣除小建拾叁日計柒百叁拾柒
日應共支口糧馬乾湘平銀陸萬伍百伍拾玖兩貳錢玖分
貳共

應支薪費口糧馬乾湘平銀陸萬柒千壹百玖兩貳錢玖分

前項額馬内該營按月領補馬捌匹自同治陸年正月初壹日
接支起截至柒年拾貳月底止連閏計貳拾伍個月應補馬

貳百匹每匹給價銀拾叁兩伍錢共

應支馬價湘平銀貳千柒百兩

以上銘字先鋒馬隊左營薪費口粮草乾倒補馬價等項共

實放湘平銀陸萬玖千捌百玖兩貳錢玖分

一銘字先鋒馬隊右營同治陸年拾月改爲銘字馬隊副中營

管帶官壹員幫辦貳員哨官肆員書識獸醫勇丁叁百拾伍

名馬夫長夫捌拾玖名内

營帶官壹員

補用游擊章高元

查該員於同治陸年貳月初壹日奉文卸事改委參將已遵

保提督陳鳳樓即日接帶

幫辦貳員

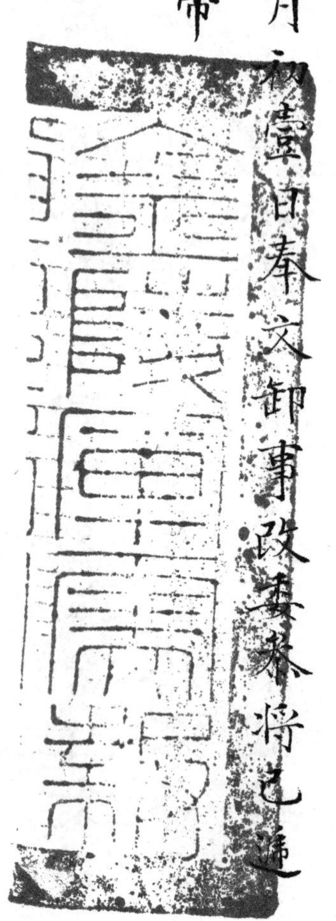

河南候補府經歷已保知縣秦

補用守備胡德洪

查該員於同治陸年正月拾陸日調營卸事改委千總趙金海即日接辦

哨官肆員

補用守備李如貴

查該員於同治陸年貳月初壹日奉文離營改委軍功鄧長安即日接哨該員於是年拾壹月拾陸日調營卸事改委千總傅光明即日接哨

補用千總已遞保游擊蔣尚寬

補用外委沙振清

查該員於同治陸年正月初壹日奉文離營改委把總陳萬

金即日接哨該員於柒年捌月初壹日給假離營改委把總

陳啟明即日接哨

五品軍功富占元

查該員於同治陸年叁月初壹日給假離營改委千總高夢

蓮即日接哨

書識伍名

獸醫貳名

督隊伍名

哨長貳拾名

馬勇貳百肆拾名

護勇拾陸名

伙勇貳拾柒名

馬夫肆拾肆名
長夫肆拾伍名
馬貳百柒拾陸匹
以上銘字先鋒馬隊右營改為銘字馬隊副中營營帶官壹員
月支薪粮銀伍拾兩辦公費銀壹百兩凡鉄匠口粮並置辦
旂幟等項各費在内哨官肆員每員月支銀貳拾兩帮辦貳
員每員月支銀拾陸兩共月支銀貳百陸拾貳兩不扣建自
同治陸年正月初壹日接支起截至柒年拾貳月底止連閏
計貳拾伍個月應共支薪費馬乾湘平銀陸千伍百伍拾兩
書識伍名每名日支銀貳錢獸醫督隊共柒名每名日支銀
叁錢哨長貳拾名每名日支銀叁錢陸分馬勇貳百肆拾名
每名日支銀貳錢肆分護勇拾陸名每名日支銀壹錢伍分

伙勇貳拾柒名每名日支銀壹錢壹分馬夫長夫共捌拾玖名每名日支銀壹錢共日支銀捌拾貳兩壹錢柒分自同治陸年正月初壹日接支起截至柒年拾貳月底止扣除小建拾叁日計柒百叁拾柒日應共支口粮馬乾湘平銀陸萬伍百伍拾玖兩貳錢玖分貳共

應支薪費口粮馬乾湘平銀陸萬柒千壹百玖兩貳錢玖分

前項額馬內該營按月領補馬捌匹自同治陸年正月初壹日接支起截至柒年拾貳月底止連閏計貳拾伍個月應補馬貳百匹每匹給價銀拾叁兩伍錢共

應支馬價湘平銀貳千柒百兩

以上銘字先鋒馬隊右營改為銘字馬隊副中營薪費口粮草乾倒補馬價等項共

實放湘平銀陸萬玖千捌百玖兩貳錢玖分

一新立銘字馬隊新副營管帶官壹員幫辦貳員哨官肆員書

識獸醫勇丁叁百拾伍名馬長夫捌拾玖名內

管帶官壹員

軍功已保守備鄧長安

幫辦貳員

軍功已保游擊銜千總潘貴升

軍功戴金標

哨官肆員

軍功鄧懷仁　盧金輝　尹其端　鈕宏章

書識伍名

獸醫貳名

督隊伍名
哨長貳拾名
馬勇貳百肆拾名
護勇拾陸名
伙勇貳拾柒名
馬夫肆拾肆名
長夫肆拾伍名
馬貳百柒拾陸匹
以上銘字馬隊新副營管帶官壹員月支薪粮銀伍拾兩辦公
費銀壹百兩凡鉄匠口粮並置辦旂幟等項各費在内哨官
肆員每員月支銀貳拾兩帮辦貳員每員月支銀拾陸兩共
月支銀貳百陸拾貳兩不扣建自同治陸年拾壹月拾陸日

開支起至柒年叁月初壹該營裁撤前壹日止計叁個半月
應共支薪費馬乾湘平銀玖百拾柒兩書識伍名每名日支
銀貳錢獸醫督隊共柒名每名日支銀叁錢哨長貳拾名每
名日支銀叁錢陸分馬勇貳百肆拾名每名日支銀貳錢肆
分護勇拾陸名每名日支銀壹錢伍分伙勇貳拾柒名每名
日支銀壹錢壹分馬夫長夫共捌拾玖名每名日支銀壹錢
共日支銀捌拾貳兩壹錢柒分自同治陸年拾壹月拾陸日
開支起至柒年叁月初壹該營裁撤前壹日止扣除小建壹
日計壹百肆日應共支口粮馬乾湘平銀捌千伍百肆拾伍
兩陸錢捌分兩共
應支薪費口粮馬乾湘平銀玖千肆百陸拾貳兩陸錢捌分
前項額馬内該營按月領補馬捌匹自同治陸年拾壹月拾陸

日開支起至柒年叁月初壹該營裁撤前壹日止計叁個半
月應補馬貳拾捌匹每匹給價銀拾叁兩伍錢共
應支馬價湘平銀叁百柒拾捌兩
以上銘字馬隊新副營薪費口粮草乾倒補馬價總共
實放湘平銀玖千捌百肆拾兩陸錢捌分
一新立銘軍營務處馬小隊叁哨管帶官壹員哨官伍員勇丁
壹百陸拾捌名馬夫叁拾名内
管帶官壹員
記名總兵駱國忠
正哨官貳員
補用游擊張　悦
補用都司丁大斌

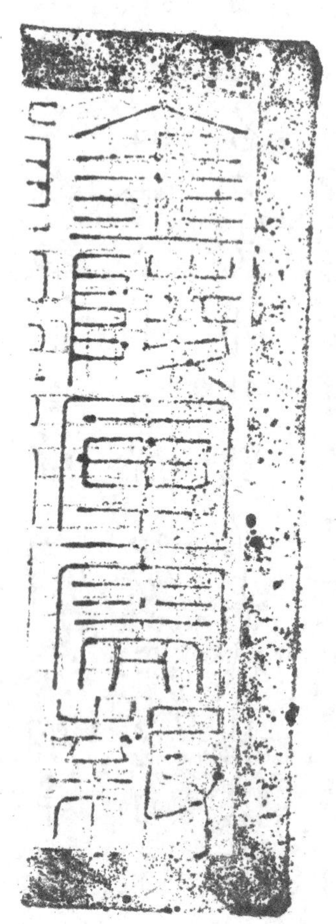

查該員於同治柒年玖月初壹日奉文裁撤

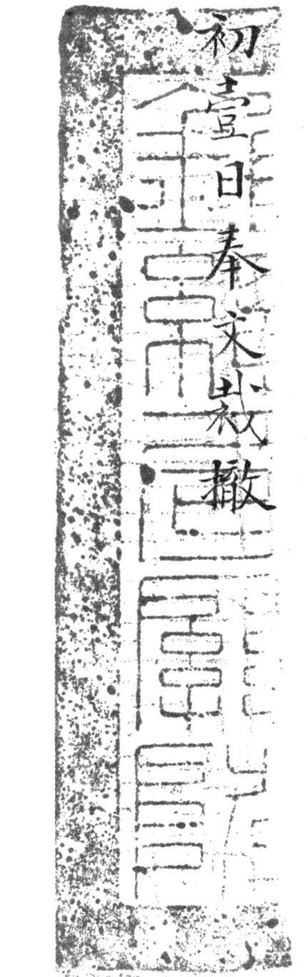

副哨官叁員

補用守備趙宗德

查該員於同治柒年玖月初壹日奉文裁撤

補用千總邱景謙

補用把總馮善述

什長拾伍名

馬勇壹百叁拾伍名

伙勇拾捌名

馬夫叁拾名

馬壹百陸拾肆匹

以上銘軍營務處馬小隊叁哨營帶官壹員月支薪粮銀叁拾

兩辦公費銀陸拾兩正哨官貳員每員月支銀拾捌兩副哨
官叁員每員月支銀拾伍兩共月支銀壹百柒拾壹兩不扣
建自同治陸年貳月初壹日募立開支起至柒年玖月初壹
開除前壹日止連閏計貳拾個月應共支薪費馬乾湘平銀
叁千肆百貳拾兩什長拾伍名每名日支銀貳錢陸分馬勇
壹百叁拾伍名每名日支銀貳錢肆分伙勇拾捌名每名日
支銀壹錢壹分馬夫叁拾名每名日支銀壹錢共日支銀肆
拾壹兩貳錢捌分自同治陸年貳月初壹日募立開支起至
柒年玖月初壹開除前壹日止扣除小建拾日計伍百玖拾
日應共支口糧馬乾湘平銀貳萬肆千叁百伍拾伍兩貳錢

兩共

應支薪費口糧馬乾湘平銀貳萬柒千柒百柒拾伍兩貳錢

前項官弁勇夫内裁撤壹哨外寔存营帶官壹員仍月支薪粮銀叁拾兩辦公費銀肆拾兩正哨官壹員副哨官貳員均照前数支給共月支銀壹百拾捌兩自柒年玖月初壹日起截至是年拾貳月底止計肆個月應共支薪費馬乾湘平銀肆百柒拾貳兩什長拾名馬勇玖拾名伙勇拾貳名馬夫貳拾名均照前数支給共日支銀貳拾柒兩伍錢貳分自柒年玖月初壹日起截至是年拾貳月底止扣除小建貳日計壹百拾捌日應共支口粮馬乾湘平銀叁千貳百肆拾柒兩叁錢陸分兩共

應支薪費口粮馬乾湘平銀叁千柒百拾玖兩叁錢陸分

以上銘軍營務處馬小隊薪費口粮馬乾総共

實放湘平銀叁萬壹千肆百玖拾肆兩伍錢陸分

以上銘字馬步貳拾貳營伍哨薪費口粮馬乾倒補馬價総共應支湘平銀壹百伍拾伍萬陸千玖百叁拾肆兩柒錢伍分內實放湘平銀壹百伍拾萬壹千貳百拾玖兩壹錢貳分柒厘肆毫叁忽

報効陸柒兩年分欠餉銀伍萬伍千柒百拾伍兩陸錢貳分貳厘伍毫玖絲柒忽

查前項各營壯勇內有傷亡等項事故均係隨時募補並無空曠日期所有報効欠餉業經彙案

奏請廣額在案理合登明

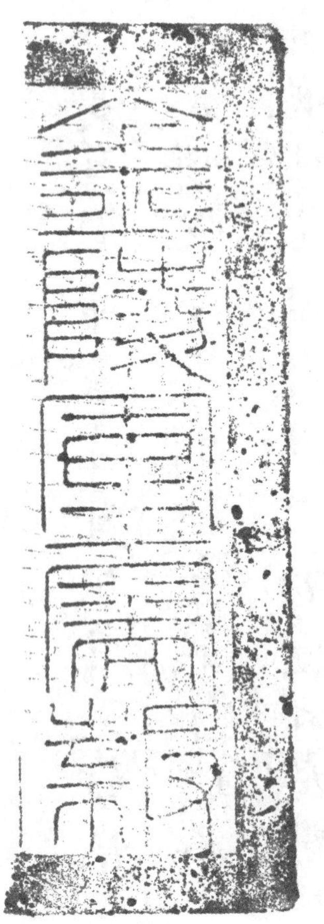

一統領樹字馬步全軍官壹員
記名提督劉克仁
查該員於同治陸年貳月拾伍日奉文卸事改調　記名總
兵張樹屏即日接統
以上統領官壹員月支薪粮公費銀壹百兩不扣建加夫拾名
每名日支銀壹錢共日支銀壹兩自同治陸年正月初壹日
接支起至是年叁月底樹字原續馬步隊內分撥陸營歸提
督劉銘傳節制止薪費叁個月餘項扣除小建貳日計捌拾
捌日應支薪費口粮共
寔放湘平銀叁百捌拾捌兩
一樹字正營並洋鎗壹哨砲勇貳隊管帶官壹員哨官肆員勇
丁陸百貳拾名長夫貳百貳名內

統領蕪營帶官壹員

記名提督劉克仁

查該員於同治陸年貳月拾伍日奉文卸事改調　記名總

兵張樹屏即日接帶

哨官肆員

補用副將王金奉　王孝理

補用遊擊衛永臣

查該叁員均於同治陸年叁月初壹日奉文離營改委參將

已保副將王鳳鳴遊擊已保參將潘炳文都司已保遊擊徐

文科即日接哨

補用都司已保參將劉邦盛

樹字正營

哨長肆名
什長叁拾捌名
親兵陸拾名
護勇貳拾名
正勇叁百叁拾陸名
伙勇肆拾貳名
長夫壹百捌拾名
洋鎗壹哨
什長捌名
正勇捌拾名
伙勇捌名
長夫拾陸名

砲勇貳隊

什長貳名

正勇貳拾名

伙勇貳名

長夫陸名

以上樹字正營管帶官壹員月支薪粮銀伍拾兩辦公費銀壹百伍拾兩凡帮辦營務管理帳目軍装書醫工匠等薪粮並置辦旂幟號補各費在内共月支銀貳百兩不扣建自同治陸年正月初壹日接支起截至柒年拾貳月初壹裁撤前壹日止連閏計貳拾肆個月應共支薪費湘平銀肆千捌百兩

哨官肆員每員日支銀叁錢哨長肆名每名日支銀貳錢什長共肆拾捌名每名日支銀壹錢陸分親兵護勇共捌拾名

每名日支銀壹錢伍分正勇共肆百叁拾陸名每名日支銀壹錢肆分伙勇共伍拾貳名每名日支銀壹錢壹分長夫貳百貳名每名日支銀壹錢共日支銀壹百捌兩陸錢肆分自同治陸年正月初壹日接支起至是年肆月初壹開除前壹日止計叁個月扣除小建貳日計捌拾捌日應共支薪粮湘平銀玖千伍百陸拾兩叁錢貳分共

應支薪費口粮湘平銀壹萬肆千叁百陸拾兩叁錢貳分

前項勇夫内撥入樹字副營洋鎗壹哨計勇夫壹百拾貳名外寔存哨官肆員哨長肆名什長肆拾名親兵陸拾名又砲勇改為親兵貳拾名護勇貳拾名正勇叁百叁拾陸名伙勇肆拾肆名長夫壹百捌拾陸名均仍照前數支給共日支銀玖拾叁兩捌錢捌分自陸年肆月初壹日起截至柒年拾貳月

初壹裁撤前壹日止連閏貳拾壹個月扣除小建拾日計陸百貳拾日共

應支薪粮湘平銀伍萬捌千貳百伍兩陸錢

以上樹字正營薪費口粮總共

寔放湘平銀柒萬貳千伍百陸拾伍兩玖錢貳分

一樹字副營管帶官壹員哨官肆員勇丁伍百名長夫壹百捌拾名内除潰亡汰弱哨官貳員勇丁壹百玖拾名長夫肆拾名外另由樹字後營撥入哨官壹員勇丁壹百柒名長夫貳拾貳名寔共管帶官壹員哨官叁員勇丁肆百拾柒名長夫壹百陸拾貳名内

管帶官壹員

記名總兵張樹屏

查該員於同治陸年貳月拾伍日調營卸事改委副將衛天

成即日接帶

哨官叁員

補用參將粟萬和　沈義輔

補用遊擊朱廷棟

查該叁員均於同治陸年叁月初壹日奉文離營改委遊擊

已保參將淩邦華守備已保都司王明月守備林成興即日

接哨

樹字副營叁哨

哨長叁名

什長貳拾肆名

護勇拾伍名

勇丁貳百伍拾貳名

伙勇貳拾柒名

長夫壹百肆拾肆名

親兵捌棚

什長捌名

親兵捌拾名

伙勇捌名

長夫拾捌名

以上樹字副營管帶官壹員月支薪粮銀伍拾兩辦公費銀壹百伍拾兩凡幫辦營務管理帳目軍裝書醫工匠等薪粮並置辦旂幟號補各費在内共月支銀貳百兩不扣建自同治陸年正月初壹日接支起截至柒年拾貳月初壹裁撤前壹

日止連閏計貳拾肆個月應共支薪費湘平銀肆千捌百兩哨官叁員每員日支銀叁錢哨長叁名每名日支銀貳錢什長共叁拾貳名每名日支銀壹錢陸分護勇親兵共玖拾伍名每名日支銀壹錢伍分正勇貳百伍拾貳名每名日支銀壹錢肆分伙勇共叁拾伍名每名日支銀壹錢壹分長夫共壹百陸拾貳名每名日支銀壹錢共日支銀柒拾陸兩貳錢自同治陸年正月初壹日接支起至肆月初壹增添哨勇前壹日止計叁個月扣除小建貳日計捌拾捌日應共支薪糧湘平銀陸千柒百伍兩陸錢貳共

應支薪費口糧湘平銀壹萬壹千伍百伍兩陸錢

前項哨勇內新添哨官守備汪萊應壹員哨長壹名護勇伍名正勇肆名伙勇壹名長夫陸名又由樹字正營撥入什長捌

名正勇捌拾名伙勇捌名長夫拾陸名連前共計哨官肆員哨長肆名什長肆拾名護勇親兵共壹百名正勇叁百叁拾陸名伙勇肆拾肆名長夫壹百捌拾肆名均仍照前數支給共日支銀玖拾叁兩陸錢捌分自陸年肆月初壹日起截至柒年拾貳月初壹裁撤前壹日止連閏計貳拾壹個月扣除小建拾日計陸百貳拾日共

應支薪粮湘平銀伍萬捌千捌拾壹兩陸錢

以上樹字副營薪費口粮總共

寔放湘平銀陸萬玖千伍百捌拾柒兩貳錢

一樹字左營營帶官壹員哨官肆員勇丁伍百名長夫壹百捌拾名內

營帶官壹員

記名總兵王得勝
哨官肆員
補用叅將已保副將楊世忠
補用遊擊楊有貴
查該員於同治陸年拾壹月初壹日給假離營改委守備已
保都司卞高槐即日接哨
補用遊擊已保叅將張千功
補用千總已保都司何正宗
哨長肆名
什長叁拾捌名
親兵陸拾名
護勇貳拾名

正勇叁百叁拾陸名
伙勇肆拾貳名
長夫壹百捌拾名
以上樹字左營管帶官壹員月支薪粮銀伍拾兩辦公費銀壹百伍拾兩凡帮辦營務管理帳目軍裝書醫工匠等薪粮並置辦旂幟號補各費在内共月支銀貳百兩不扣建自同治陸年正月初壹日接支起截至柒年拾貳月初壹裁撤前壹日止連閏計貳拾肆個月應共支薪費湘平銀肆千捌百兩哨官肆員每員日支銀叁錢哨長肆名每名日支銀貳錢什長叁拾捌名每名日支銀壹錢陸分親兵護勇共捌拾名每名日支銀壹錢伍分正勇叁百叁拾陸名每名日支銀壹錢肆分伙勇肆拾貳名每名日支銀壹錢壹分長夫壹百捌拾

名每名日支銀壹錢共日支銀捌拾玖兩柒錢肆分自同治
陸年正月初壹日接支起截至柒年拾貳月初壹裁撤前壹
日止扣除小建拾貳日計柒百捌日應共支薪粮湘平銀陸
萬叁千伍百叁拾伍兩玖錢貳分以上薪費口粮共
寔放湘平銀陸萬捌千叁百叁拾伍兩玖錢貳分
一樹字右營同治陸年玖月改為銘字洋砲後營拾月改為銘
字親兵營柒年柒月改為銘字洋砲營管帶官壹員哨官肆
員勇丁伍百名長夫壹百捌拾名內
管帶官壹員
記名總兵董大義
查該員於同治陸年拾月初壹日奉文卸事改委副將已保
總兵章高元即日接帶柒年拾月初壹日調營卸事改委都

司劉朝虎即日接帶

哨官肆員

補用叅將董履貞

查該員於同治陸年拾貳月初壹日奉文離營改委叅將已

保副將劉盛楓即日接哨

補用叅將王維剛

查該員於同治陸年貳月初壹日給假離營改委千總胡正

鵬即日接哨該員於柒年貳月初壹日奉文離營改委守備

陳彭壽即日接哨

補用叅將朱連甲

查該員於同治柒年柒月初壹日奉文離營改委遊擊潘萬

才即日接哨

補用守備俞恩魁
查該員於同治陸年肆月初壹日給假離營改委守備翁啓
珍即日接哨
哨長肆名
什長叁拾捌名
親兵陸拾名
護勇貳拾名
正勇叁百叁拾陸名
伙勇肆拾貳名
長夫壹百捌拾名
以上樹字右營改為銘字洋砲營管帶官壹員月支薪粮銀伍
拾兩辦公費銀壹百伍拾兩凡帮辦營務管理帳目軍裝書

醫工匠等薪粮並置辦旂幟號補各費在内共月支銀貳百兩不扣建自同治陸年正月初壹日接支起截至柒年拾貳月底止連閏計貳拾伍個月應共支薪費湘平銀伍千兩哨官肆員每員日支銀叁錢哨長肆名每名日支銀貳錢什長叁拾捌名每名日支銀壹錢陸分親兵護勇共捌拾名每名日支銀壹錢伍分正勇叁百叁拾陸名每名日支銀壹錢肆分伙勇肆拾貳名每名日支銀壹錢壹分長夫壹百捌拾名每名日支銀壹錢共日支銀捌拾玖兩柒錢肆分自同治陸年正月初壹日接支起截至柒年拾貳月底止扣除小建拾叁日計柒百叁拾柒日應共支薪粮湘平銀陸萬陸千壹百叁拾捌兩叁錢捌分以上薪費口粮共

應支湘平銀柒萬壹千壹百叁拾捌兩叁錢捌分

寔放湘平銀陸萬柒千玖百陸拾陸兩陸錢玖厘貳毫玖忽
報効陸柒兩年分欠餉銀叁千壹百柒拾壹兩柒錢柒分柒毫
玖絲壹忽
一樹字前營管帶官壹員哨官肆員勇丁伍百名長夫壹百捌
拾名内
管帶官壹員
記名提督劉克仁
查該員於同治陸年貳月拾伍日奉文卸事改委副將董大
鑑即日接帶該員於是年玖月初壹日奉文卸事改委副將
已進保提督聶士成即日接帶
哨官肆員
補用參將蘇得勝

查該員於同治陸年伍月初壹日奉文離營改委守備蔣士瀛即日接哨該員於是年拾月初壹日給假離營改委遊擊已保叅將周登魁即日接哨

補用叅將余思聰

查該員於同治柒年柒月初壹日給假離營改委遊擊已保叅將孫蔭槐即日接哨

補用遊擊劉克發

查該員於同治陸年拾月初壹日奉文離營改委把總已保千總張應求即日接哨

補用都司已保遊擊許朝珍

哨長肆名

什長叁拾捌名

親兵陸拾名
護勇貳拾名
正勇叁百叁拾陸名
伙勇肆拾貳名
長夫壹百捌拾名
以上樹字前營管帶官壹員月支薪粮銀伍拾兩辦公費銀壹百伍拾兩凡帮辦營務管理帳目軍裝書醫工匠等薪粮並置辦旂幟號補各費在内共月支銀貳百兩不扣建自同治陸年正月初壹日接支起截至柒年拾貳月底止連閏計貳拾伍個月應共支薪費湘平銀伍千兩哨官肆員每員日支銀叁錢哨長肆名每名日支銀貳錢什長叁拾捌名每名日支銀壹錢陸分親兵護勇共捌拾名每名日支銀壹錢伍分

正勇叁百叁拾陸名每名日支銀壹錢肆分伙勇肆拾貳名每名日支銀壹錢壹分長夫壹百捌拾名每名月支銀壹錢共日支銀捌拾玖兩柒錢肆分自同治陸年正月初壹日接支起截至柒年拾貳月底止扣除小建拾叁日計柒百叁拾柒日應共支薪粮湘平銀陸萬陸千壹百叁拾捌兩叁錢捌分以上薪費口粮共

應支湘平銀柒萬壹千壹百叁拾捌兩叁錢捌分內

寔放湘平銀陸萬陸千陸百叁拾肆兩陸錢壹分陸厘肆絲陸忽

報効陸柒兩年分欠餉銀肆千伍百叁兩柒錢陸分叁厘玖毫伍絲肆忽

一樹字後營並親軍壹哨營帶官壹員哨官伍員勇丁陸百柒

名長夫貳百貳名內除親軍壹哨計哨官壹員勇丁壹百柒名長夫貳拾貳名撥入樹字副營外實計哨官肆員勇丁伍百名長夫壹百捌拾名內

管帶官壹員

補用副將已遞保提督董明禮

哨官肆員

補用遊擊胡金洲

查該員於同治伍年陸月拾玖日遭風溺斃當委都司董學祥即日接哨該員於柒年叁月初壹日奉文離營改委千總已保守備王灼即日接哨

補用都司已保遊擊劉先科

補用守備張邦福

查該員於同治陸年柒月初壹日奉文離營改委守備已保
都司孫大文即日接哨
補用千總已保守備王安祥
哨長肆名
什長叁拾捌名
親兵陸拾名
護勇貳拾名
正勇叁百叁拾陸名
伙勇肆拾貳名
長夫壹百捌拾名
以上樹字後營管帶官壹員月支薪粮銀伍拾兩辦公費銀壹
百伍拾兩凡帮辦營務管理帳目軍裝書醫工匠等薪粮並

置辦旂幟號補各費在内共月支銀貳百兩不扣建自同治陸年正月初壹日接支起截至柒年拾貳月底止連閏計貳拾伍個月應共支薪費湘平銀伍千兩哨官肆員每員日支銀叁錢哨長肆名每名日支銀貳錢什長叁拾捌名每名日支銀壹錢陸分親兵護勇共捌拾名每名日支銀壹錢伍分正勇叁百叁拾陸名每名日支銀壹錢肆分伙勇肆拾貳名每名日支銀壹錢壹分長夫壹百捌拾名每名日支銀壹錢共日支銀捌拾玖兩柒錢肆分自同治陸年正月初壹日接支起截至柒年拾貳月底止扣除小建拾叁日計柒百叁拾柒日應共支薪粮湘平銀陸萬陸千壹百叁拾捌兩叁錢捌分以上薪費口粮共

應支湘平銀柒萬壹千壹百叁拾捌兩叁錢捌分内

寔放湘平銀陸萬陸千陸百叁拾肆兩陸錢壹分陸厘肆絲陸
忽
報効陸柒兩年分欠餉銀肆千伍百叁兩柒錢陸分叁厘玖毫
伍絲肆忽
以上樹字步隊陸營薪費口粮總共
應支湘平銀肆拾貳萬肆千貳百玖拾貳兩壹錢捌分內
寔放湘平銀肆拾壹萬貳千壹百拾貳兩捌錢捌分壹厘叁毫
壹忽
報効陸柒兩年分欠餉銀壹萬貳千壹百柒拾玖兩貳錢玖分
捌厘陸毫玖絲玖忽
查前項各營壯勇內有傷亡等項事故均係隨時募補並無空
曠日期所有報効欠餉業經彙案

奏請廣額在案理合登明

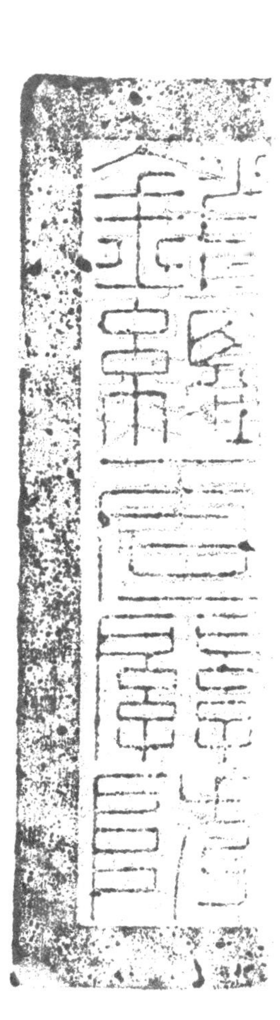

一統領盛傳馬步全軍官壹員

遇缺　題奏提督甘肅涼州鎮總兵周盛波

查該員於同治柒年捌月初壹日奉文卸事改調廣西右江

鎮總兵周盛傳即日接統

以上統領官壹員月支薪粮公費銀壹百兩不扣建加夫拾名

每名日支銀壹錢共日支銀壹兩自同治陸年正月初壹日

接支起至柒年叁月底止薪費拾伍個月餘項扣除小建柒

日計肆百肆拾叁日又自柒年肆月初壹日起月加薪費銀

壹百兩夫拾名每名日支銀壹錢連前共計月支銀貳百兩

加夫貳拾名共日支銀貳兩截至是年拾貳月底止薪費連

閏拾個月餘項扣除小建陸日計貳百玖拾肆日應支薪費

口粮兩共

㝎放湘平銀肆千伍百叁拾壹兩

一盛字正營並親軍壹哨營帶官壹員哨官伍員勇丁陸百柒名長夫貳百貳名内

統領兼營帶官壹員

遇缺　題奏提督甘肅涼州鎮總兵周盛波

查該員於同治柒年捌月初壹日奉文卸事改委補用參將周家泰即日接管專帶

哨官伍員

補用遊擊已保副將羅文東

補用遊擊韓永林

查該員於同治陸年拾貳月初壹日給假離營改委都司朱自發即日接哨

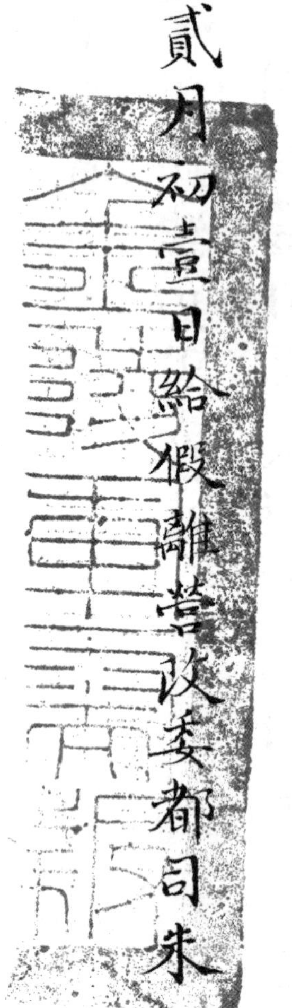

兩江補用都司已保叅將周家泰

查該員於同治柒年捌月初壹日奉調本營管帶改委都司

郭學海即日接哨

兩江補用都司葛勝林

查該員於同治柒年拾月初壹日給假離營改委守備王本

齊即日接哨

補用千總已保守備王文魁

盛字正營

哨長肆名

什長叁拾捌名

親兵陸拾名

護勇貳拾名

正勇叁百叁拾陸名
伙勇肆拾貳名
長夫壹百捌拾名
親軍壹哨
哨長壹名
什長捌名
護勇伍名
正勇捌拾肆名
伙勇玖名
長夫貳拾貳名
以上盛字正營管帶官壹員月支薪粮銀伍拾兩辦公費銀壹
百伍拾兩凡幫辦營務管理帳目軍裝書醫工匠等薪粮並

置辦旂幟號補各費在內共月支銀貳百兩不扣建自同治陸年正月初壹日接支起截至柒年拾貳月底止連閏計貳拾伍個月應共支薪費湘平銀伍千兩哨官伍員每員日支銀叁錢哨長共伍名每名日支銀貳錢什長共肆拾陸名每名日支銀壹錢陸分親兵護勇共捌拾伍名每名日支銀壹錢伍分正勇共肆百貳拾名每名日支銀壹錢肆分伙勇共伍拾壹名每名日支銀壹錢壹分長夫共貳百貳名每名日支銀壹錢共日支銀壹百柒兩貳錢貳分自同治陸年正月初壹日接支起截至柒年拾貳月底止扣除小建拾叁日計柒百叁拾柒日應共支薪粮銀柒萬玖千貳拾壹兩壹錢肆分以上薪費口粮共

應支湘平銀捌萬肆千貳拾壹兩壹錢肆分內

寔放湘平銀柒萬捌千伍拾伍兩肆錢玖分叁厘叁毫叁絲陸忽

寔欠發陸柒兩年分餉銀伍千玖百陸拾伍兩陸錢肆分陸厘陸毫陸絲肆忽

一盛字副營管帶官壹員哨官肆員勇丁伍百名長夫壹百捌拾名內

管帶官壹員

記名總兵已保提督楊正國

查該員於同治柒年陸月　奏請復姓歸宗王氏

哨官肆員

補用參將已保總兵朱雨珍

補用遊擊已保副將張廷璧

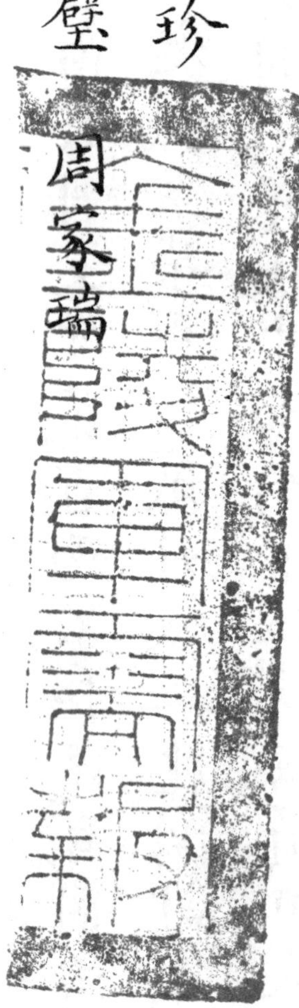

周家瑞

補用千總己保都司何本紹
哨長肆名
什長叁拾捌名
親兵陸拾名
護勇貳拾名
正勇叁百叁拾陸名
伙勇肆拾貳名
長夫壹百捌拾名
以上盛字副營管帶官壹員月支薪粮銀伍拾兩辦公費銀壹百伍拾兩凡帮辦營務管理帳目軍裝書醫工匠等薪粮並置辦旂幟號補各費在内共月支銀貳百兩不扣建自同治陸年正月初壹日接支起截至柒年拾貳月底止連閏計貳

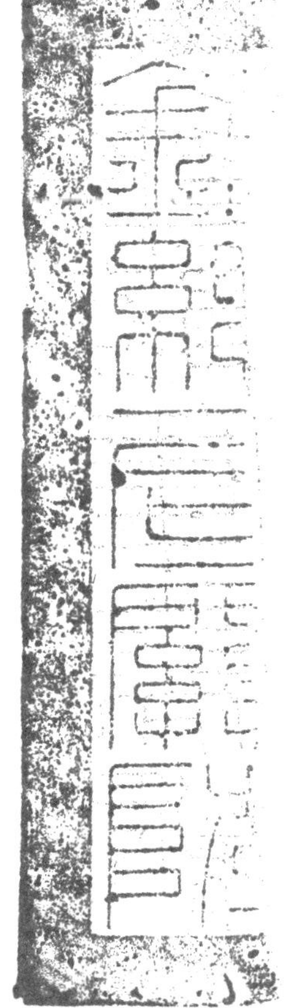

拾伍個月應共支薪費湘平銀伍千兩哨官肆員每員日支銀叁錢哨長肆名每名日支銀貳錢什長叁拾捌名每名日支銀壹錢陸分親兵護勇共捌拾名每名日支銀壹錢伍分正勇叁百叁拾陸名每名日支銀壹錢肆分伙勇肆拾貳名每名日支銀壹錢壹分長夫壹百捌拾名每名日支銀壹錢共日支銀捌拾玖兩柒錢肆分自同治陸年正月初壹日接支起截至柒年拾貳月底止扣除小建拾叁日計柒百叁拾柒日應共支薪糧湘平銀陸萬陸千壹百叁拾捌兩叁錢捌分貳共

應支薪費口糧湘平銀柒萬壹千壹百叁拾捌兩叁錢捌分

前項弁勇內添立中哨長矛拾隊計哨官把總朱福新壹員哨長壹名什長拾名護勇伍名正勇壹百名伙勇拾壹名長夫

貳拾肆名均照前數支給共日支銀貳拾兩肆錢陸分自陸
年伍月初壹日添立開支起截至柒年拾貳月底止連閏計
貳拾壹個月扣除小建拾日計陸百貳拾日共
應支薪粮湘平銀壹萬貳千陸百捌拾伍兩貳錢
以上盛字副營薪費口粮總共
應支湘平銀捌萬叁千捌百貳拾叁兩伍錢捌分內
寔放湘平銀柒萬陸千陸百叁兩壹錢壹分叁厘叁毫叁絲叁
忽
寔欠發陸柒兩年分餉銀柒千貳百貳拾兩肆錢陸分陸厘陸
毫陸絲柒忽
一盛字左營並親軍壹哨洋鎗親兵貳隊管帶官壹員哨官伍
員勇丁陸百叁拾壹名長夫貳百陸名內

管帶官壹員

記名總兵周壽昌

查該員於同治柒年肆月初壹日交卸管帶事務統帶盛字馬隊各營改委副將已保總兵汪丙炎即日接帶

哨官伍員

補用副將汪炳炎

查該員於同治柒年肆月初壹日奉委本營管帶改委遊擊已保叅將吳登科即日接哨

補用遊擊已保副將劉恒富

補用遊擊孫顯寅

查該員於同治陸年肆月初壹日調營卸事改委都司顧壽致即日接哨該員於柒年拾壹月初壹日給假離營改委守

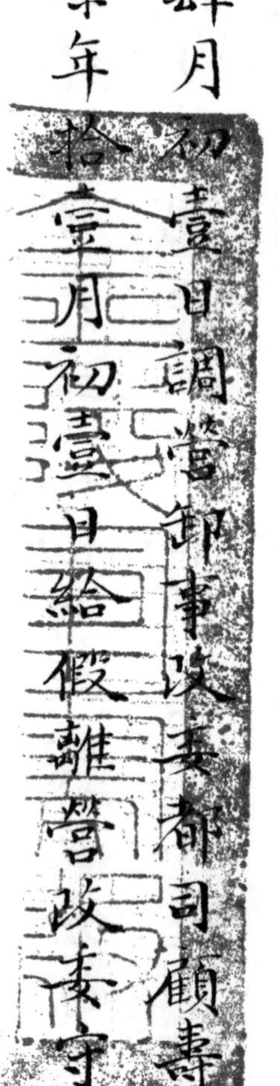

僃王世和即日接哨
補用遊擊已保副將湯義友
補用千總已保都司汪百昌
查該員於同治陸年玖月初肆日在海州阿湖鎮打仗陣亡
改委千總已保都司吴永發即日接哨

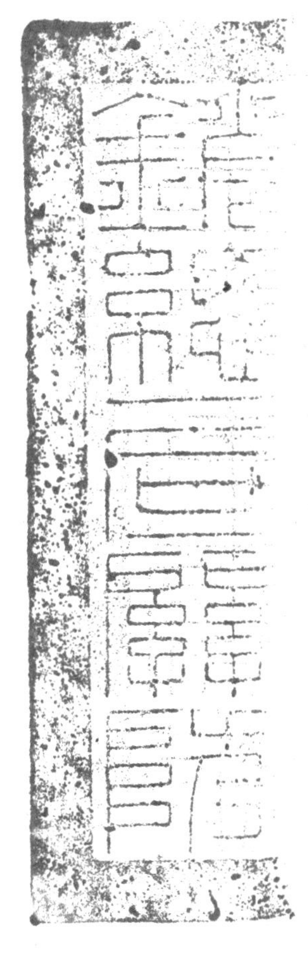

盛字左營
哨長肆名
什長叁拾捌名
親兵陸拾名
護勇貳拾名
正勇叁百叁拾陸名
伙勇肆拾貳名

長夫壹百捌拾名
親軍壹哨
哨長壹名
什長捌名
護勇伍名
正勇捌拾肆名
伙勇玖名
長夫貳拾貳名
洋鎗親兵貳隊
什長貳名
親兵貳拾名
伙勇貳名

長夫肆名

以上盛字左營管帶官壹員月支薪粮銀伍拾兩辦公費銀壹百伍拾兩凡帮辦營務管理帳目軍裝書醫工匠等薪粮並置辦旂幟號補各費在內共月支銀貳百兩不扣建自同治陸年正月初壹日接支起截至柒年拾貳月底止連閏計貳拾伍個月應共支薪費湘平銀伍千兩哨官伍員每員日支銀叁錢哨長共伍名每名日支銀貳錢什長共肆拾捌名每名日支銀壹錢陸分親兵護勇共壹百伍名每名日支銀壹錢伍分正勇共肆百貳拾名每名日支銀壹錢肆分伙勇共伍拾叁名每名日支銀壹錢壹分長夫共貳百陸名每名日支銀壹錢共日支銀壹百拾壹兩壹錢陸分自同治陸年正月初壹日接支起截至柒年拾貳月底止扣除小建拾叁日

計柒百叁拾柒日應共支薪粮湘平銀捌萬壹千玖百貳拾
肆兩玖錢貳分以上薪費口粮共
應支湘平銀捌萬陸千玖百貳拾肆兩玖錢貳分內
寔放湘平銀柒萬玖千壹百柒拾捌兩壹分叁厘叁毫叁絲叁忽
寔欠發陸柒兩年分餉銀柒千柒百肆拾陸兩玖錢陸厘陸毫
陸絲柒忽
一盛字右營並洋鎗親兵貳隊管帶官壹員哨官肆員勇丁伍
百貳拾肆名長夫壹百捌拾肆名內
管帶官壹員
記名總兵童邦傑
查該員於同治柒年拾月初壹日病假卸事改委叅將王春
臺即日接帶

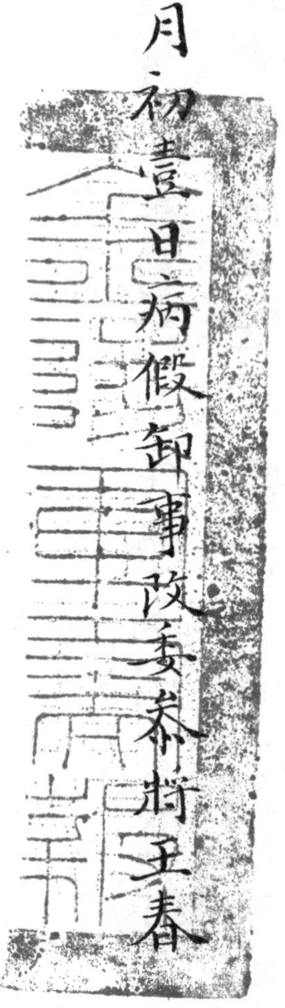

哨官肆員

補用都司已保叅將王春臺

查該員於同治柒年拾月初壹日奉委本營管帶改委総兵

周光貴即日接哨

補用守備楊永存

查該員於同治陸年柒月初壹日給假離營改委把総已保

守備戎開堯即日接哨

補用守備已保遊擊張學俊

補用把総陳懷喜

查該員於同治陸年伍月初壹日給假離營改委守備楊守

盛即日接哨該員於柒年柒月初壹日給假離營改委守備

黃金勝即日接哨

盛字石營

哨長肆名

什長叁拾捌名

親兵陸拾名

護勇貳拾名

正勇叁百叁拾陸名

伙勇肆拾貳名

長夫壹百捌拾名

洋鎗親兵貳隊

什長貳名

親兵貳拾名

伙勇貳名

長夫肆名
以上盛字右營管帶官壹員月支薪粮銀伍拾兩辦公費銀壹百伍拾兩凡帮辦營務管理帳目軍裝書醫工匠等薪粮並置辦旂幟號補各費在内共月支銀貳百兩不扣建自同治陸年正月初壹日接支起截至柒年拾貳月底止連閏計貳拾伍個月應共支薪費湘平銀伍千兩哨官肆員每員日支銀叁錢哨長肆名每名日支銀貳錢什長共肆拾名每名日支銀壹錢陸分親兵護勇共壹百名每名日支銀壹錢伍分正勇叁百叁拾陸名每名日支銀壹錢肆分伙勇共肆拾肆名每名日支銀壹錢壹分長夫共壹百捌拾肆名每名日支銀壹錢共日支銀玖拾叁兩陸錢捌分自同治陸年正月初壹日接支起截至柒年拾貳月底止扣除小建拾叁日計柒

百叁拾柒日應共支薪粮湘平銀陸萬玖千肆拾貳兩壹錢
陸分貳共
應支薪費口粮湘平銀柒萬肆千肆拾貳兩壹錢陸分
前項弁勇内添立開花砲隊壹哨計哨官都司陶應發壹員哨
長壹名什長捌名護勇伍名正勇捌拾肆名伙勇玖名長夫
貳拾貳名均照前数支給共日支銀拾柒兩肆錢捌分自陸
年肆月初壹日添立開支起截至柒年拾貳月底止連閏計
貳拾貳個月扣除小建拾壹日計陸百肆拾玖日共
應支薪粮湘平銀壹萬壹千叁百肆拾肆兩伍錢貳分
以上盛字右營薪費口粮總共
應支湘平銀捌萬伍千叁百捌拾陸兩陸錢捌分内
實放湘平銀捌萬柒拾玖兩伍錢柒分叁厘叁毫叁絲叁忽

寔欠癸陸柒兩年分餉銀伍千叁百柒兩壹錢陸厘陸毫陸絲
柒忽
一盛字前營管帶官壹員哨官肆員勇丁伍百名長夫壹百捌
拾名內
管帶官壹員
補用副將賈起勝
查該員於同治柒年拾貳月初壹日調營卸事改委副將姚
禮士即日接帶
哨官肆員
補用都司李有才
查該員於同治柒年拾月初壹日給假離營改委都司錢宏
章即日接哨

補用守備賈業青
查該員於同治陸年拾貳月初壹日給假離營改委叅將張
廷魁即日接哨
補用守備許文林
查該員於同治陸年玖月初壹日給假離營改委守備王維
新即日接哨
補用千總王志修
查該員於同治柒年玖月初壹日奉文離營改委遊擊嚴榮
盛即日接哨
哨長肆名
什長叁拾捌名
親兵陸拾名

護勇貳拾名

正勇叁百叁拾陸名

伙勇肆拾貳名

長夫壹百捌拾名

以上盛字前營管帶官壹員月支薪粮銀伍拾兩辦公費銀壹百伍拾兩凡帮辦營務管理帳目軍裝書醫工匠等薪粮並置辦旂幟號補各費在内共月支銀貳百兩不扣建自同治陸年正月初壹日接支起截至柒年拾貳月底止連閏計貳拾伍個月應共支薪費湘平銀伍千兩哨官肆員每員日支銀叁錢哨長肆名每名日支銀貳錢什長叁拾捌名每名日支銀壹錢陸分親兵護勇共捌拾名每名日支銀壹錢伍分正勇叁百叁拾陸名每名日支銀壹錢肆分伙勇肆拾貳名

每名日支銀壹錢壹分長夫壹百捌拾名每名日支銀壹錢共日支銀捌拾玖兩柒錢肆分自同治陸年正月初壹日接支起截至柒年拾貳月底止扣除小建拾叁日計柒百叁拾柒日應共支薪粮湘平銀陸萬陸千壹百叁拾捌兩叁錢捌分貳共

應支薪費口粮湘平銀柒萬壹千壹百叁拾捌兩叁錢捌分

前項弁勇內添立中哨長矛拾隊計哨官千總彭明選壹員哨長壹名什長拾名護勇伍名正勇壹百名伙勇拾壹名長夫貳拾肆名均照前數支給共日支銀貳拾兩肆錢陸分自陸年伍月初壹日添立開支起截至柒年拾貳月底止連閏計貳拾壹個月扣除小建拾日計陸百貳拾日共

應支薪粮湘平銀壹萬貳千陸百捌拾伍兩貳錢

以上盛字前營薪費口粮總共
應支湘平銀捌萬叁千捌百貳拾叁兩伍錢捌分内
寔放湘平銀柒萬陸千陸百貳拾肆兩壹錢壹分叁厘叁毫叁
絲叁忽
寔欠發陸柒兩年分餉銀柒千壹百玖拾玖兩肆錢陸分陸厘
陸毫陸絲柒忽
一盛字後營並洋鎗親兵貳隊管帶官壹員哨官肆員勇丁伍
百貳拾肆名長夫壹百捌拾名内
管帶官壹員
記名總兵劉啟福
查該員於同治陸年肆月初壹日奉文離營改委遊擊已遞
保總兵孫顯寅即日接帶

哨官肆員

四品銜蔣湧源

查該員於同治陸年伍月初壹日給假離營改委守備沈知義即日接哨該員於柒年拾壹月初壹日給假離營改委都司程起鳳即日接哨

補用都司已保叅將杜萬青

補用守備已保遊擊鄒世恩

補用守備徐振邦

查該員於同治柒年柒月初壹日給假離營改委守備盧宗成即日接哨該員於是年拾壹月初壹日給假離營改委都司馮楠即日接哨

盛字後營

哨長肆名
什長叁拾捌名
親兵陸拾名
護勇貳拾名
正勇叁百叁拾陸名
伙勇肆拾貳名
長夫壹百捌拾名
洋鎗親兵貳隊
什長貳名
親兵貳拾名
伙勇貳名
以上盛字後營管帶官壹員月支薪粮銀伍拾兩辦公費銀壹

百伍拾兩凡帮辦營務管理帳目軍裝書醫工匠等薪粮並置辦旂幟號補各費在內共月支銀貳百兩不扣建自同治陸年正月初壹日接支起截至柒年拾貳月底止連閏計貳拾伍個月應共支薪費湘平銀伍千兩哨官肆員每員日支銀叁錢哨長肆名每名日支銀貳錢什長共肆拾名每名日支銀壹錢陸分親兵護勇共壹百名每名日支銀壹錢伍分正勇叁百叁拾陸名每名日支銀壹錢肆分伙勇共肆拾肆名每名日支銀壹錢壹分長夫壹百捌拾名每名日支銀壹錢共日支銀玖拾叁兩貳錢捌分自同治陸年正月初壹日接支起截至柒年拾貳月底止扣除小建拾叁日計柒百叁拾柒日應共支薪粮湘平銀陸萬捌千柒百肆拾柒兩叁錢陸分貳共

應支薪費口粮湘平銀柒萬叁千柒百肆拾柒兩叁錢陸分
前項弁勇內添立中哨長矛拾隊計哨官守備瞿有維壹員哨
長壹名什長拾名護勇伍名正勇壹百名伙勇拾壹名長夫
貳拾肆名均仍照前數支給共日支銀貳拾兩肆錢陸分自
陸年伍月初壹日添立開支起截至柒年拾貳月底止連閏
計貳拾壹個月扣除小建拾日計陸百貳拾日共
應支薪粮湘平銀壹萬貳千陸百捌拾伍兩貳錢
以上盛字後營薪費口粮總共
應支湘平銀捌萬陸千肆百叁拾貳兩伍錢陸分內
寔放湘平銀柒萬捌千伍百玖拾玖兩肆錢叁分叁厘叁毫叁
絲叁忽
寔欠發陸柒兩年分餉銀柒千捌百叁拾叁兩壹錢貳分陸厘

陸毫陸絲柒忽

一傳字正營並親軍壹哨洋鎗親兵貳隊管帶官壹員哨官伍

員勇丁陸百叁拾壹名長夫貳百陸名内

管帶官壹員

記名簡放提督周盛傳

查該員於同治陸年貳月拾伍日補授廣西右江鎮總兵

哨官伍員

補用叅將周盛長

查該員於同治柒年陸月初壹日給假離營改委守備張家

桂即日接哨

補用叅將宋冠軍

查該員於同治柒年叁月初壹日奉文卸事改委把總史才

發即日接哨
補用遊擊周盛佑
查該員於同治柒年貳月初壹日給假離營改委守備韋啓
明即日接哨
補用遊擊汪發興
查該員於同治柒年柒月初壹日給假離營改委守備王錦
銓即日接哨
補用都司已保遊擊劉本元
查該員於同治柒年陸月　奏請復姓歸宗呂氏是年拾貳
月初壹日調營卸事改委都司杜宏高即日接哨
傳字正營
哨長肆名

什長叁拾捌名
親兵陸拾名
護勇貳拾名
正勇叁百叁拾陸名
伙勇肆拾貳名
長夫壹百捌拾名
親軍壹哨
哨長壹名
什長捌名
護勇伍名
正勇捌拾肆名
伙勇玖名

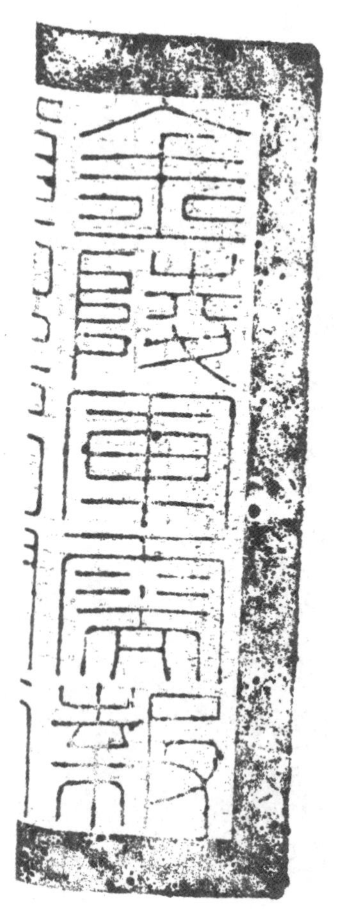

長夫貳拾貳名
洋鎗親兵貳隊
什長貳名
親兵貳拾名
伙勇貳名
長夫肆名
以上傳字正營管帶官壹員月支薪粮銀伍拾兩辦公費銀壹百伍拾兩凡帮辦營務管理帳目軍裝書醫工匠等薪粮並置辦旂幟號補各費在內共月支銀貳百兩不扣建自同治陸年正月初壹日接支起截至柒年拾貳月底止連閏計貳拾伍個月應共支薪費湘平銀伍千兩哨官伍員每員日支銀叁錢哨長共伍名每名日支銀貳錢什長共肆拾捌名每

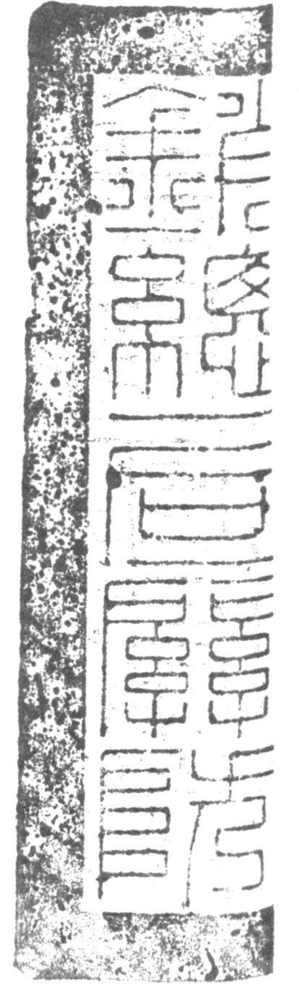

名日支銀壹錢陸分親兵護勇共壹百伍名每名日支銀壹錢伍分正勇共肆百貳拾名每名日支銀壹錢肆分伙勇共伍拾叁名每名日支銀壹錢壹分長夫共貳百陸名每名日支銀壹錢共日支銀壹百拾壹兩壹錢陸分自同治陸年正月初壹日接支起截至柒年拾貳月底止扣除小建拾叁日計柒百叁拾柒日應共支薪粮湘平銀捌萬壹千玖百貳拾肆兩玖錢貳分貳共

應支薪費口粮湘平銀捌萬陸千玖百貳拾肆兩玖錢貳分

前項弁勇内添立中哨長矛拾隊計哨官把總林文佩壹員哨長壹名什長拾名護勇伍名正勇壹百名伙勇拾壹名長夫貳拾肆名均照前数支給共日支銀貳拾兩肆錢陸分自陸年伍月初壹日添立開支起截至柒年拾貳月底止連閏計

貳拾壹個月扣除小建拾日計陸百貳拾日共
應支薪粮湘平銀壹萬貳千陸百捌拾伍兩貳錢
以上傳字正營薪費口粮總共
應支湘平銀玖萬玖千陸百拾兩壹錢貳分內
寔放湘平銀捌萬捌千柒百叁拾叁兩叁錢柒分叁厘叁毫叁
絲叁忽
寔欠發陸柒兩年分餉銀壹萬捌百柒拾陸兩柒錢肆分陸厘
陸毫陸絲柒忽
一傳字前營並洋鎗親兵貳隊管帶官壹員哨官肆員勇丁伍
百貳拾肆名長夫壹百捌拾肆名內
管帶官壹員
簡放總兵已保提督衛汝貴

哨官肆員

補用副將朱德明

查該員於同治柒年拾貳月初壹日給假離營改委遊擊衛學洲即日接哨

補用叅將胡汝餘

查該員於同治柒年正月初壹日給假離營改委都司已保遊擊王三餘即日接哨

補用遊擊衛汝成

查該員於同治柒年捌月初壹日奉文卸事改委守備衛本先即日接哨

補用遊擊劉金龍

查該員於同治柒年叁月初壹日給假離營改委守備凌本

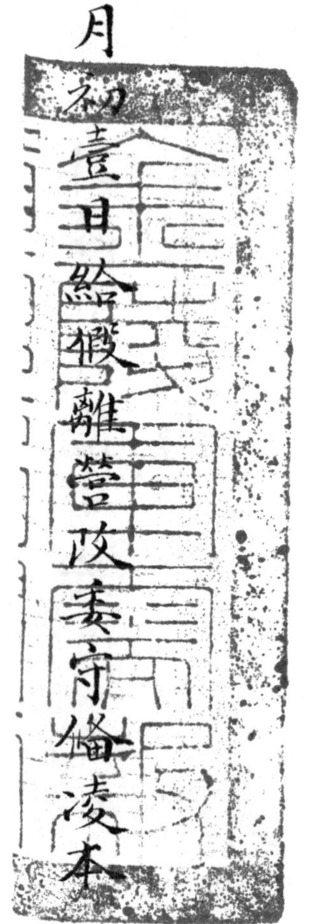

源即日接哨

傳字前營

哨長肆名

什長叁拾捌名

親兵陸拾名

護勇貳拾名

正勇叁百叁拾陸名

伙勇肆拾貳名

長夫壹百捌拾名

洋鎗親兵貳隊

什長貳名

親兵貳拾名

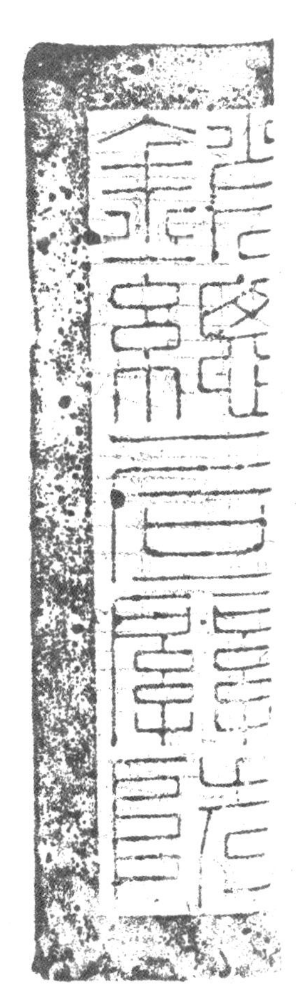

伙勇貳名

長夫肆名

以上傳字前營管帶官壹員月支薪粮銀伍拾兩辦公費銀壹百伍拾兩凡帮辦營務管理帳目軍裝書醫工匠等薪粮並置辦旂幟號補各費在内共月支銀貳百兩不扣建自同治陸年正月初壹日接支起截至柒年拾貳月底止連閏計貳拾伍個月應共支薪費湘平銀伍千兩哨官肆員每員日支銀叁錢哨長肆名每名日支銀貳錢什長共肆拾名每名日支銀壹錢陸分親兵護勇共壹百名每名日支銀壹錢伍分正勇叁百叁拾陸名每名日支銀壹錢肆分伙勇共肆拾肆名每名日支銀壹錢壹分長夫共壹百捌拾肆名每名日支銀壹錢共日支銀玖拾叁兩陸錢捌分自同治陸年正月初

壹日接支起截至柒年拾貳月底止扣除小建拾叁日計柒百叁拾柒日應共支薪粮湘平銀陸萬玖千肆拾貳兩壹錢陸分貳共

應支薪費口粮湘平銀柒萬肆千肆拾貳兩壹錢陸分

前項弁勇內添立中哨長矛拾隊計哨官守備許章義壹員哨長壹名什長拾名護勇伍名正勇壹百名伙勇拾壹名長夫貳拾肆名均照前数支給共日支銀貳拾兩肆錢陸分自陸年伍月初壹日添立開支起截至柒年拾貳月底止連閏計貳拾壹個月扣除小建拾日計陸百貳拾日共

應支薪粮湘平銀壹萬貳千陸百捌拾伍兩貳錢

以上傳字前營薪費口粮總共

應支湘平銀捌萬陸千柒百貳拾柒兩叁錢陸分內

寔放湘平銀柒萬柒千伍百貳拾叁兩貳錢叁分叁厘叁毫叁絲叁忽

寔欠發陸柒兩年分餉銀玖千貳百肆兩壹錢貳分陸厘陸毫陸絲柒忽

一傳字後營管帶官壹員哨官肆員勇丁伍百名長夫壹百捌拾名内

管帶官壹員

補用副將楊安典

查該員於同治柒年拾貳月初壹日給假卸事改委副將張兆海即日接帶

哨官肆員

補用參將已保副將張兆海

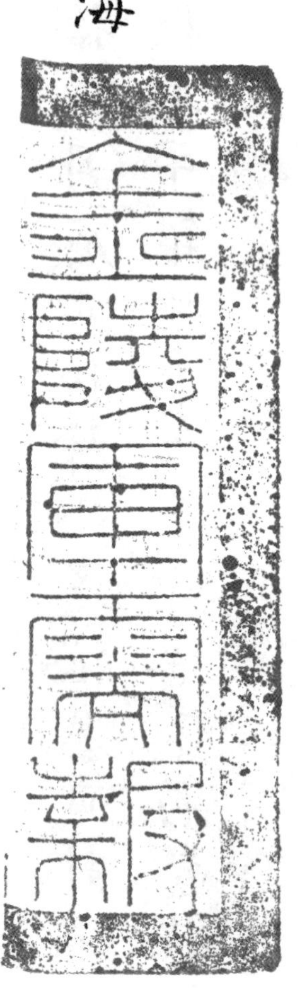

查該員於同治柒年拾貳月初壹日奉調本營管帶改委守
備彭應發即日接哨
　補用遊擊林兆祥
查該員於同治陸年伍月初壹日給假離營改委守備陳得
勝該員於柒年正月初壹日給假離營改委都司王連貴即
日接哨
　補用遊擊張瑶昆
查該員於同治柒年拾貳月初壹日給假離營改委千總趙
天發即日接哨
補用遊擊已保叅將竇從周
哨長肆名
什長叁拾捌名

親兵陸拾名
護勇貳拾名
正勇叁百叁拾陸名
伙勇肆拾貳名
長夫壹百捌拾名
以上傳字後營管帶官壹員月支薪粮銀伍拾兩辦公費銀壹百伍拾兩凡帮辦營務管理帳目軍裝書醫工匠等薪粮並置辦旂幟號補各費在内共月支銀貳百兩不扣建自同治陸年正月初壹日接支起截至柒年拾貳月底止連閏計貳拾伍個月應共支薪費湘平銀伍千兩哨官肆員每員日支銀叁錢哨長肆名每名日支銀貳錢什長叁拾捌名每名日支銀壹錢陸分親兵護勇共捌拾名每名日支銀壹錢伍分

正勇叁百叁拾陸名每名日支銀壹錢肆分伙勇肆拾貳名
每名日支銀壹錢壹分長夫壹百捌拾名每名日支銀壹錢
共日支銀捌拾玖兩柒錢肆分自同治陸年正月初壹日接
支起截至柒年拾貳月底止扣除小建拾叁日計柒百叁拾
柒日應共支薪粮湘平銀陸萬陸千壹百叁拾捌兩叁錢捌
分貳共

應支薪費口粮湘平銀柒萬壹千壹百叁拾捌兩叁錢捌分

前項弁勇内添立中哨長矛拾隊計哨官遊擊楊先金壹員哨
長壹名什長拾名護勇伍名正勇壹百名伙勇拾壹名長夫
貳拾肆名均照前數支給共日支銀貳拾兩肆錢陸分自陸
年伍月初壹日添立開支起截至柒年拾貳月底止連閏計
貳拾壹個月扣除小建拾日計陸百貳拾日共

應支薪費口粮湘平銀壹萬貳千陸百捌拾伍兩貳錢

以上傳字後營薪費口粮總共

應支湘平銀捌萬叁千捌百貳拾叁兩伍錢捌分内

寔放湘平銀柒萬伍千貳百柒拾兩壹錢壹分叁厘叁毫叁絲叁忽

寔欠發陸柒兩年分餉銀捌千伍百伍拾叁兩肆錢陸分陸厘陸毫陸絲柒忽

一新立盛軍砲隊貳哨哨官貳員勇丁貳百叁拾肆名長夫肆拾陸名内

哨官貳員

補用叅將謝玉琨

查該員於同治柒年伍月貳拾捌日給假離營改委補用副

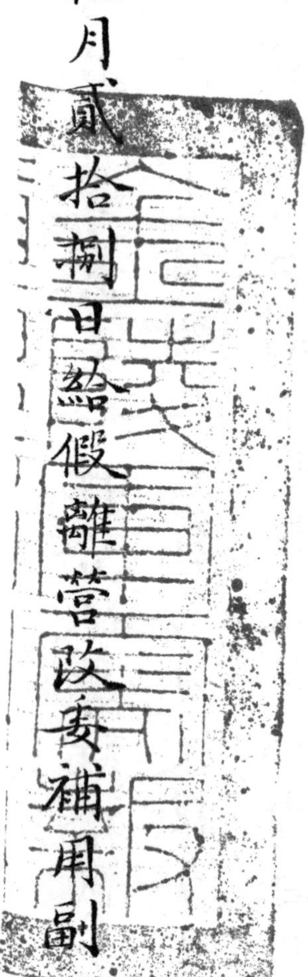

將姚禮士即日接哨柒年拾貳月初壹日調營卸事改委遊
擊呂本元即日接哨
補用把總黃廣先
哨長貳名
什長拾捌名
護勇拾名
正勇壹百捌拾肆名
伏勇貳拾名
長夫肆拾陸名
以上盛軍步小隊貳哨哨官貳員每員日支銀叁錢哨長貳名
每名日支銀貳錢什長拾捌名每名日支銀壹錢陸分護勇
拾名每名日支銀壹錢伍分正勇壹百捌拾肆名每名日支

銀壹錢肆分伙勇貳拾名每名日支銀壹錢壹分長夫肆拾陸名每名日支銀壹錢共日支銀叁拾柒兩玖錢肆分計自同治柒年肆月初壹日開支起截至是年拾貳月底止連閏計拾伯月扣除小建陸日計貳百玖拾肆日以上薪粮共應支湘平銀壹萬壹千壹百伍拾肆兩叁錢陸分内寔放湘平銀玖千柒百叁拾肆兩捌錢貳分寔欠發柒年分餉銀壹千肆百拾玖兩伍錢肆分

一統帶盛字馬隊各營官壹員記名總兵已保提督周壽昌

查該員於同治柒年拾貳月初壹日奉文卸事改調副將賈起勝即日接統

以上統帶官壹員月支薪粮公費銀壹百兩不扣建自同治柒

年肆月初壹日開支起至是年拾壹月底止連閏玖個月又
自拾貳月初壹日起改委賈起勝接統減為月支薪費銀伍
拾兩截至是月底止計壹個月應支薪費兩共
寔放湘平銀玖百伍拾兩
一新立盛字馬隊左營管帶官壹員幫辦壹員哨官拾員字識
壹名勇丁貳百捌拾壹名馬夫伍拾名内
管帶官壹員
補用副將周盛朝
查該員於同治柒年拾貳月初壹日給假卸事改由統帶官
副將賈起勝即日兼帶
幫辦壹員
補用守備賈泰來

正哨官肆員

補用遊擊胡俊升

補用都司許貴葆

補用把總楊宗華

補用外委張九齡

副哨官陸員

補用把總劉萬青　湯貴發　蔣廷楨　瞿加順　劉加福　張賢德

字識壹名

什長貳拾伍名

馬勇貳百貳拾伍名

伙勇叁拾壹名

金陵軍需報

馬夫伍拾名
馬貳百柒拾陸匹
以上盛字馬隊左營管帶官壹員月支薪粮銀伍拾兩辦公費銀壹百兩凡獸醫鉄匠口粮並置辦旂幟等項各費在內幫辦壹員月支銀拾陸兩正哨官肆員每員月支銀拾捌兩副哨官陸員每員月支銀拾伍兩字識壹名月支銀玖兩共月支銀叁百叁拾柒兩均不扣建自同治柒年肆月初壹日開支起截至是年拾貳月底止連閏計拾個月應共支薪費馬乾湘平銀叁千叁百柒拾兩什長貳拾伍名每名日支銀貳錢陸分馬勇貳百貳拾伍名每名日支銀貳錢肆分伙勇叁拾壹名每名日支銀壹錢壹分馬夫伍拾名每名日支銀壹錢共日支銀陸拾捌兩玖錢壹分自同治柒年肆月初壹日

開支起截至是年拾貳月底止扣除小建陸日計貳百玖拾肆日應共支口粮馬乾湘平銀貳萬貳百伍拾玖兩伍錢肆分以上薪費口粮馬乾共

寔放湘平銀貳萬叁千陸百貳拾玖兩伍錢肆分

一新立盛字馬隊石營管帶官壹員帮辦壹員哨官拾員字識壹名勇丁貳百捌拾壹名馬夫伍拾名内

管帶官壹員

補用副将已遞保提督劉安泰

帮辦壹員

補用叅将吴崇林

正哨官肆員

補用叅将覃光泰

補用守備王學明　李列昌
補用把総劉占魁
副哨官陸員
補用守備胡開成
補用千総張自然　黄國安
補用把總張應富　周盛忠
六品軍功曹天相
字識壹名
什長貳拾伍名
馬勇貳百貳拾伍名
伙勇叁拾壹名
馬夫伍拾名

馬貳百柒拾陸匹

以上盛字馬隊右營管帶官壹員月支薪粮銀伍拾兩辦公費銀壹百兩凡獸醫鉄匠口粮並置辦旂幟等項各費在内幫辦壹員月支銀拾陸兩正哨官肆員每員月支銀拾捌兩副哨官陸員每員月支銀拾伍兩字識壹名月支銀玖兩共月支銀叁百叁拾柒兩均不扣建自同治柒年肆月初壹日開支起截至是年拾貳月底止連閏計拾個月應共支薪費馬乾湘平銀叁千叁百柒拾兩什長貳拾伍名每名日支銀貳錢陸分馬勇貳百貳拾伍名每名日支銀貳錢肆分伙勇叁拾壹名每名日支銀壹錢壹分馬夫伍拾名每名日支銀壹錢共日支銀陸拾捌兩玖錢壹分自同治柒年肆月初壹日開支起截至是年拾貳月底止扣除小建陸日計貳百玖拾

肆日應共支口粮馬乾湘平銀貳萬貳百伍拾玖兩伍錢肆分以上薪費口粮馬乾共

寔放湘平銀貳萬叄千陸百貳拾玖兩伍錢肆分

內

一新立盛軍馬小隊壹哨哨官貳員勇丁伍拾陸名馬夫拾名

正哨官壹員

補用都司王從義

副哨官壹員

補用都司鄧開成

什長伍名

馬勇肆拾伍名

伙勇陸名

馬夫拾名
馬伍拾肆匹
以上盛軍馬小隊壹哨正哨官壹員月支銀拾捌兩副哨官壹員月支銀拾伍兩共月支銀叁拾叁兩不扣建自同治陸年伍月初壹日開支起截至柒年拾貳月底止連閏計貳拾壹個月應共支薪糧馬乾湘平銀陸百玖拾叁兩什長伍名每名日支銀貳錢陸分馬勇肆拾伍名每名日支銀貳錢肆分伙勇陸名每名日支銀壹錢壹分馬夫拾名每名日支銀壹錢共日支銀拾叁兩柒錢陸分自同治陸年伍月初壹日開支起截至柒年拾貳月底止扣除小建拾日計陸百貳拾日應共支口糧馬乾湘平銀捌千伍百叁拾壹兩貳錢以上薪糧馬乾共

実放湘平銀玖千貳百貳拾肆兩貳錢
一新立傅字馬小隊壹哨哨官貳員勇丁伍拾陸名馬夫拾名
内
正哨官壹員
補用把總朱德高
副哨官壹員
軍功朱有才
什長伍名
馬勇肆拾伍名
伙勇陸名
馬夫拾名
馬伍拾肆匹

以上傳字馬小隊壹哨正哨官壹員月支銀拾捌兩副哨官壹員月支銀拾伍兩共月支銀叁拾叁兩不扣建自同治柒年肆月初壹日開支起截至是年拾貳月底止計拾個月應共支薪粮馬乾湘平銀叁百叁拾兩什長伍名每名日支銀貳錢陸分馬勇肆拾伍名每名日支銀貳錢肆分伙勇陸名每名日支銀壹錢壹分馬夫拾名每名日支銀壹錢共日支銀拾叁兩柒錢陸分自同治柒年肆月初壹日開支起截至是年拾貳月底止扣除小建陸日計貳百玖拾肆日應共支口粮馬乾湘平銀肆千肆拾伍兩肆錢肆分以上薪粮馬乾共寔放湘平銀肆千叁百柒拾伍兩肆錢肆分

以上盛傳馬步拾壹營肆哨薪費口粮馬乾總共應支湘平銀捌拾伍萬捌千陸拾柒兩陸錢內

寔放湘平銀柒拾捌萬陸千柒百肆拾壹兩
寔欠發陸柒兩年分餉銀柒萬壹千叁百貳拾陸兩陸錢
查前項各營壯勇內有傷亡等項事故均係隨時募補並無空
曠日期所有欠發銀兩續有補給另歸次案專冊造報理合
登明

一總理湘淮營務處統領前敵馬步各營官壹員
候選員外郎已遞保鹽運使李昭慶
以上總理營務處統領官壹員月支薪粮公費銀叁百兩不扣
建加夫叁拾名每名日支銀壹錢共日支銀叁兩自同治陸
年正月初壹日接支起截至柒年閏肆月初壹裁營交卸前
壹日止薪費拾陸個月餘項扣除小建捌日計肆百柒拾貳
日應支薪費口粮共
寔放湘平銀陸千貳百拾陸兩
一泉字砲隊營並洋鎗親兵貳隊營帶官壹員哨官肆員勇丁
伍百捌名長夫壹百柒拾陸名内
管帶官壹員
補用副將王有明

哨官肆員

補用叅將余有雲

補用都司譚榮華

查該員於同治陸年拾壹月初壹日奉文離營改委守備徐

福勝即日接哨

補用都司劉桃李

補用千總黄友亮

泉字砲隊營

哨長肆名

什長叁拾捌名

親兵陸拾名

護勇貳拾名

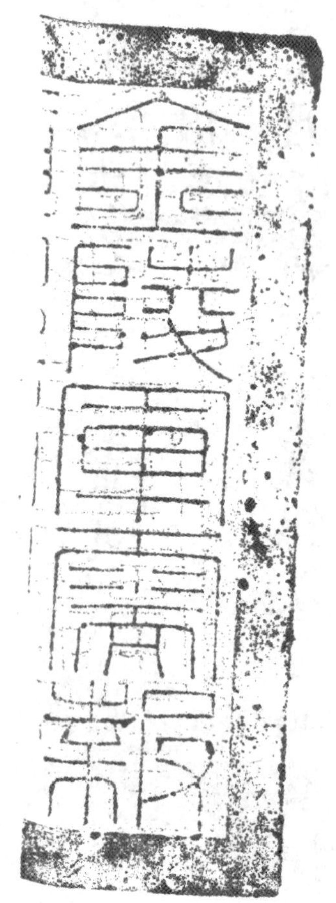

正勇叁百貳拾名
伙勇肆拾貳名
長夫壹百柒拾貳名
洋鎗親兵貳隊
什長貳名
親兵貳拾名
伙勇貳名
長夫肆名
以上泉字砲隊營營帶官壹員月支薪粮銀伍拾兩辦公費銀壹百伍拾兩凡帮辦營務管理帳目軍裝書醫工匠等薪粮並置辦旂幟號補各費在内共月支銀貳百兩不扣建計自同治陸年正月初壹日接支起截至柒年閏肆月初壹該營

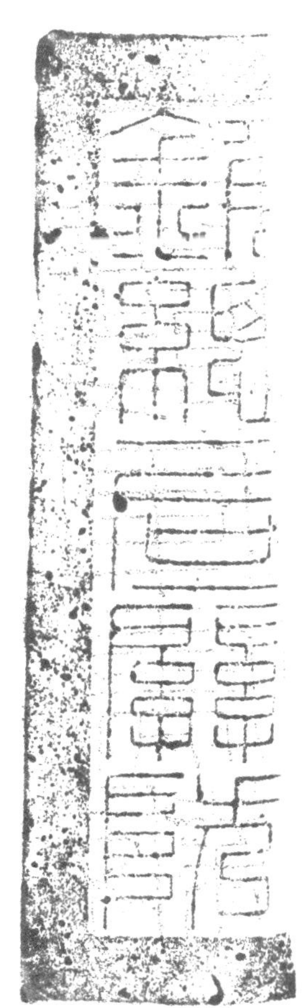

裁撤前壹日止計拾陸個月應共支薪費湘平銀叁千貳百兩哨官肆員每員日支銀叁錢哨長肆名每名日支銀貳錢什長共肆拾名每名日支銀壹錢陸分親兵護勇共壹百名每名日支銀壹錢伍分正勇叁百貳拾名每名日支銀壹錢肆分伙勇共肆拾肆名每名日支銀壹錢壹分長夫共壹百柒拾陸名每名日支銀壹錢共日支銀玖拾兩陸錢肆分自同治陸年正月初壹日接支起截至柒年閏肆月初壹該營裁撤前壹日止扣除小建捌日計肆百柒拾貳日應共支薪糧湘平銀肆萬貳千柒百捌拾貳兩捌分以上薪費口糧共應支湘平銀肆萬伍千玖百捌拾貳兩捌分内

寔放湘平銀肆萬伍千陸百拾貳兩肆錢捌分

寔欠發陸年分餉銀叁百陸拾玖兩陸錢

一督標親兵小隊營帶官壹員哨官叁員勇丁肆百陸拾肆名

長夫玖拾名内

管帶官壹員

補用副將劉長青

哨官叁員

補用遊擊夏文先　程守沛

補用千總張永發

查該員於同治陸年伍月初壹日調營卸事改委把總張之

源即日接哨

哨長肆名

什長肆拾名

親兵叁百陸拾名

護勇貳拾名
伙勇肆拾名
長夫玖拾名

以上督標親兵小隊管帶官壹員月支薪粮銀伍拾兩辦公費銀壹百伍拾兩凡幫辦營務管理帳目軍裝書醫工匠等薪粮並置辦旂幟號補各費在内共月支銀貳百兩不扣建自同治陸年正月初壹日接支起截至柒年閏肆月初壹該營裁撤前壹日止計拾陸個月應共支薪費湘平銀叁千貳百兩哨官叁員每員日支銀叁錢哨長肆名每名日支銀貳錢什長肆拾名每名日支銀壹錢陸分親兵護勇共叁百捌拾名每名日支銀壹錢伍分伙勇肆拾名每名日支銀壹錢壹分長夫玖拾名每名日支銀壹錢共日支銀柒拾捌兩伍錢

自同治陸年正月初壹日接支起截至柒年閏肆月初壹該
營裁撤前壹日止扣除小建捌日計肆百柒拾貳日應共支
薪粮湘平銀叁萬柒千伍拾貳兩以上薪費口粮共
寔放湘平銀肆萬貳百伍拾貳兩
一桂字前營管帶官壹員哨官肆員勇丁肆百捌拾肆名長夫
壹百柒拾貳名内
管帶官壹員
補用副將韓鳳昌
哨官肆員
補用叅將黃鴻宣
查該員於同治陸年玖月初壹日給假離營改委都司韓學
之即日接哨

補用都司楊宗禮

查該員於同治陸年伍月初壹日給假離營改委千總韓鳳

桐即日接哨

補用都司何連陞

五品軍功劉南樵

哨長肆名

什長叁拾捌名

親兵陸拾名

護勇貳拾名

正勇叁百貳拾名

伙勇肆拾貳名

長夫壹百柒拾貳名

以上桂字前營管帶官壹員月支薪粮銀伍拾兩辦公費銀壹百伍拾兩凡帮辦營務管理帳目軍裝書醫工匠等薪粮並置辦旂幟號補各費在内共月支銀貳百兩不扣建自同治陸年正月初壹日接支起截至柒年閏肆月初壹該營裁撤前壹日止計拾陸個月應共支薪費湘平銀叁千貳百兩哨官肆員每員日支銀叁錢哨長肆名每名日支銀貳錢什長叁拾捌名每名日支銀壹錢陸分親兵護勇共捌拾名每名日支銀壹錢伍分正勇叁百貳拾名每名日支銀壹錢肆分伙勇肆拾貳名每名日支銀壹錢壹分長夫壹百柒拾貳名每名日支銀壹錢共日支銀捌拾陸兩柒錢自同治陸年正月初壹日接支起截至柒年閏肆月初壹該營裁撤前壹日止扣除小建捌日計肆百柒拾貳日應共支薪粮湘平銀肆

萬玖百貳拾貳兩肆錢以上薪費口粮共
應支湘平銀肆萬肆千壹百貳拾貳兩肆錢内
寔放湘平銀肆萬叁千柒百陸拾壹兩貳錢
寔欠發陸年分餉銀叁百陸拾壹兩貳錢
一桂字正營營帶官壹員哨官肆員勇丁肆百捌拾肆名長夫
壹百柒拾貳名内
管帶官壹員
記名簡放提督張桂芳
哨官肆員
補用遊擊施宏玉
補用都司吕賢階
補用守備崔錦春

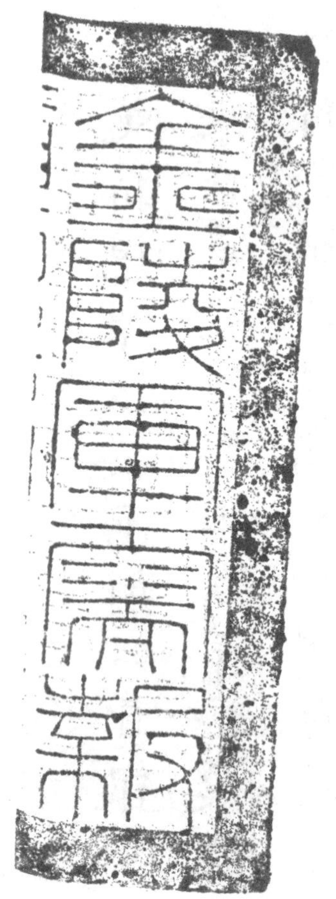

查該員於同治陸年伍月初壹日給假離營改委守備張文
理即日接哨
浙江拔補千總孫萬祥
查該員於同治柒年正月初壹日給假離營改委遊擊王畢
裕即日接哨
哨長肆名
什長叁拾捌名
親兵陸拾名
護勇貳拾名
正勇叁百貳拾名
伙勇肆拾貳名
長夫壹百柒拾貳名

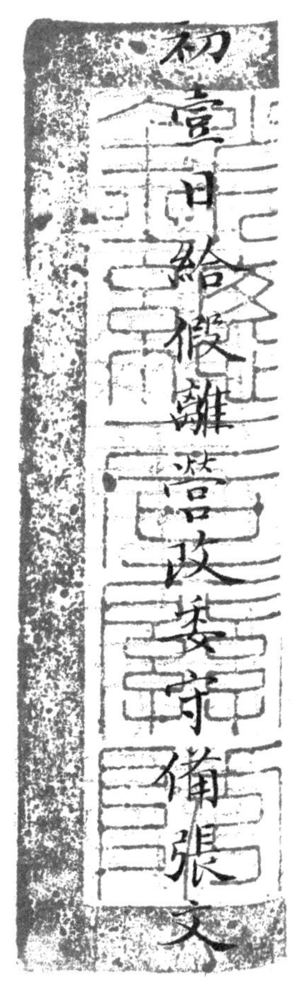

以上桂字正營管帶官壹員月支薪粮銀伍拾兩辦公費銀壹百伍拾兩凡幫辦營務管理帳目軍装書醫工匠等薪粮並置辦旂幟號補各費在内共月支銀貳百兩不扣建自同治陸年正月初壹日接支起截至柒年閏肆月初壹該營裁撤前壹日止計拾陸個月應共支薪費湘平銀叁千貳百兩哨官肆員每員日支銀叁錢哨長肆名每名日支銀貳錢什長叁拾捌名每名日支銀壹錢陸分親兵護勇共捌拾名每名日支銀壹錢伍分正勇叁百貳拾名每名日支銀壹錢肆分伙勇肆拾貳名每名日支銀壹錢壹分長夫壹百柒拾貳名每名日支銀壹錢共日支銀捌拾陸兩柒錢自同治陸年正月初壹日接支起截至柒年閏肆月初壹該營裁撤前壹日止扣除小建捌日計肆百柒拾貳日應共支薪粮湘平銀肆

萬玖百貳拾貳兩肆錢以上薪費口粮共
應支湘平銀肆萬肆千壹百貳拾貳兩肆錢内
寔放湘平銀肆萬叁千柒百陸拾壹兩貳錢
寔欠發陸年分餉銀叁百陸拾壹兩貳錢
一桂字副營營帶官壹員哨官肆員勇丁肆百捌拾肆名長夫
壹百柒拾貳名内
管帶官壹員
兩江補用副將姚禮士
哨官肆員
補用遊擊英安泰
查該員於同治陸年肆月初壹日給假離營改委遊擊薪功
朝即日接哨

補用守備湯起江
補用千總嚴建基
查該員於同治陸年貳月初壹日給假離營改委遊擊王全
海即日接哨
補用千總過萬林
哨長肆名
什長叁拾捌名
親兵陸拾名
護勇貳拾名
正勇叁百貳拾名
伙勇肆拾貳名
長夫壹百柒拾貳名

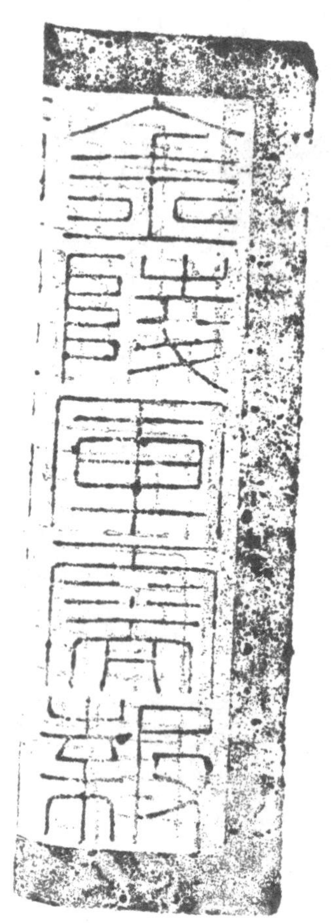

以上桂字副營管帶官壹員月支薪粮銀伍拾兩辦公費銀壹百伍拾兩凡帮辦營務管理帳目軍装書醫工匠等薪粮並置辦旂幟號補各費在内共月支銀貳百兩不扣建自同治陸年正月初壹日接支起截至柒年閏肆月初壹該營裁撤前壹日止計拾陸個月應共支薪費湘平銀叁千貳百兩哨官肆員每員日支銀叁錢哨長肆名每名日支銀貳錢什長叁拾捌名每名日支銀壹錢陸分親兵護勇共捌拾名每名日支銀壹錢伍分正勇叁百貳拾名每名日支銀壹錢肆分伙勇肆拾貳名每名日支銀壹錢壹分長夫壹百柒拾貳名每名日支銀壹錢共日支銀捌拾陸兩柒錢自同治陸年正月初壹日接支起截至柒年閏肆月初壹該營裁撤前壹日止扣除小建捌日計肆百柒拾貳日應共支薪粮湘平銀肆

萬玖百貳拾貳兩肆錢以上薪費口粮共
應支湘平銀肆萬肆千壹百貳拾貳兩肆錢内
寔放湘平銀肆萬叁千柒百陸拾壹兩貳錢
寔欠發陸年分餉銀叁百陸拾壹兩貳錢
一武毅中營並鎗砲親兵伍隊管帶官壹員哨官肆員勇丁伍
百陸拾名長夫壹百玖拾名内
管帶官壹員
兩江推補副將樊政陞
哨官肆員
兩江補用遊擊許宏恩
查該員於同治陸年陸月初壹日奉文卸事改委遊擊談家
瑞即日接哨

安徽補用守備馮得勝
補用守備陳保清
查該員於同治陸年肆月初壹日給假離營改委千總陳紹
輅即日接哨
補用千總孫家興
武毅中營
哨長捌名
什長叁拾捌名
親兵陸拾名
護勇貳拾名
正勇叁百叁拾陸名
伙勇肆拾貳名

長夫壹百捌拾名
鎗砲親兵伍隊
什長拾名
親兵拾貳名
正勇貳拾肆名
伙勇拾名
長夫拾名
以上武毅中營管帶官壹員月支薪粮銀伍拾兩辦公費銀壹百伍拾兩凡帮辦營務管理帳目軍裝書醫工匠等薪粮並置辦旂幟號補各費在内共月支銀貳百兩不扣建自同治陸年正月初壹日接支起截至柒年閏肆月初壹該營裁撤前壹日止計拾陸個月應共支薪費湘平銀叁千貳百兩哨

官肆員每員日支銀叁錢哨長捌名每名日支銀貳錢什長
共肆拾捌名每名日支銀壹錢陸分親兵護勇共玖拾貳名
每名日支銀壹錢伍分正勇共叁百陸拾名每名日支銀壹
錢肆分伙勇共伍拾貳名每名日支銀壹錢壹分長夫共壹
百玖拾名每名日支銀壹錢共日支銀玖拾玖兩肆錢計自
同治陸年正月初壹日接支起截至柒年閏肆月初壹該營
裁撤前壹日止扣除小建捌日計肆百柒拾貳日應共支薪
粮湘平銀肆萬陸千玖百拾陸兩捌錢以上薪費口粮共
應支湘平銀伍萬壹百拾陸兩捌錢內
寔放湘平銀肆萬玖千柒百拾柒兩捌錢
寔欠發陸年分餉銀叁百玖拾玖兩
一武毅前營管帶官壹員哨官肆員勇丁肆百捌拾肆名長夫

壹百柒拾貳名内

管帶官壹員

兩江補用遊擊朱公遠

哨官肆員

補用遊擊談家瑞

查該員於同治陸年陸月初壹日調營卸事改委把總王長

玉即日接哨

補用都司陳德潤

查該員於同治陸年伍月初壹日給假離營改委千總張永

發即日接哨

補用都司姜能容

查該員於同治陸年柒月初壹日給假離營改委守備劉允

廿即日接哨
補用守備張之濱
哨長肆名
什長叁拾捌名
親兵陸拾名
護勇貳拾名
正勇叁百貳拾名
伙勇肆拾貳名
長夫壹百柒拾貳名
以上武毅前營管帶官壹員月支薪粮銀伍拾兩辦公費銀壹
百伍拾兩凡幫辦營務管理帳目軍裝書醫工匠等薪粮並
置辦旂幟號補各費在內共月支銀貳百兩不扣建自同治

陸年正月初壹日接支起截至柒年閏肆月初壹該營裁撤前壹日止計拾陸個月應共支薪費湘平銀叁千貳百兩哨官肆員每員日支銀叁錢哨長肆名每名日支銀貳錢什長叁拾捌名每名日支銀壹錢陸分親兵護勇共捌拾名每名日支銀壹錢伍分正勇叁百貳拾名每名日支銀壹錢肆分伙勇肆拾貳名每名日支銀壹錢壹分長夫壹百柒拾貳名每名日支銀壹錢共日支銀捌拾陸兩柒錢自同治陸年正月初壹日接支起截至柒年閏肆月初壹該營裁撤前壹日止扣除小建捌日計肆百柒拾貳日應共支薪糧湘平銀肆萬玖百貳拾貳兩肆錢以上薪費口粮共

應支湘平銀肆萬肆千壹百貳拾貳兩肆錢內

寔放湘平銀肆萬叁千柒百陸拾壹兩貳錢

寔欠發陸年分餉銀叁百陸拾壹兩貳錢

以上桂泉字武毅等步隊柒營薪費口粮總共

應支湘平銀叁拾壹萬玖千伍拾陸兩肆錢捌分內

寔放湘平銀叁拾壹萬陸千捌百肆拾叁兩捌分

寔欠發陸年分餉銀貳千貳百拾叁兩肆錢

查前項各營壯勇內有傷亡等項事故均係隨時募補並無空

曠日期所有欠發銀兩續有補給另歸次案專册造報理合

登明

一統領鳳字馬步各營官壹員
江南徐州鎮總兵董鳳高
查該員於同治陸年玖月初壹日奉文卸事改委福建陸路
提督郭松林即日專統鳳字武毅馬步各營全軍事務
以上統領官壹員月支薪粮公費銀壹百兩不扣建加夫拾名
每名日支銀壹錢共日支銀壹兩自同治陸年正月初壹日
起支至是年捌月底董鳳高交卸止薪費捌個月餘項扣除
小建伍日計貳百叁拾伍日又自陸年玖月初壹日起奉委
郭松林專統鳳字武毅馬步全軍月支薪粮公費銀叁百兩
加夫叁拾名每名日支銀壹錢共日支銀叁兩截至柒年拾
貳月初壹裁營前壹日止連閏薪費拾陸個月餘項扣除小
建柒日計肆百柒拾叁日應支薪費口粮兩共

寔放湘平銀柒千貳百伍拾肆兩

一鳳字中營並洋鎗親兵貳隊同治陸年拾月改為武毅中軍中營營帶官壹員哨官肆員勇丁伍百捌名長夫壹百柒拾陸名內

統領兼管帶官壹員

江南徐州鎮總兵董鳳高

查該員於同治陸年玖月初壹日奉文卸事改委補用副將已保總兵張賢貴即日接管專帶

哨官肆員

補用副將尹德明

查該員同治陸年正月初壹日奉文離營改委都司王魁即日接哨該員於柒年柒月初壹日給假離營改委參將謝三

陽即日接哨
補用叅將毛永祥
查該員於同治柒年柒月初壹日給假離營改委副將黄先
霖即日接哨
補用遊擊曹殿元
查該員於同治陸年正月初壹日奉文離營改委副將劉明
端即日接哨
補用都司黄得桂
查該員於同治柒年捌月初壹日奉文離營改委副將盧秀
榮即日接哨
鳳字中營
哨長肆名

什長叁拾捌名
親兵陸拾名
護勇貳拾名
正勇叁百貳拾名
伙勇肆拾貳名
長夫壹百柒拾貳名
洋鎗親兵貳隊
什長貳名
親兵貳拾名
伙勇貳名
長夫肆名
以上鳳字中營改爲武毅中軍中營營帶官壹員月支薪糧銀

伍拾兩辦公費銀壹百伍拾兩凡帮辦營務管理帳目軍裝書醫工匠等薪粮並置辦旂幟號補各費在内共月支銀貳百兩不扣建自同治陸年正月初壹日接支起截至柒年拾貳月底止連閏計貳拾伍個月應共支薪費湘平銀伍千兩哨官肆員每員日支銀叁錢哨長肆名每名日支銀貳錢什長共肆拾名每名日支銀壹錢陸分親兵護勇共壹百名每名日支銀壹錢伍分正勇叁百貳拾名每名日支銀壹錢肆分伙勇共肆拾肆名每名日支銀壹錢壹分長夫共壹百柒拾陸名每名日支銀壹錢共日支銀玖拾兩陸錢肆分計自同治陸年正月初壹日接支起至拾月拾陸加增勇夫前壹日止計玖佰半月扣除小建陸日計貳百柒拾玖日應共支薪粮湘平銀貳萬伍千貳百捌拾捌兩伍錢陸分貳共

應支薪費口粮湘平銀叁萬貳百捌拾捌兩伍錢陸分

前項勇夫内加增正勇拾陸名長夫捌名連前計哨官肆員哨長肆名什長共肆拾名親兵護勇共壹百名正勇叁百叁拾陸名伙勇共肆拾肆名長夫共壹百捌拾肆名均仍照前数支給共日支銀玖拾叁兩陸錢捌分自陸年拾月拾陸日起截至柒年拾貳月底止連閏計拾伍個半月扣除小建柒日計肆百伍拾捌日共

應支薪粮湘平銀肆萬貳千玖百伍兩肆錢肆分

以上鳳字中營改為武毅中軍中營薪費口粮總共

應支湘平銀柒萬叁千壹百玖拾肆兩内

寔放湘平銀陸萬伍千壹百柒拾伍兩玖錢叁厘柒忽

寔欠發陸柒兩年分餉銀捌千拾捌兩玖分陸厘玖毫玖絲叁

忽

一鳳字前營並洋鎗親兵貳隊同治陸年拾月改為武毅後軍左營柒年拾貳月改為武毅後軍中營管帶官壹員哨官肆員勇丁伍百捌名長夫壹百柒拾陸名内

營帶官壹員

記名總兵已保提督魏興發

哨官肆員

補用副將劉得勝

查該員於同治柒年捌月初壹日給假離營改委補用都司

章發即日接哨

補用叅將熊得勝

查該員於同治柒年拾月初壹日給假離營改委都司王詩

學即日接哨
補用參將鄧萬洪
補用都司鄧顯廷
查該員於同治柒年肆月初壹日給假離營改委參將黄文
廣即日接哨
鳳字前營
哨長肆名
什長叁拾捌名
親兵陸拾名
護勇貳拾名
正勇叁百貳拾名
伙勇肆拾貳名

長夫壹百柒拾貳名
洋鎗親兵貳隊
什長貳名
親兵貳拾名
伙勇貳名
長夫肆名
以上鳳字前營改為武毅後軍中營管帶官壹員月支薪粮銀伍拾兩辦公費銀壹百伍拾兩凡帮辦營務管理帳目軍裝書醫工匠等薪粮並置辦旂幟號補各費在内共月支銀貳百兩不扣建自同治陸年正月初壹日接支起截至柒年拾貳月底止連閏計貳拾伍個月應共支薪費湘平銀伍千兩哨官肆員每員日支銀叁錢哨長肆名每名日支銀貳錢什

長共肆拾名每名日支銀壹錢陸分親兵護勇共壹百名每名日支銀壹錢伍分正勇叁百貳拾名每名日支銀壹錢肆分伙勇共肆拾肆名每名日支銀壹錢壹分長夫共壹百柒拾陸名每名日支銀壹錢共日支銀玖拾兩陸錢肆分計自同治陸年正月初壹日接支起至拾月拾陸加增勇夫前壹日止計玖個半月扣除小建陸日計貳百柒拾玖日應共支薪粮湘平銀貳萬伍千貳百捌拾捌兩伍錢陸分貳共

應支薪費口粮湘平銀叁萬貳百捌拾捌兩伍錢陸分

前項勇夫內加增正勇拾陸名長夫捌名連前計哨官肆員哨長肆名什長共肆拾名親兵護勇共壹百名正勇叁百叁拾陸名伙勇共肆拾肆名長夫共壹百捌拾肆名均仍照前數支給共日支銀玖拾叁兩陸錢捌分自陸年拾月拾陸日起

截至柒年拾貳月底止連閏計拾伍個半月和除小建柒日
計肆百伍拾捌日共
應支薪粮湘平銀肆萬貳千玖百伍兩肆錢肆分
以上鳳字前營改為武毅後軍中營薪費口粮總共
應支湘平銀柒萬叁千壹百玖拾肆兩內
寔放湘平銀陸萬肆千陸百拾伍兩玖錢叁厘柒忽
寔欠發陸柒兩年分餉銀捌千伍百柒拾捌兩玖分陸厘玖毫
玖絲叁忽
一武毅左營同治陸年拾月改為武毅中軍左營管帶官壹員
哨官肆員勇丁肆百捌拾肆名長夫壹百柒拾貳名內
管帶官壹員
遇缺題奏總兵王衍慶

查該員於同治陸年拾月初壹日奉文卸事改委副將藺福

廾即日接帶

哨官肆員

補用叅將李春元

查該員於同治陸年玖月初壹日給假離營改委守備劉得

光即日接哨

補用都司魯隆仁

查該員於同治陸年肆月初壹日給假離營改委副將雷顯

揚即日接哨

補用都司胡佑啟

查該員於同治陸年柒月初壹日奉文離營改委副將賀興

隆即日接哨

補用把總葛添壽
查該員於同治陸年柒月初壹日給假離營改委把總蕭友
和即日接哨
哨長肆名
什長叁拾捌名
親兵陸拾名
護勇貳拾名
正勇叁百貳拾名
伙勇肆拾貳名
長夫壹百柒拾貳名
以上武毅左營改為武毅中軍左營管帶官壹員月支薪粮銀
伍拾兩辦公費銀壹百伍拾兩凡帮辦營務管理帳目軍裝

書醫工匠等薪粮並置辦旂幟號補各費在内共月支銀貳百兩不扣建自同治陸年正月初壹日接支起截至柒年拾月初壹該營裁撤前壹日止連閏計貳拾貳個月應共支薪費湘平銀肆千肆百兩哨官肆員每員日支銀叁錢哨長肆名每名日支銀貳錢什長叁拾捌名每名日支銀壹錢陸分親兵護勇共捌拾名每名日支銀壹錢伍分正勇叁百貳拾名每名日支銀壹錢肆分伙勇肆拾貳名每名日支銀壹錢壹分長夫壹百柒拾貳名每名日支銀壹錢共日支銀捌拾陸兩柒錢自同治陸年正月初壹日接支起至拾月拾陸加增勇夫前壹日止計玖個半月扣除小建陸日計貳百柒拾玖日應共支薪粮湘平銀貳萬肆千壹百捌拾玖兩叁錢貳共

應支薪費口粮湘平銀貳萬捌千伍百捌拾玖兩叁錢
前項勇夫内加增正勇拾陸名長夫捌名連前計哨官肆員哨
長肆名什長叁拾捌名親兵護勇共捌拾名正勇叁百叁拾
陸名伙勇肆拾貳名長夫壹百捌拾名均仍照前数支給共
日支銀捌拾玖兩柒錢肆分自陸年拾月拾陸日起截至柒
年拾月初壹該營裁撤前壹日止連閏計拾貳個半月扣除
小建陸日計叁百陸拾玖日共
應支薪粮湘平銀叁萬叁千壹百拾肆兩陸分
以上武毅左營改為武毅中軍左營薪費口粮總共
應支湘平銀陸萬壹千柒百叁兩叁錢陸分内
寔放湘平銀陸萬壹千貳百伍拾兩捌錢叁分叁厘柒忽
寔欠發陸年分餉銀肆百伍拾貳兩伍錢貳分陸厘玖毫玖絲

叁忽

一武毅右營並洋鎗親兵貳隊同治陸年拾月改為武毅中軍右營管帶官壹員哨官肆員勇丁伍百捌名長夫壹百柒拾陸名内

管帶官壹員

記名提督周蘭亭

查該員於同治陸年拾月初壹日奉文卸事改委 記名提督王平西即日接帶該員於柒年肆月初壹日調營卸事改委 記名提督楊西平即日接帶

哨官肆員

補用副將邱以德

補用遊擊黃廷貴

補用遊擊楊光龍
查該員於同治陸年捌月初壹日給假離營改委叅將湯保
成即日接哨
補用都司朱鎮鳴
查該員於同治陸年玖月初壹日給假離營改委遊擊唐萬
泰即日接哨
武毅右營
哨長肆名
什長叁拾捌名
親兵陸拾名
護勇貳拾名
正勇叁百貳拾名

伙勇肆拾貳名

長夫壹百柒拾貳名

洋鎗親兵貳隊

什長貳名

親兵貳拾名

伙勇貳名

長夫肆名

以上武毅右營改為武毅中軍右營營帶官壹員月支薪粮銀伍拾兩辦公費銀壹百伍拾兩凡帮辦營務管理帳目軍裝書醫工匠等薪粮並置辦旂幟號補各費在內共月支銀貳百兩不扣建自同治陸年正月初壹日接支起截至柒年拾壹月拾陸該營裁撤前壹日止連閏計貳拾叁個半月應共

支薪費湘平銀肆千柒百兩哨官肆員每員日支銀叁錢哨長肆名每名日支銀貳錢什長共肆拾名每名日支銀壹錢陸分親兵護勇共壹百名每名日支銀壹錢伍分正勇叁百貳拾名每名日支銀壹錢肆分伙勇共肆拾肆名每名日支銀壹錢壹分長夫共壹百柒拾陸名每名日支銀壹錢共日支銀玖拾兩陸錢肆分自同治陸年正月初壹日接支起至拾月拾陸加增勇夫前壹日止計玖個半月扣除小建陸日計貳百柒拾玖日應共支薪粮湘平銀貳萬伍千貳百捌拾捌兩伍錢陸分貳共

應支薪費口粮湘平銀貳萬玖千玖百捌拾捌兩伍錢陸分

前項勇夫內加增正勇拾陸名長夫捌名連前計哨官肆員哨長肆名什長共肆拾名親兵護勇共壹百名正勇叁百叁拾

陸名伙勇共肆拾肆名長夫共壹百捌拾肆名均仍照前数
支給共日支銀玖拾叁兩陸錢捌分自陸年拾月拾陸日起
截至柒年拾壹月拾陸該營裁撤前壹日止連閏拾肆個月
扣除小建陸日計肆百拾肆日共
應支薪粮湘平銀叁萬捌千柒百捌拾叁兩伍錢貳分
以上武毅右營改為武毅中軍右營薪費口粮總共
應支湘平銀陸萬捌千柒百柒拾貳兩捌分内
寔放湘平銀陸萬柒千肆百肆拾壹兩叁厘柒忽
寔欠發陸年分餉銀壹千叁百叁拾壹兩柒分陸厘玖毫玖絲
叁忽
一武毅後營並洋鎗親兵貳隊同治陸年拾月改為武毅前軍
中營營帶官壹員哨官肆員勇丁伍百捌名長夫壹百柒拾

陸名内
管帶官壹員
記名總兵李長樂
查該員於同治陸年拾月初壹日奉文統帶武毅前軍柒年
拾貳月初壹日委統裁剩武毅各營事務仍兼帶本營
哨官肆員
補用參將楊慕時
查該員於同治陸年捌月初壹日給假離營改委千總霍餘
慶即日接哨
補用遊擊楊全秀　王記文
補用守備白玉川
武毅後營

哨長肆名
什長叁拾捌名
親兵陸拾名
護勇貳拾名
正勇叁百貳拾名
伙勇肆拾貳名
長夫壹百柒拾貳名
洋鎗親兵貳隊
什長貳名
親兵貳拾名
伙勇貳名
長夫肆名

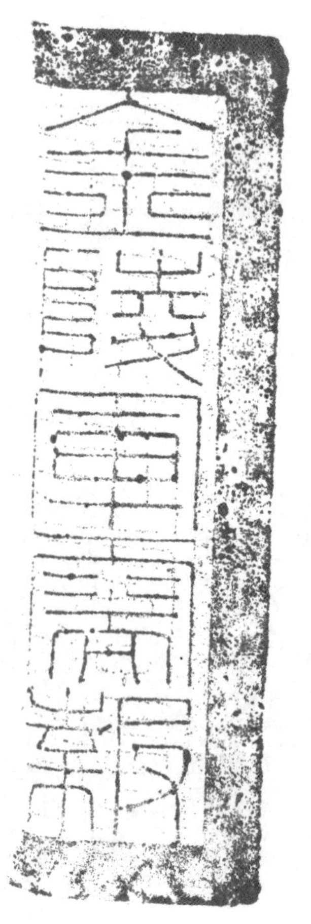

以上武毅後營改為武毅前軍中營管帶官壹員月支薪糧銀伍拾兩辦公費銀壹百伍拾兩凡幫辦營務管理帳目軍裝書醫工匠等薪糧並置辦旂幟號補各費在內共月支銀貳百兩不扣建自同治陸年正月初壹日接支起截至柒年拾貳月底止連閏計貳拾伍個月應共支薪費湘平銀伍千兩

哨官肆員每員日支銀叁錢哨長肆名每名日支銀貳錢什長共肆拾名每名日支銀壹錢陸分親兵護勇共壹百名每名日支銀壹錢伍分正勇叁百貳拾名每名日支銀壹錢肆分伙勇共肆拾肆名每名日支銀壹錢壹分長夫共壹百柒拾陸名每名日支銀壹錢共日支銀玖拾兩陸錢肆分計自同治陸年正月初壹日接支起至拾月拾陸加增勇夫前壹日止計玖個半月扣除小建陸日計貳百柒拾玖日應共支

薪粮湘平銀貳萬伍千貳百捌拾捌兩伍錢陸分貳共

應支薪費口粮湘平銀叁萬貳百捌拾捌兩伍錢陸分

前項弁勇内加增正勇拾陸名長夫捌名連前計哨官肆員哨長肆名什長共肆拾名親兵護勇共壹百名正勇叁百叁拾陸名伙勇共肆拾肆名長夫共壹百捌拾肆名均仍照前數支給共日支銀玖拾叁兩陸錢捌分自陸年拾月拾陸日起截至柒年拾貳月底止連閏拾伍個半月扣除小建柒日計肆百伍拾捌日共

應支薪粮湘平銀肆萬貳千玖百伍兩肆錢肆分

前項管帶官壹員於同治陸年拾月初壹日起奉委統帶武毅前軍事務月支薪費銀肆拾兩至柒年拾壹月底止連閏計拾伍個月又自柒年拾貳月初壹日起委統裁剩武毅各營

月加薪費銀陸拾兩連前共月支銀壹百兩又加夫拾名每名日支銀壹錢共日支銀壹兩截至是月底止薪費壹個月餘項扣除小建壹日計貳拾玖日兩共

應支薪費口粮湘平銀柒百貳拾玖兩

以上武毅後營改為武毅前軍中營薪費口粮總共

應支湘平銀柒萬叁千玖百貳拾叁兩内

寔放湘平銀陸萬伍千叁百肆拾肆兩玖錢叁厘柒忽

寔欠發陸柒兩年分餉銀捌千伍百柒拾捌兩玖分陸厘玖毫玖絲叁忽

一鳳字後營同治陸年拾月改為武毅後軍中營管帶官壹員哨官肆員勇丁肆百捌拾肆名長夫壹百柒拾貳名内

管帶官壹員

記名提督宋德鴻
查該員於同治陸年拾月初壹日奉文統帶武毅後軍事務
仍兼原帶本營

哨官肆員
補用副將楊　棋
補用副將明紹才
查該員於同治陸年玖月初壹日給假離營改委千總陳有
貴即日接哨
補用都司陳錦標
查該員於同治陸年柒月初壹日奉文離營改委把總張明
良即日接哨
補用守備劉福元

金陵軍需報

查該員於同治陸年捌月初壹日奉文離營改委把總錢明

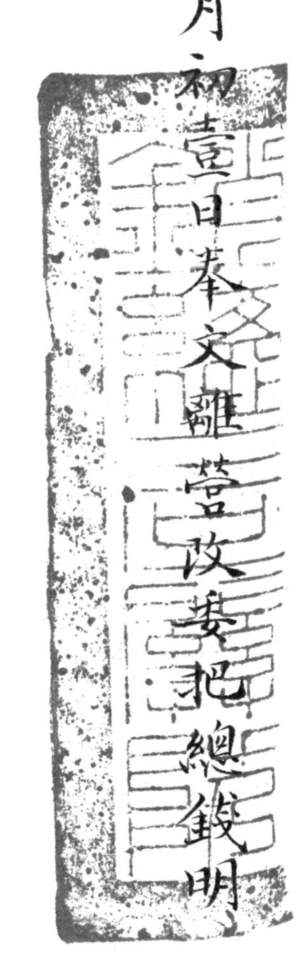

望即日接哨

哨長肆名

什長叁拾捌名

親兵陸拾名

護勇貳拾名

正勇叁百貳拾名

伙勇肆拾貳名

長夫壹百柒拾貳名

以上鳳字後營改為武毅後軍中營管帶官壹員月支薪粮銀伍拾兩辦公費銀壹百伍拾兩凡幫辦營務管理帳目軍裝書醫工匠等薪粮並置辦旂幟號補各費在內共月支銀貳

百兩不扣建自同治陸年正月初壹日接支起截至柒年拾壹月拾陸該營裁撤前壹日止連閏計貳拾叁個半月應共支薪費湘平銀肆千柒百兩哨官肆員每員日支銀叁錢哨長肆名每名日支銀貳錢什長叁拾捌名每名日支銀壹錢陸分親兵護勇共捌拾名每名日支銀壹錢伍分正勇叁百貳拾名每名日支銀壹錢肆分伙勇肆拾貳名每名日支銀壹錢壹分長夫壹百柒拾貳名每名日支銀壹錢共日支銀捌拾陸兩柒錢自同治陸年正月初壹日接支起至拾月拾陸加增勇夫前壹日止計玖佰半月扣除小建陸日計貳百柒拾玖日應共支薪粮湘平銀貳萬肆千壹百捌拾玖兩叁錢貳共

應支薪費口粮湘平銀貳萬捌千捌百捌拾玖兩叁錢

前項弁勇內加增正勇拾陸名長夫捌名連前計哨官肆員哨長肆名什長叁拾捌名親兵護勇共捌拾名正勇叁百叁拾陸名伙勇肆拾貳名長夫壹百捌拾名均仍照前數支給共日支銀捌拾玖兩柒錢肆分自陸年拾月拾陸日起截至柒年拾壹月拾陸該營裁撤前壹日止連閏拾肆個月扣除小建陸日計肆百拾肆日共

應支薪糧湘平銀叁萬柒千壹百伍拾貳兩叁錢陸分

前項管帶官壹員於同治陸年拾月初壹日起奉委統帶武毅後軍事務月支薪費銀肆拾兩截至柒年拾壹月拾陸裁營前壹日止連閏計拾肆個半月共

應支薪費湘平銀伍百捌拾兩

以上鳳字後營改為武毅後軍中營薪費口糧總共

應支湘平銀陸萬陸千陸百貳拾壹兩陸錢陸分内

寔放湘平銀陸萬伍千叁百貳拾捌兩叁錢捌分叁厘柒忽

寔欠發陸年分餉銀壹千貳百玖拾叁兩貳錢柒分陸厘玖毫

玖絲叁忽

一新立親兵砲勇矛隊叁哨同治陸年玖月撥歸統領武毅全

軍提督郭松林部下計管帶官壹員哨官叁員勇丁叁百名

長夫玖拾名内

管帶官壹員

補用叅將朱大珍

哨官叁員

補用叅將張宗順

查該員於同治柒年拾壹月初壹日奉文卸事改委叅將程

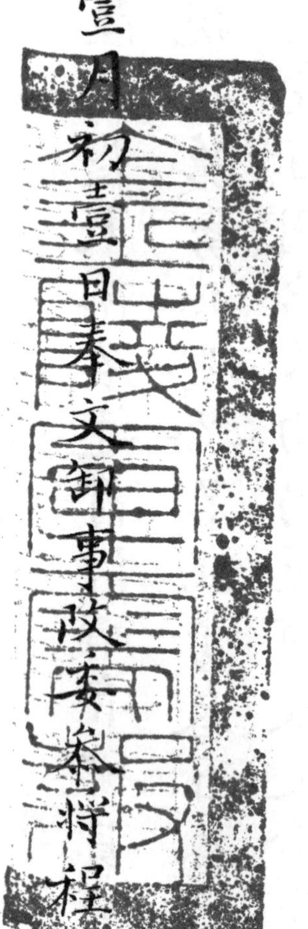

步雲即日接哨

補用都司葛孝垣

查該員於同治柒年拾貳月拾陸日奉文裁撤

補用守備曹永林

什長貳拾柒名

護勇叁名

正勇貳百柒拾名

長夫玖拾名

以上武毅軍砲矛小隊管帶官壹員月支薪粮銀肆拾兩辦公費銀捌拾兩共月支銀壹百貳拾兩不扣建自同治陸年正月初壹日開支起至柒年拾貳月拾陸酌減公費前壹日止連閏計貳拾肆個半月共銀貳千玖百肆拾兩又自柒年拾

貳月拾陸起月支薪粮銀肆拾兩辦公費銀陸拾兩共月支銀壹百兩截至是月底止計半個月銀伍拾兩共應支薪費湘平銀貳千玖百玖拾兩哨官叁員每員日支銀叁錢什長貳拾柒名每名日支銀壹錢陸分護勇叁名每名日支銀壹錢伍分正勇貳百柒拾名每名日支銀壹錢肆分長夫玖拾名每名日支銀壹錢共日支銀伍拾貳兩肆錢柒分自同治陸年正月初壹日開支起至柒年拾貳月拾陸裁減前壹日止計貳拾肆個半月扣除小建拾貳日計柒百貳拾叁日應共支薪粮湘平銀叁萬柒千玖百叁拾伍兩捌錢壹分兩共應支薪費口粮湘平銀肆萬玖百貳拾伍兩捌錢壹分

前項弁勇內開除砲隊壹哨計哨官壹員什長玖名護勇壹名正勇玖拾名長夫叁拾名外寔存哨官貳員什長拾捌名護

勇貳名正勇壹百捌拾名長夫陸拾名均照前数支給共日
支銀叁拾肆兩玖錢捌分自柒年拾貳月拾陸日起至是月
底止扣除小建壹日計拾肆日共
應支薪粮湘平銀肆百捌拾玖兩柒錢貳分
以上武毅軍砲牙小隊總共
寔放湘平銀肆萬壹千肆百拾伍兩伍錢叁分
一新立武毅前鋒小隊壹哨哨官壹員勇丁壹百拾名長夫拾
名内
哨官壹員
軍功范方梧
什長拾名
正勇玖拾名

伙勇拾名
長夫拾名
以上武毅前鋒小隊壹哨哨官壹員日支銀叁錢什長拾名每
名日支銀壹錢陸分正勇玖拾名每名日支銀壹錢肆分伙
勇拾名每名日支銀壹錢壹分長夫拾名每名日支銀壹錢
共日支銀拾陸兩陸錢自同治陸年拾壹月拾陸日開支起
截至柒年拾貳月底裁撤止連閏計拾肆個半月扣除小建
柒日計肆百貳拾捌日以上薪粮共
寔放湘平銀柒千壹百肆兩捌錢
一鳳字馬隊營同治陸年拾月改為武毅馬隊副中營營帶官
壹員幫辦壹員哨官拾員字識壹名勇丁貳百捌拾壹名馬
夫伍拾名内

管帶官壹員

補用副將吳鳳柱

查該員於同治陸年拾月初壹日奉文統帶武毅馬隊副中等營仍兼原帶本營

幫辦壹員

補用都司王學古

正哨官肆員

補用都司戴廣福

補用千總閻克俊　曠維信

補用把總祁興勝

副哨官陸員

補用守備袁成箕　劉從興　奚効忠

補用外委曹宗義　李修己　曹振標

字識壹名

什長貳拾伍名

馬勇貳百貳拾伍名

伙勇叁拾壹名

馬夫伍拾名

馬貳百柒拾陸匹

以上凰字馬隊營改爲武毅馬隊副中營營帶官壹員月支薪粮銀伍拾兩辦公費銀壹百兩凡獸醫鉄匠口粮並置辦旂幟等項各費在内帮辦壹員月支銀拾陸兩正哨官肆員每員月支銀拾捌兩副哨官陸員每員月支銀拾伍兩字識壹名月支銀玖兩共月支銀叁百叁拾柒兩均不扣建自同治

陸年正月初壹日接支起截至柒年拾月初壹該營裁撤前壹日止連閏計貳拾貳個月應共支薪費馬乾湘平銀柒千肆百拾肆兩什長貳拾伍名每名日支銀貳錢陸分馬勇貳百貳拾伍名每名日支銀貳錢肆分伙勇叁拾壹名每名日支銀壹錢壹分馬夫伍拾名每名日支銀壹錢共日支銀陸拾捌兩玖錢壹分自同治陸年正月初壹日接支起截至柒年拾月初壹該營裁撤前壹日止扣除小建拾貳日計陸百肆拾捌日應共支薪粮馬乾湘平銀肆萬肆千陸百伍拾叁兩陸錢捌分兩共

應支薪費口粮湘平銀伍萬貳千陸拾柒兩陸錢捌分

前項管帶官壹員於同治陸年拾月初壹日起奉委統帶武毅馬隊各營月支薪費銀肆拾兩截至柒年拾月初壹裁營前

壹日止連閏計拾叁個月共
應支薪費湘平銀伍百貳拾兩
以上鳳字馬隊營改為武毅馬隊副中營薪費口粮總共
㝍放湘平銀伍萬貳千伍百捌拾柒兩陸錢捌分
一新立武毅馬隊右營管帶官壹員幫辦壹員哨官拾員字識
壹名勇丁貳百捌拾壹名馬夫伍拾名內
管帶官壹員
五品軍功夏青雲
幫辦壹員
候選從九品鍾國政
正哨官肆員
補用守備李廷選

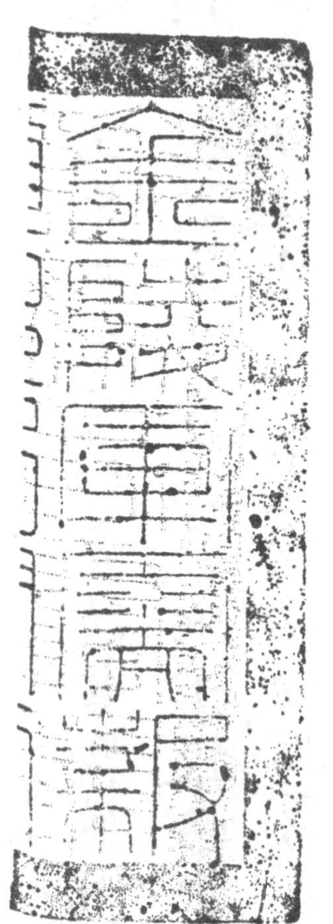

補用千總沃錦雯　張翼高
軍功唐道行
副哨官陸員
補用千總馬全標
補用把總張裕祖　黄守德
軍功韓學禮　韓德普　常漢臣
字識壹名
什長貳拾伍名
馬勇貳百貳拾伍名
伙勇叁拾壹名
馬夫伍拾名
馬貳百柒拾陸匹

以上武毅馬隊右營管帶官壹員月支薪粮銀伍拾兩辦公費銀壹百兩凡獸醫鉄匠口粮並置辦旗幟等項各費在内幫辦壹員月支銀拾陸兩正哨官肆員每員月支銀拾捌兩副哨官陸員每員月支銀拾伍兩字識壹名月支銀玖兩共月支銀叁百叁拾柒兩自同治陸年拾壹月初壹日開支起截至柒年拾月初壹該營裁撤前壹日止連閏計拾貳個月應共支薪費馬乾湘平銀肆千肆拾肆兩什長貳拾伍名每名日支銀貳錢陸分馬勇貳百貳拾伍名每名日支銀貳錢肆分伙勇叁拾壹名每名日支銀壹錢壹分馬夫伍拾名每名日支銀壹錢共日支銀陸拾捌兩玖錢壹分自同治陸年拾壹月初壹日開支起截至柒年拾月初壹該營裁撤前壹日止扣除小建陸日計叁百伍拾肆日應共支口粮馬乾湘平

銀貳萬肆千叁百玖拾肆兩壹錢肆分以上薪費口粮馬乾

共

㝎放湘平銀貳萬捌千肆百叁拾捌兩壹錢肆分

一新立武毅馬隊副右營管帶官壹員帮辦壹員哨官玖員字

識壹名勇丁貳百肆拾捌名内

管帶官壹員

補用都司邱得功

帮辦壹員

補用千總陸得勝

正哨官肆員

補用守備方熙朝

軍功蕭青山　馮立功　楊秀雲

副哨官伍員

補用把總張天祥

補用外委王連陞

軍功張殿榮　金得勝　李興盛

字識壹名

什長貳拾貳名

馬勇壹百玖拾捌名

伙勇貳拾捌名

馬貳百肆拾肆匹

以上武毅馬隊副右營管帶官壹員月支薪粮銀伍拾兩辦公費銀壹百兩凡獸醫鐵匠口粮並置辦旂幟等項各費在內

帮辦壹員月支銀拾陸兩　正哨官肆員每員月支銀拾捌兩

副哨官伍員每員月支銀拾伍兩字識壹名月支銀玖兩共月支銀叁百貳拾貳兩均不扣建自同治陸年拾壹月初壹日開支起截至柒年正月拾陸該營裁撤前壹日止計貳個半月應共支薪費馬乾湘平銀捌百伍兩什長貳拾貳名每名日支銀貳錢陸分馬勇壹百玖拾捌名每名日支銀貳錢肆分伙勇貳拾捌名每名日支銀壹錢壹分共日支銀伍拾陸兩叁錢貳分自同治陸年拾壹月初壹日開支起截至柒年正月拾陸該營裁撤前壹日止計柒拾伍日應共支口糧馬乾湘平銀肆千貳百貳拾肆兩以上薪費口糧馬乾共

寔放湘平銀伍千貳拾玖兩

以上鳳字武毅馬步玖營肆哨薪費口糧馬乾總共

應支湘平銀伍拾伍萬玖千貳百叁拾柒兩貳錢伍分內

寔放湘平銀伍拾叁萬玖百捌拾陸兩柒分捌厘肆絲貳忽
寔欠發陸柒兩年分餉銀貳萬捌千貳百伍拾壹兩壹錢柒分
壹厘玖毫伍絲捌忽
查前項各營壯勇内有傷亡等項事故均係隨時募補並無空
曠日期所有欠發銀兩續有補給另歸次案專册造報理合
登明

一統帶新立仁字馬隊各營官壹員
記名提督唐仁廉
以上統帶官壹員月支薪粮公費銀壹百兩不扣建自同治陸
年柒月拾陸日開支起截至柒年拾貳月底止連閏計拾捌
個半月應支薪費共
實放湘平銀壹千捌百伍拾兩
一新立仁字馬隊中營營帶官壹員哨官肆員帮辦貳員書識
獸醫勇丁叁百拾伍名馬長夫捌拾玖名內
管帶官壹員
補用副將尹昌景
查該員於同治柒年正月初壹日調營卸事改歸提督唐仁
廉兼帶

幫辦貳員

候選縣丞黄廷瑞

查該員於同治柒年伍月初壹日給假離營改委副將金慶

元即日接辦

補用都司舒拜發

查該員於同治柒年伍月初壹日調營卸事改委都司董玉

學即日接辦

哨官肆員

補用都司譚清遠

查該員於同治柒年拾月初壹日奉文卸事改委遊擊吴西

元即日接哨

補用都司夏滲元

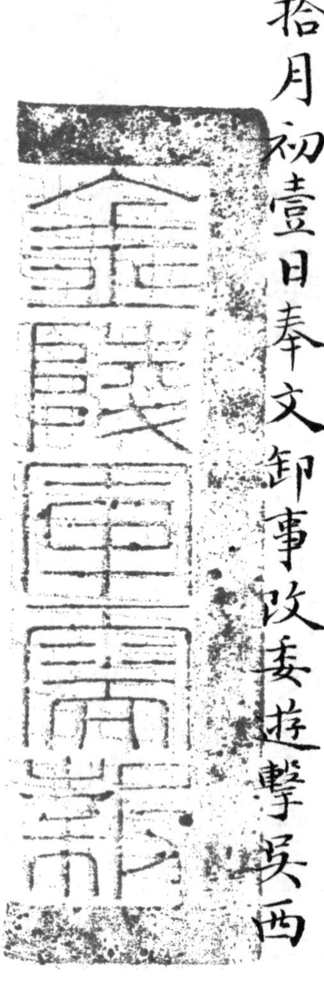

查該員於同治柒年陸月貳拾叁日在德州打仗陣亡改委
都司王鴻洲即日接哨
補用守備王尚華
查該員於同治柒年拾貳月初壹日給假離營改委都司謝
承恩即日接哨
補用守備尹秀峰
查該員於同治柒年叁月初壹日給假離營改委都司王盛
彪即日接哨
書識伍名
獸醫貳名
督隊伍名
哨長貳拾名

馬勇貳百肆拾名
護勇拾陸名
伙勇貳拾柒名
馬夫肆拾肆名
長夫肆拾伍名
馬貳百柒拾陸匹

以上仁字馬隊中營管帶官壹員月支薪粮銀伍拾兩辦公費銀壹百兩凡鉄匠口粮並置辦旂幟等項各費在内哨官肆員每員月支銀貳拾兩帮辦貳員每員月支銀拾陸兩共月支銀貳百陸拾貳兩均不扣建自同治陸年柒月拾陸日開支起截至柒年拾貳月底止連閏計拾捌個半月應共支薪費馬乾湘平銀肆千捌百肆拾柒兩書識伍名每名日支銀

貳錢獸醫督隊共柒名每名日支銀叁錢哨長貳拾名每名日支銀叁錢陸分馬勇貳百肆拾名每名日支銀貳錢肆分護勇拾陸名每名日支銀壹錢伍分伙勇貳拾柒名每名日支銀壹錢壹分馬夫長夫共捌拾玖名每名日支銀壹錢共日支銀捌拾貳兩壹錢柒分自同治陸年柒月拾陸日開支起截至柒年拾貳月底止扣除小建玖日計伍百肆拾陸日應共支口粮馬乾湘平銀肆萬肆千捌百陸拾肆兩捌錢貳分兩共

應支薪費口粮馬乾湘平銀肆萬玖千柒百拾壹兩捌錢貳分

前項額馬内該營按月領補馬捌匹自同治陸年柒月拾陸日開支起截至柒年拾貳月底止連閏計拾捌個半月應補馬壹百肆拾捌匹每匹給價銀拾叁兩伍錢共

應支馬價湘平銀壹千玖百玖拾捌兩

以上仁字馬隊中營薪費口粮馬乾倒補馬價總共

實放湘平銀伍萬壹千柒百玖兩捌錢貳分

一新立仁字馬隊左營管帶官壹員哨官肆員帮辦貳員書識

獸醫勇丁叁百拾伍名馬長夫捌拾玖名内

管帶官壹員

升用總兵徐連陞

查該員於同治柒年伍月初壹日奉文卸事改委副將已保

總兵張發祥即日接帶

幫辦貳員

候選縣丞李清廉

查該員於同治柒年叁月初壹日奉文卸事改委參將徐占

魁即日接辦
補用遊擊朱榮魁
查該員於同治柒年伍月初壹日給假卸事改委遊擊張光
順即日接辦
哨官肆員
升用總兵劉正同
查該員於同治柒年叁月貳拾壹日打仗陣亡改委遊擊袁
明高即日接哨
補用副將金慶元
查該員於同治柒年伍月初壹日調營卸事改委遊擊歐宏
貴即日接哨
補用遊擊樊春林

補用都司萬得勝
查該員於同治柒年伍月貳拾伍日打仗陣亡改委遊擊梁
得勝即日接哨
書識伍名
獸醫貳名
督隊伍名
哨長貳拾名
馬勇貳百肆拾名
護勇拾陸名
伙勇貳拾柒名
馬夫肆拾肆名
長夫肆拾伍名

馬貳百柒拾陸匹

以上仁字馬隊左營管帶官壹員月支薪粮銀伍拾兩辦公費銀壹百兩凡鉄匠口粮並置辦旂幟等項各費在内哨官肆員每員月支銀貳拾兩帮辦貳員每員月支銀拾陸兩共月支銀貳百陸拾貳兩均不扣建自同治陸年柒月拾陸日開支起截至柒年拾貳月底止連閏計拾捌個半月應共支薪費馬乾湘平銀肆千捌百肆拾柒兩書識伍名每名日支銀貳錢獸醫督隊共柒名每名日支銀叁錢哨長貳拾名每名日支銀叁錢陸分馬勇貳百肆拾名每名日支銀貳錢肆分護勇拾陸名每名日支銀壹錢伍分伙勇貳拾柒名每名日支銀壹錢壹分馬夫長夫共捌拾玖名每名日支銀壹錢共日支銀捌拾貳兩壹錢柒分自同治陸年柒月拾陸日開支

起截至柒年拾貳月底止扣除小建玖日計伍百肆拾陸日

應共支口粮馬乾湘平銀肆萬肆千捌百陸拾肆兩捌錢貳

分兩共

應支薪費口粮馬乾湘平銀肆萬玖千柒百拾壹兩捌錢貳分

前項額馬內該營按月領補馬捌匹自同治陸年柒月拾陸日

開支起截至柒年拾貳月底止連閏計拾捌個半月應補馬

壹百肆拾捌匹每匹給價銀拾叁兩伍錢共

應支馬價湘平銀壹千玖百玖拾捌兩

以上仁字馬隊左營薪費口粮馬乾倒補馬價總共

寔放湘平銀伍萬壹千柒百玖兩捌錢貳分

一新立仁字馬隊右營管帶官壹員哨官肆員幫辦貳員書識

獸醫勇丁叁百拾伍名馬長馬夫捌拾玖名內

管帶官壹員
補用副將龍太勝
幫辦貳員
候選訓導揭運開
補用副將蕭良桂
哨官肆員
補用副將蔣昌品
補用叅將劉明勝　邱受德
補用都司魯厚禧
書識伍名
獸醫貳名
督隊伍名

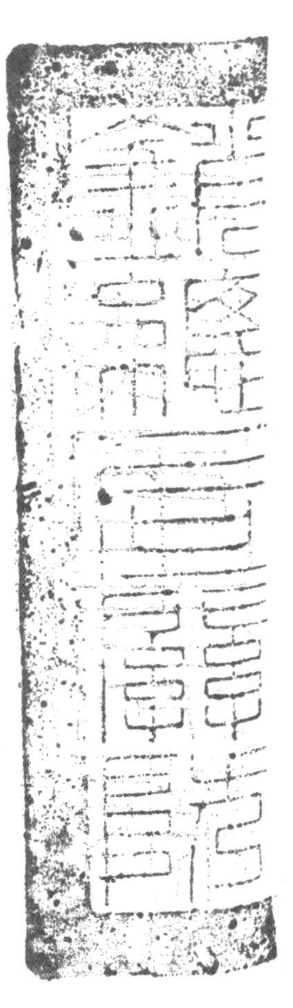

哨長貳拾名
馬勇貳百肆拾名
護勇拾陸名
伙勇貳拾柒名
馬夫肆拾肆名
長夫肆拾伍名
馬貳百柒拾陸匹
以上仁字馬隊石營管帶官壹員月支薪粮銀伍拾兩辦公費銀壹百兩凡鉄匠口粮並置辦旂幟等項各費在内哨官肆員每員月支銀貳拾兩帮辦貳員每員月支銀拾陸兩共月支銀貳百陸拾貳兩均不扣建自同治陸年柒月拾陸日開支起截至柒年拾壹月拾陸該營裁撤前壹日止連閏計拾

柒佰月應共支薪費馬乾湘平銀肆千肆百伍拾肆兩書識伍名每名日支銀貳錢獸醫督隊共柒名每名日支銀叁錢哨長貳拾名每名日支銀叁錢陸分馬勇貳百肆拾名每名日支銀貳錢肆分護勇拾陸名每名日支銀壹錢伍分伙勇貳拾柒名每名日支銀壹錢壹分馬夫長夫共捌拾玖名每名日支銀壹錢共日支銀捌拾貳兩壹錢柒分自同治陸年柒月拾陸日開支起截至柒年拾壹月拾陸該營裁撤前壹日止扣除小建捌日計伍百貳日應共支口粮馬乾湘平銀肆萬壹千貳百肆拾玖兩叁錢肆分兩共

應支薪費口粮馬乾湘平銀肆萬伍千柒百叁兩叁錢肆分

前項額馬內該營按月領補馬捌匹自同治陸年柒月拾陸日開支起截至柒年拾壹月拾陸該營裁撤前壹日止連閏計

拾柒個月應補馬壹百叁拾陸匹每匹給價銀拾叁兩伍錢

共

應支馬價湘平銀壹千捌百叁拾陸兩

以上仁字馬隊右營薪費口粮馬乾倒補馬價總共

寔放湘平銀肆萬柒千伍百叁拾玖兩叁錢肆分

一新立仁字馬隊前營管帶官壹員哨官肆員帮辦貳員書識

獸醫勇丁叁百拾伍名長馬夫捌拾玖名內

管帶官壹員

補用副將蕭光友

查該員於同治柒年伍月初壹日奉文卸事改委副將蔣傳

盛即日接帶該員於是年柒月拾壹日因傷身故改委副將

李其祥即日接帶

幫辦貳員
候選縣丞佘世欽
補用都司陳連元
哨官肆員
補用副将劉萬魁
補用叅将李廾銀
補用遊擊邱得勝
查該員於同治柒年肆月初壹日給假離營改委都司胡勝
章即日接哨
補用都司王治平
書識伍名
獸醫貳名

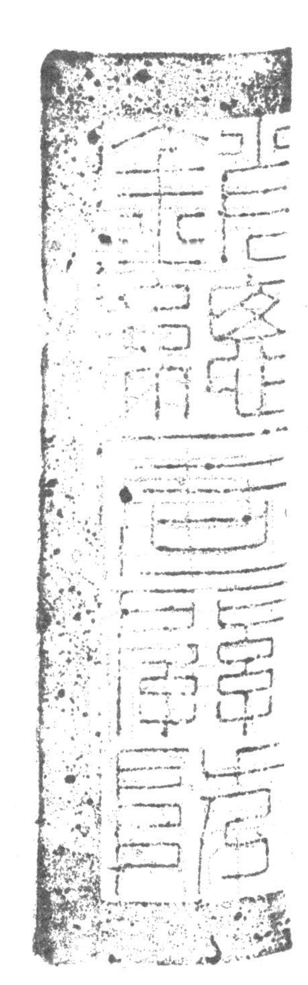

督隊伍名
哨長貳拾名
馬勇貳百肆拾名
護勇拾陸名
伙勇貳拾柒名
馬夫肆拾肆名
長夫肆拾伍名
馬貳百柒拾陸匹
以上仁字馬隊前營管帶官壹員月支薪粮銀伍拾兩辦公費
銀壹百兩凡鉄匠口粮並置辦旂幟等項各費在内哨官肆
員每員月支銀貳拾兩幇辦貳員每員月支銀拾陸兩共月
支銀貳百陸拾貳兩均不扣建自同治陸年拾壹月初壹日

開支起截至柒年拾壹月初壹日止連閏計拾叁個月應共支薪費馬乾湘平銀叁千肆百陸兩書識伍名每名日支銀貳錢獸醫督隊共柒名每名日支銀叁錢哨長貳拾名每名日支銀叁錢陸分馬勇貳百肆拾名每名日支銀貳錢肆分護勇拾陸名每名日支銀壹錢伍分伙勇貳拾柒名每名日支銀壹錢壹分馬夫長夫共捌拾玖名每名日支銀壹錢共日支銀捌拾貳兩壹錢柒分自同治陸年拾壹月初壹日開支起截至柒年拾壹月初壹該營裁撤前壹日止扣除小建陸日計叁百捌拾肆日應共支口粮馬乾湘平銀叁萬壹千伍百伍拾叁兩貳錢捌分兩共

應支薪費口粮馬乾湘平銀叁萬肆千玖百伍拾玖兩貳錢捌分

前項額馬內該營按月領補馬捌匹自同治陸年拾壹月初壹
日開支起截至柒年拾壹月初壹該營裁撤前壹日止連閏
計拾叁個月應補馬壹百肆匹每匹給價銀拾叁兩伍錢共
應支馬價湘平銀壹千肆百肆兩
以上仁字馬隊前營薪費口糧馬乾倒補馬價總共
寔放湘平銀叁萬陸千叁百陸拾叁兩貳錢捌分
一新立仁字馬隊後營營帶官壹員哨官肆員幫辦貳員書識
獸醫勇丁叁百拾伍名馬長夫捌拾玖名內
營帶官壹員
記名總兵黎大海
查該員於同治柒年伍月初壹日奉文卸事陝安都司舒拜
發即日接帶

帮辦貳員

候選訓導張　蔭

補用都司蔣友陞

哨官肆員

補用遊擊周德朝　吴寶三　蔣定銓

補用都司徐國芳

書識伍名

獸醫貳名

督隊伍名

哨長貳拾名

馬勇貳百肆拾名

護勇拾陸名

伙勇貳拾柒名
馬夫肆拾肆名
長夫肆拾伍名
馬貳百柒拾陸匹
以上仁字馬隊後營管帶官壹員月支薪粮銀伍拾兩辦公費銀壹百兩凡鉄匠口粮並置辦旂幟等項各費在內哨官肆員每員月支銀貳拾兩幇辦貳員每員月支銀拾陸兩共月支銀貳百陸拾貳兩均不扣建自同治陸年拾壹月初壹日開支起截至柒年拾壹月初壹該營裁撤前壹日止連閏計拾叁個月應共支薪費馬乾湘平銀叁千肆百陸兩書識伍名每名日支銀貳錢獸醫督隊共柒名每名日支銀叁錢哨長貳拾名每名日支銀叁錢陸分馬勇貳百肆拾名每名日

支銀貳錢肆分護勇拾陸名每名日支銀壹錢伍分伙勇貳拾柒名每名日支銀壹錢壹分馬夫長夫共捌拾玖名每名日支銀壹錢共日支銀捌拾貳兩壹錢柒分自同治陸年拾壹月初壹日開支起截至柒年拾壹月初壹該營裁撤前壹日止扣除小建陸日計叁百捌拾肆日應共支口粮馬乾湘平銀叁萬壹千伍百伍拾叁兩貳錢捌分兩共

應支薪費口粮馬乾湘平銀叁萬肆千玖百伍拾玖兩貳錢捌分

前項額馬内該營按月領補馬捌疋自同治陸年拾壹月初壹日開支起截至柒年拾壹月初壹該營裁撤前壹日止連閏計拾叁個月應補馬壹百肆疋每疋給價銀拾叁兩伍錢共

應支馬價湘平銀壹千肆百肆兩

以上仁字馬隊後營薪費口粮馬乾倒補馬價總共
寔放湘平銀叁萬陸千叁百陸拾叁兩貳錢捌分
一新立懷字馬隊營管帶官壹員哨官肆員帮辦貳員書識獸
醫勇丁叁百拾伍名長夫捌拾玖名內馬
管帶官壹員
補用千總陸懷邦
帮辦貳員
候選從九品王道平　蔣嘉鎬
哨官肆員
補用千總陳承英
補用外委姚福壽
軍功陸新安　張德恒

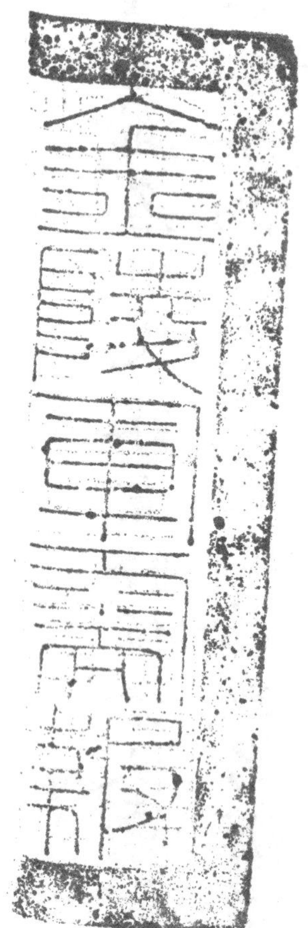

書識伍名
獸醫貳名
督隊伍名
哨長貳拾名
馬勇貳百肆拾名
護勇拾陸名
伙勇貳拾柒名
馬夫肆拾肆名
長夫肆拾伍名
馬貳百柒拾陸匹
以上懷字馬隊營管帶官壹員月支薪粮銀伍拾兩辦公費銀
壹百兩凡鉄匠口粮並置辦旂幟等項各費在内哨官肆員

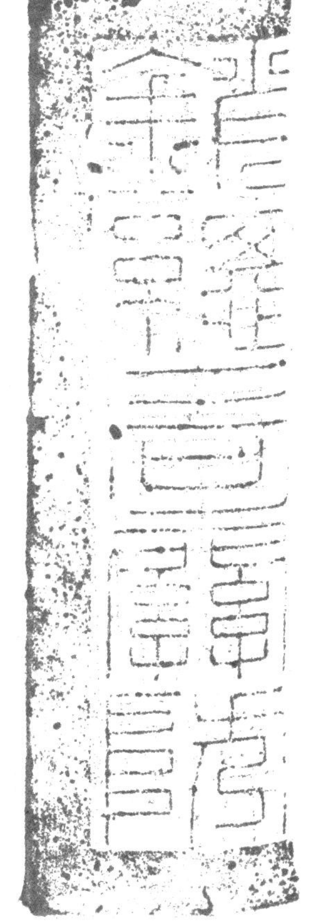

每員月支銀貳拾兩帮辦貳員每員月支銀拾陸兩共月支
銀貳百陸拾貳兩均不扣建自同治陸年拾壹月初壹日開
支起截至柒年拾壹月初壹日止連閏計拾
叁個月應共支薪費馬乾湘平銀叁千肆百陸兩書識伍名
每名日支銀貳錢獸醫督隊共柒名每名日支銀叁錢哨長
貳拾名每名日支銀叁錢陸分馬勇貳百肆拾名每名日支
銀貳錢肆分護勇拾陸名每名日支銀壹錢伍分伙勇貳拾
柒名每名日支銀壹錢壹分馬夫長夫共捌拾玖名每名日
支銀壹錢共日支銀捌拾貳兩壹錢柒分自同治陸年拾壹
月初壹日開支起截至柒年拾壹月初壹該營裁撤前壹日
止扣除小建陸日計叁百捌拾肆日應共支口粮馬乾湘平
銀叁萬壹千伍百伍拾叁兩貳錢捌分兩共

應支薪費口粮馬乾湘平銀叁萬肆千玖百伍拾玖兩貳錢捌
分
前項額馬内該營按月領補馬捌匹自同治陸年拾壹月初壹
日開支起截至柒年拾壹月初壹該營裁撤前壹日止連閏
計拾叁個月應補馬壹百肆匹每匹給價銀拾叁兩伍錢共
應支馬價湘平銀壹千肆百肆兩
以上懷字馬隊營薪費口粮馬乾倒補馬價總共
寔放湘平銀叁萬陸千叁百陸拾叁兩貳錢捌分
以上懷仁字馬隊陸營薪費口粮倒補馬價總共
寔放湘平銀貳拾陸萬壹千捌百玖拾捌兩捌錢貳分
查前項各營壯勇内有傷亡等項事故均係隨時募補並無空
曠日期理合登明

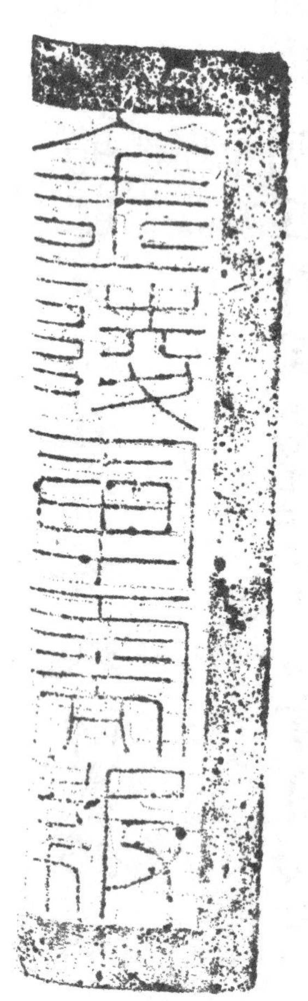
金陵軍需報

一統領奇字馬步全軍官壹員
遇缺　題奏提督貴州古州鎮總兵劉士奇
查該員於同治陸年拾月初壹日奉文交卸所統馬步各營
撥歸提督郭松林節制改名分立武毅軍
以上統領官壹員月支薪糧公費銀壹百兩不扣建加夫拾名
每名日支銀壹錢共日支銀壹兩自同治陸年正月初壹日
接支起截至是年拾月初壹交卸前壹日止薪費玖個月餘
項扣除小建陸日計貳百陸拾肆日應支薪費口糧共
寔放湘平銀壹千壹百陸拾肆兩
一奇字正營並洋鎗親兵貳隊同治陸年拾月改為武毅右軍
中營營帶官壹員哨官肆員勇丁伍百貳拾肆名長夫壹百
捌拾肆名內

統領兼管帶官壹員

遇缺　題奏提督貴州古州鎮總兵劉士奇

查該員於同治陸年叁月初壹日交卸兼帶事務專統奇字

馬步全軍改委兩江推補副將鄧　𠃵即日接帶該員是年拾

月初壹日交卸奉委提督陳飛熊即日統帶武毅右軍事務

兼帶改名武毅右軍中營柒年肆月初壹日奉文卸事改委

提督王平西即日接統兼帶

哨官肆員

兩江推補副將鄧　𠃵

查該員於同治陸年叁月初壹日奉調本營管帶改委都司

劉士朋即日接哨

補用副將王年鳳

補用副將李慶陞
查該員於同治陸年拾月初壹日給假離營改委都司張家
學即日接哨
補用參將劉可式
查該員於同治陸年伍月初壹日給假離營改委遊擊劉可
宜即日接哨該員於柒年貳月初壹日給假離營改委守備
彭成貴即日接哨
奇字正營
哨長肆名
什長叁拾捌名
親兵陸拾名
護勇貳拾名

正勇叁百叁拾陸名

伙勇肆拾貳名

長夫壹百捌拾名

洋鎗親兵貳隊

什長貳名

親兵貳拾名

伙勇貳名

長夫肆名

以上奇字正營改為武毅右軍中營管帶官壹員月支薪粮銀伍拾兩辦公費銀壹百伍拾兩凡帮辦營務管理帳目軍裝書醫工匠等薪粮並置辦旗幟號補各費在內共月支銀貳百兩均不扣建自同治陸年正月初壹日接支起至柒年拾

月初壹該營裁撤前壹日止連閏計貳拾貳個月應共支薪
費湘平銀肆千肆百兩哨官肆員每員日支銀叁錢哨長肆
名每名日支銀貳錢什長共肆拾名每名日支銀壹錢陸分
親兵護勇共壹百名每名日支銀壹錢伍分正勇叁百叁拾
陸名每名日支銀壹錢肆分伙勇共肆拾肆名每名日支銀
壹錢壹分長夫共壹百捌拾肆名每名日支銀壹錢共日支
銀玖拾叁兩陸錢捌分自同治陸年正月初壹日接支起至
柒年拾月初壹該營裁撤前壹日止扣除小建拾貳日計陸
百肆拾捌日應共支薪糧湘平銀陸萬柒百肆兩陸錢肆分
兩共
應支薪費口糧湘平銀陸萬伍千壹百肆兩陸錢肆分
前項管帶官壹員於同治陸年拾月初壹日起奉委統帶武毅

右軍月支薪費銀肆拾兩不扣建截至柒年拾月初壹裁營前壹日止連閏計拾叁個月共

應支湘平銀伍百貳拾兩

以上奇字正營改爲武毅右軍中營薪費口粮總共

應支湘平銀陸萬伍千陸百貳拾肆兩陸錢肆分内

寔放湘平銀陸萬伍千肆百貳拾伍兩伍錢捌分玖厘玖毫壹絲伍忽

寔欠發陸年分餉銀壹百玖拾玖兩伍分捌絲伍忽

一奇字副營同治陸年拾月改爲武毅左軍右營營帶官壹員

哨官肆員勇丁伍百名長夫壹百捌拾名内

管帶官壹員

遇缺　題奏總兵張家瑜

查該員於同治陸年叁月初壹日給假卸事改委叅將滕宗耀即日接帶該員於柒年閏肆月初壹日奉文卸事改委副將李國珠即日接帶

哨官肆員

補用遊擊劉祖典

補用遊擊鍾玉林

查該員於同治陸年陸月初壹日給假離營改委守備隋玉成即日接哨

補用遊擊曾濟賢

查該員於同治陸年伍月初壹日給假離營改委叅將謝三陽即日接哨該員於柒年柒月初壹日調營卸事改委千總向啟祥即日接哨

補用都司舒由才

哨長肆名

什長叁拾捌名

親兵陸拾名

護勇貳拾名

正勇叁百叁拾陸名

伙勇肆拾貳名

長夫壹百捌拾名

以上奇字副營改為武毅左軍右營營帶官壹員月支薪粮銀伍拾兩辦公費銀壹百伍拾兩凡帮辦營務管理帳目軍裝書醫工匠等薪粮並置辦旂幟號補各費在内共月支銀貳百兩不扣建自同治陸年正月初壹日接支起截至柒年拾

月初壹該營裁撤前壹日止連閏計貳拾貳個月應共支薪費湘平銀肆千肆百兩哨官肆員每員日支銀叁錢哨長肆名每名日支銀貳錢什長叁拾捌名每名日支銀壹錢陸分親兵護勇共捌拾名每名日支銀壹錢伍分正勇叁百叁拾陸名每名日支銀壹錢肆分伙勇肆拾貳名每名日支銀壹錢壹分長夫壹百捌拾名每名日支銀壹錢共日支銀捌拾玖兩柒錢肆分自同治陸年正月初壹日接支起截至柒年拾月初壹該營裁撤前壹日止扣除小建拾貳日計陸百肆拾捌日應共支薪粮湘平銀伍萬捌千壹百伍拾壹兩伍錢貳分以上薪費口粮共

應支湘平銀陸萬貳千伍百伍拾壹兩伍錢貳分内

寔放湘平銀陸萬貳千肆百拾捌兩陸錢玖分叁厘柒忽

寔欠發陸年分餉銀壹百叁拾貳兩捌錢貳分陸厘玖毫玖絲

叁忽

一奇字左營同治陸年拾月改為武毅左軍中營管帶官壹員

哨官肆員勇丁伍百名長夫壹百捌拾名内

管帶官壹員

兩江推補副將湖南武岡營把總張正全

查該員於同治陸年拾月初壹日奉文統帶武毅左軍事務

仍兼帶中營柒年肆月初壹日奉文卸事改委　記名提督

蔡國祥即日接統兼帶

哨官肆員

補用參將田忠興

補用遊擊梁煥章

查該貳員均於同治陸年拾月初壹日奉文離營改委千總
陳金福費光玉即日接哨
補用遊擊張家俊　戴廷魁
哨長肆名
什長叁拾捌名
親兵陸拾名
護勇貳拾名
正勇叁百叁拾陸名
伙勇肆拾貳名
長夫壹百捌拾名
以上奇字左營改為武毅左軍中營營帶官壹員月支薪粮銀
伍拾兩辦公費銀壹百伍拾兩凡帮辦營務管理帳目軍裝

書醫工匠等薪粮並置辦旂幟號補各費在内共月支銀貳百兩不扣建自同治陸年正月初壹日接支起截至柒年拾月初壹該營裁撤前壹日止連閏計貳拾貳個月應共支薪費湘平銀肆千肆百兩哨官肆員每員日支銀叁錢哨長肆名每名日支銀貳錢什長叁拾捌名每名日支銀壹錢陸分親兵護勇共捌拾名每名日支銀壹錢伍分正勇叁百叁拾陸名每名日支銀壹錢肆分伙勇肆拾貳名每名日支銀壹錢壹分長夫壹百捌拾名每名日支銀壹錢共日支銀捌拾玖兩柒錢肆分自同治陸年正月初壹日接支起截至柒年拾月初壹該營裁撤前壹日止扣除小建拾貳日計陸百肆拾捌日應共支薪粮湘平銀伍萬捌千壹百伍拾壹兩伍錢貳分兩共

應支薪費口粮湘平銀陸萬貳千伍百伍拾壹兩伍錢貳分
前項管帶官壹員於同治陸年拾月初壹日起奉委統帶武毅
左軍月支薪費銀肆拾兩不扣建截至柒年拾月初壹裁營
前壹日止連閏計拾叁個月共
應支湘平銀伍百貳拾兩
以上奇字左營改為武毅左軍中營薪費口粮總共
應支湘平銀陸萬叁千柒拾壹兩伍錢貳分內
寔放湘平銀陸萬貳千玖百叁拾捌兩陸錢玖分叁厘柒忽
寔欠發陸年分餉銀壹百叁拾貳兩捌錢貳分陸厘玖毫玖絲
叁忽
一奇字右營同治陸年拾月改為武毅右軍左營管帶官壹員
哨官肆員勇丁伍百名長夫壹百捌拾名內

管帶官壹員

補用副將湖南桂陽營守備譚正武

查該員於同治陸年拾月初壹日奉文卸事改委副將楊紹

勛即日接帶該員於柒年柒月初壹日奉文卸事改委遊擊

羅建山即日接帶

哨官肆員

補用副將王澤膏

補用遊擊向清平

查該員於同治陸年拾月初壹日給假離營改委都司吴立

斌即日接哨

補用都司吕國寬

查該員於同治陸年貳月初壹日給假離營改委叅將劉長

生即日接哨
補用守備劉正山
哨長肆名
什長叁拾捌名
親兵陸拾名
護勇貳拾名
正勇叁百叁拾陸名
伙勇肆拾貳名
長夫壹百捌拾名
以上奇字右營改爲武毅右軍左營管帶官壹員月支薪糧銀伍拾兩辦公費銀壹百伍拾兩凡幫辦營務管理帳目軍裝書醫工匠等薪糧並置辦旂幟號補各費在内共月支銀貳

百兩不扣建自同治陸年正月初壹日接支起截至柒年拾月初壹該營裁撤前壹日止連閏計貳拾貳個月應共支薪費湘平銀肆千肆百兩哨官肆員每員日支銀叁錢哨長肆名每名日支銀貳錢什長叁拾捌名每名日支銀壹錢陸分親兵護勇共捌拾名每名日支銀壹錢伍分正勇叁百叁拾陸名每名日支銀壹錢肆分伙勇肆拾貳名每名日支銀壹錢壹分長夫壹百捌拾名每名日支銀壹錢共日支銀捌拾玖兩柒錢肆分自同治陸年正月初壹日接支起截至柒年拾月初壹該營裁撤前壹日止扣除小建拾貳日計陸百肆拾捌日應共支薪粮湘平銀伍萬捌千壹百伍拾壹兩伍錢貳分以上薪費口粮共

應支湘平銀陸萬貳千伍百伍拾壹兩伍錢貳分內

寔放湘平銀陸萬貳千肆百拾捌兩陸錢玖分叁厘柒忽
寔欠癸陸年分餉銀壹百叁拾貳兩捌錢貳分陸厘玖毫玖絲
叁忽
一奇字前營並洋鎗親兵肆隊同治陸年拾月改為武毅右軍
右營管帶官壹員哨官肆員勇丁伍百肆拾捌名長夫壹百
捌拾捌名内
管帶官壹員
記名簡放總兵黄貴雲
查該員於同治陸年拾月初壹日奉文卸事改委副將馮作
霖即日接帶
哨官肆員
補用副將湯永盛

查該員於同治陸年捌月初壹日奉文卸事改委遊擊陳希忠即日接哨該員於柒年正月初壹日給假離營改委守備呂廷輝即日接哨

補用叅將王金標

查該員於同治陸年肆月拾壹日奉文離營改委都司顧繼彰即日接哨

補用遊擊桂明宣

查該員於同治陸年肆月初壹日奉文離營改委都司余國泰即日接哨該員於柒年肆月初壹日給假離營改委守備朱永保即日接哨

補用千總周明亮

查該員於同治陸年肆月初壹日奉文離營改委遊擊胡文

德即日接哨該員於柒年正月初壹日給假離營改委都司

施隆梧即日接哨

奇字前營

哨長肆名

什長叁拾捌名

親兵陸拾名

護勇貳拾名

正勇叁百叁拾陸名

伙勇肆拾貳名

長夫壹百捌拾名

洋鎗親兵肆隊

什長肆名

親兵肆拾名
伙勇肆名
長夫捌名

以上奇字前營改為武毅右軍右營管帶官壹員月支薪粮銀伍拾兩辦公費銀壹百伍拾兩凡帮辦營務管理帳目軍装書醫工匠等薪粮並置辦旂幟號補各費在内共月支銀貳百兩不扣建自同治陸年正月初壹日接支起截至柒年拾月初壹日該營裁撤前壹日止連閏計貳拾貳個月應共支薪費湘平銀肆千肆百兩哨官肆員每員日支銀叁錢哨長肆名每名日支銀貳錢什長共肆拾貳名每名日支銀壹錢陸分親兵護勇共壹百貳拾名每名日支銀壹錢伍分正勇叁百叁拾陸名每名日支銀壹錢肆分伙勇共肆拾陸名每名

日支銀壹錢壹分長夫共壹百捌拾捌名每名日支銀壹錢
共日支銀玖拾柒兩陸錢貳分自同治陸年正月初壹日接
支起截至柒年拾月初壹該營裁撤前壹日止扣除小建拾
貳日計陸百肆拾捌日應共支薪粮湘平銀陸萬叁千貳百
伍拾柒兩柒錢陸分以上薪費口粮共
應支湘平銀陸萬柒千陸百伍拾柒兩柒錢陸分内
寔放湘平銀陸萬陸千玖百玖拾叁兩叁錢叁分叁厘柒忽
寔欠發陸年分餉銀陸百陸拾肆兩肆錢貳分陸厘玖毫玖絲
叁忽
一奇字後營同治陸年拾月改為武毅左軍左營管帶官壹員
哨官肆員勇丁伍百名長夫壹百捌拾名内
管帶官壹員

補用遊擊陳定邦

查該員於同治陸年正月初壹日給假卸事改委　記名總兵于奇泮即日接帶該員於拾月初壹日奉文卸事仍委遊擊陳定邦即日接帶該員於柒年貳月初壹日給假卸事改委副將劉松林即日接帶該員於閏肆月初壹日奉文卸事改委　記名提督周蘭亭即日接帶

哨官肆員

補用副將陳家貴

查該員於同治陸年貳月初壹日給假離營改委叅將劉茂德即日接哨

補用叅將王宏泰

補用叅將桂有佳

查該員於同治陸年捌月初壹日奉文離營改委參將謝魁

元即日接哨

補用遊擊文忠能

查該員於同治陸年玖月初壹日給假離營改委都司黄榮

茂即日接哨

哨長肆名

什長叁拾捌名

親兵陸拾名

護勇貳拾名

正勇叁百叁拾陸名

伙勇肆拾貳名

長夫壹百捌拾名

以上奇字後營改為武毅左軍左營管帶官壹員月支薪粮銀伍拾兩辦公費銀壹百伍拾兩凡幫辦營務管理帳目軍裝書醫工匠等薪粮並置辦旂幟號補各費在内共月支銀貳百兩不扣建自同治陸年正月初壹日接支起截至柒年拾月初壹日該營裁撤前壹日止連閏計貳拾貳個月應共支薪費湘平銀肆千肆百兩哨官肆員每員日支銀叁錢哨長肆名每名日支銀貳錢什長叁拾捌名每名日支銀壹錢陸分親兵護勇共捌拾名每名日支銀壹錢伍分正勇叁百叁拾陸名每名日支銀壹錢肆分伙勇肆拾貳名每名日支銀壹錢壹分長夫壹百捌拾名每名日支銀壹錢共日支銀捌拾玖兩柒錢肆分自同治陸年正月初壹日接支起截至柒年拾月初壹日該營裁撤前壹日止扣除小建拾貳日計陸百肆

拾捌日應共支薪粮湘平銀伍萬捌千壹百伍拾壹兩伍錢
貳分以上薪費口粮共
應支湘平銀陸萬貳千伍百伍拾壹兩伍錢貳分内
寔放湘平銀陸萬貳千肆百拾捌兩陸錢玖分叁厘柒忽
寔欠發陸年分餉銀壹百叁拾貳兩捌錢貳分陸厘玖毫玖絲
叁忽
一奇字副前營並洋鎗親兵陸隊同治陸年拾月改為武毅後
軍右營管帶官壹員哨官肆員勇丁伍百柒拾貳名長夫壹
百玖拾貳名内
管帶官壹員
補用副將吳紹庭
查該員於同治陸年叁月初壹日奉文卸事改委雲南昭通

鎮總兵沈宏富即日接帶是年拾月初壹日交卸改委候選同知直隸州包國挺即日接帶改名武毅後軍右營該員於柒年玖月初壹日奉文卸事改委　記名總兵楊玉書即日接帶

哨官肆員

補用副將唐經綸

查該員於同治陸年叁月初壹日奉文離營改委遊擊謝魁元即日接哨該員於陸年捌月初壹日調營卸事改委都司喬得勝即日接哨該員於柒年貳月初壹日給假離營改委都司李萬友即日接哨

補用副將曹良占

查該員於同治陸年拾貳月初壹日給假離營改委守備陳

傳瑞即日接哨該員於柒年拾貳月初壹日給假離營改委

守備鍾玉鏞即日接哨

補

用都司王全勝

查該員於同治陸年貳月初壹日奉文離營改委遊擊鄭國

澤即日接哨該員於柒年正月初壹日奉文離營改委遊擊

劉祖學即日接哨該員於柒年捌月初壹日給假離營改委

副將余有雲即日接哨

補

用守備張得勝

查該員於同治陸年貳月初壹日奉文離營改委守備隋玉

成即日接哨該員於陸年陸月初壹日調營卸事改委軍功

王定邦即日接哨該員於柒年拾月初壹日奉文離營改委

守備陳建洪即日接哨

奇字副前營
哨長肆名
什長叁拾捌名
親兵陸拾名
護勇貳拾名
正勇叁百叁拾陸名
伙勇肆拾貳名
長夫壹百捌拾名
洋鎗親兵陸隊
什長陸名
親兵貳拾名
正勇肆拾名

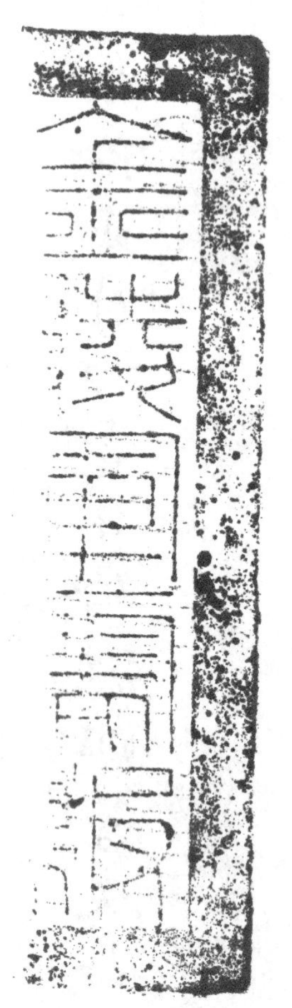

伙勇陸名
長夫拾貳名
以上奇字副前營改為武毅後軍右營管帶官壹員月支薪粮
銀伍拾兩辦公費銀壹百伍拾兩凡帮辦營務管理帳目軍
裝書醫工匠等薪粮並置辦旂幟號補各費在内共月支銀
貳百兩不扣建自同治陸年正月初壹日接支起截至柒年
拾貳月底止連閏計貳拾伍個月應共支薪費湘平銀伍千
兩哨官肆員每員日支銀叁錢哨長肆名每名日支銀貳錢
什長共肆拾肆名每名日支銀壹錢陸分親兵護勇共壹百
名每名日支銀壹錢伍分正勇共叁百柒拾陸名每名日支
銀壹錢肆分伙勇共肆拾捌名每名日支銀壹錢壹分長夫
共壹百玖拾貳名每名日支銀壹錢共日支銀壹百壹兩壹

錢陸分自同治陸年正月初壹日接支起截至柒年拾貳月
底止扣除小建拾叁日計柒百叁拾柒日應共支薪粮湘平
銀柒萬肆千伍百伍拾肆兩玖錢貳分以上薪費口粮共
應支湘平銀柒萬玖千伍百伍拾肆兩玖錢貳分內
寔放湘平銀柒萬拾叁兩壹錢叁厘柒忽
寔欠發陸柒兩年分餉銀玖千伍百肆拾壹兩捌錢壹分陸厘
玖毫玖絲叁忽

一奇字馬隊營同治陸年拾月改為武毅馬隊後營柒年貳月
改為武毅親兵馬隊營管帶官壹員哨官拾員幫辦壹員勇
丁貳百捌拾壹名字識壹名馬夫伍拾名內
管帶官壹員
兩湖補用遊擊匡國順

查該員於同治柒年正月初壹日奉文卸事改委　記名提
督胡良作即日接帶該員於是年陸月初柒日受重傷卸事
該營即歸統領提督郭松林即日兼帶

幫辦壹員

江蘇即補從九品任文瀾

查該員於同治陸年捌月初壹日給假離營改委候選府照
磨沈照南即日接辦

正哨官肆員

補用叅將張　彪

查該員於同治陸年叁月初壹日奉文離營改委守備洪光
先即日接哨

補用遊擊姚福林

補用守備劉銀貴
查該員於同治陸年叁月初壹日奉文離營改委都司謝達
森即日接哨
補用守備劉可正
副哨官陸員
補用叅將滕加禮
補用都司譚長益
補用守備劉可傳　符永飛　劉進科
補用把總劉祖德
字識壹名
什長貳拾伍名
馬勇貳百貳拾伍名

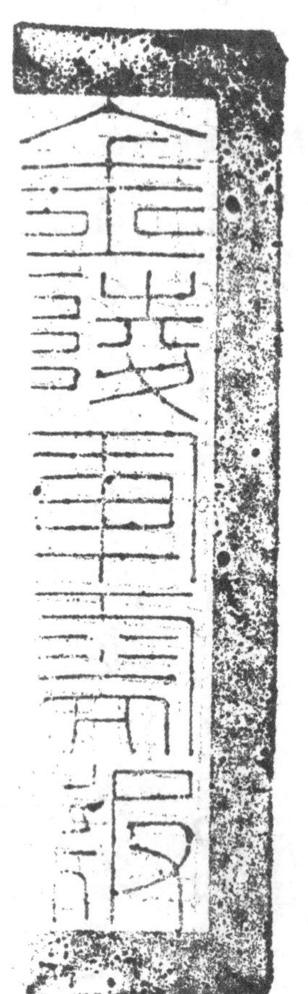

伙勇叁拾壹名
馬夫伍拾名
馬貳百柒拾陸匹
以上奇字馬隊營改為武毅親兵馬隊營營帶官壹員月支薪粮銀伍拾兩辦公費銀壹百兩凡獸醫鉄匠口粮並置辦旂幟等項各費在内帮辦壹員月支銀拾陸兩正哨官肆員每員月支銀拾捌兩副哨官陸員每員月支銀拾伍兩字識壹名月支銀玖兩共月支銀叁百叁拾柒兩不扣建自同治陸年正月初壹日接支起截至柒年拾月初壹該營裁撤前壹日止連閏計貳拾貳個月應共支薪費馬乾湘平銀柒千肆百拾肆兩什長貳拾伍名每名日支銀貳錢陸分馬勇貳百貳拾伍名每名日支銀貳錢肆分伙勇叁拾壹名每名日支

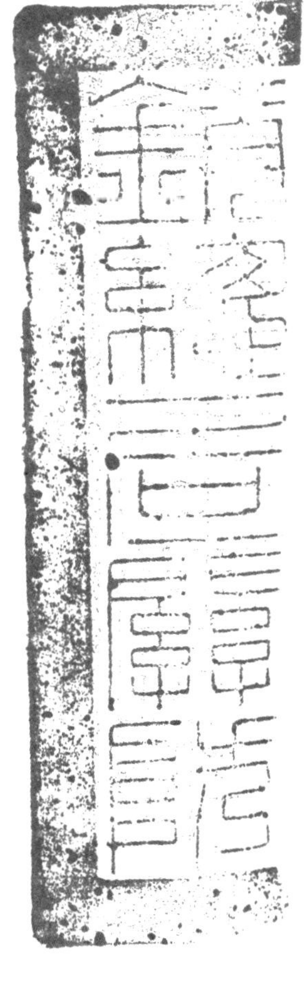

銀壹錢壹分馬夫伍拾名每名日支銀壹錢共日支銀陸拾捌兩玖錢壹分自同治陸年正月初壹日接支起截至柒年拾月初壹該營裁撤前壹日止扣除小建拾貳日計陸百肆拾捌日應共支口粮馬乾湘平銀肆萬肆千陸百伍拾叁兩陸錢捌分以上薪費口粮馬乾共

實放湘平銀伍萬貳千陸拾柒兩陸錢捌分

以上奇字續改武毅馬步捌營薪費口粮馬乾總共

應支湘平銀伍拾壹萬陸千柒百玖拾伍兩捌分内

實放湘平銀伍拾萬伍千捌百伍拾捌兩肆錢柒分柒厘玖毫

伍絲柒忽

實欠發陸柒兩年分餉銀壹萬玖百叁拾陸兩陸錢貳厘肆絲

叁忽

查前項各營壯勇内有傷亡等項事故均係隨時募補並無空
曠日期所有欠發銀兩續有補給另歸次案專冊造報理合
登明

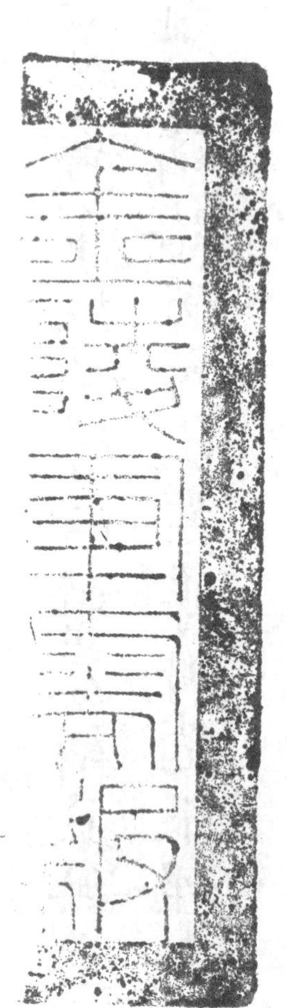
金陵軍需報

同治玖年　月　日呈

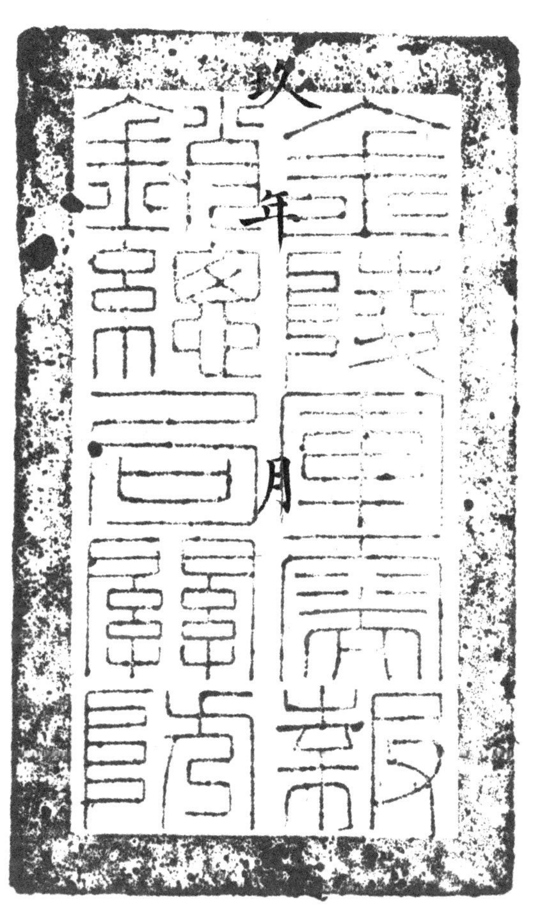

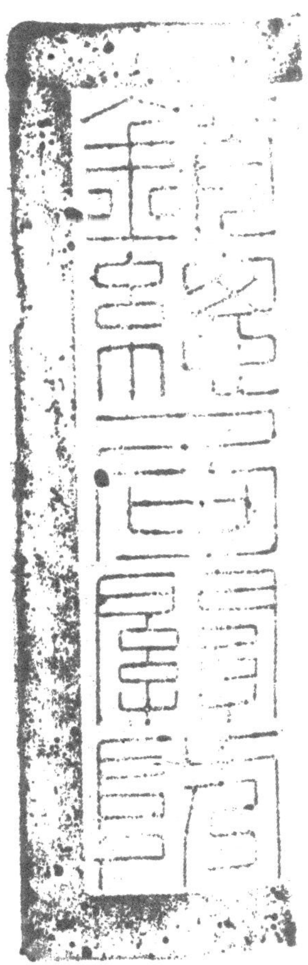

金陵軍需報銷總局報銷册